*Ensaio sobre a origem
dos conhecimentos humanos*

FUNDAÇÃO EDITORA DA UNESP

Presidente do Conselho Curador
Mário Sérgio Vasconcelos

Diretor-Presidente
Jézio Hernani Bomfim Gutierre

Superintendente Administrativo e Financeiro
William de Souza Agostinho

Conselho Editorial Acadêmico
Danilo Rothberg
João Luís Cardoso Tápias Ceccantini
Luiz Fernando Ayerbe
Marcelo Takeshi Yamashita
Maria Cristina Pereira Lima
Milton Terumitsu Sogabe
Newton La Scala Júnior
Pedro Angelo Pagni
Renata Junqueira de Souza
Rosa Maria Feiteiro Cavalari

Editores-Adjuntos
Anderson Nobara
Leandro Rodrigues

ÉTIENNE BONNOT DE CONDILLAC

Ensaio sobre a origem dos conhecimentos humanos

Arte de escrever

Organização, tradução e apresentação
Pedro Paulo Pimenta

Posfácio
Fernão de Oliveira Salles

© 2018 Editora Unesp

Título original: *Essai sur l'origine des connaissances humaines / Art d'écrire*

Direitos de publicação reservados à:

Fundação Editora da Unesp (FEU)
Praça da Sé, 108
01001-900 – São Paulo – SP
Tel.: (0xx11) 3242-7171
Fax: (0xx11) 3242-7172
www.editoraunesp.com.br
www.livrariaunesp.com.br
feu@editora.unesp.br

Dados Internacionais de Catalogação na Publicação (CIP) de acordo com ISBD
Elaborado por Vagner Rodolfo da Silva – CRB-8/9410

C745e
    Condillac, Étienne Bonnot de
        Ensaio sobre a origem dos conhecimentos humanos / Arte de escrever / Étienne Bonnot de Condillac; organização, tradução e apresentação de Pedro Paulo Pimenta; posfácio de Fernão de Oliveira Salles. – São Paulo: Editora Unesp, 2018.

        Tradução de: *Essai sur l'origine des connaissances humaines / Art d'écrire*
        ISBN: 978-85-393-0734-0

        1. Teoria do conhecimento. 2. Crítica e interpretação. 3. Filosofia francesa. 4. Linguagem. I. Pimenta, Pedro Paulo. II. Salles, Fernão de Oliveira. III. Título.

2018-493   CDD 120
                                                                 CDU 16

Editora afiliada:

Sumário

Apresentação — Condillac e a crítica da metafísica; ou, rumo a uma "ciência sem nome" . *7*
Pedro Paulo Pimenta

Ensaio sobre a origem dos conhecimentos humanos (1746) . *29*

Introdução . *31*

Parte I: Dos materiais de nossos conhecimentos e em particular das operações da alma . *39*
    Seção I . *39*
    Seção II: Análise e geração das operações da alma . *50*
    Seção III: Das ideias simples e das ideias complexas . *115*
    Seção IV . *123*
    Seção V: Das abstrações . *143*
    Seção VI: De certos juízos, atribuídos à alma de maneira infundada, ou solução de um problema metafísico . *155*

Étienne Bonnot de Condillac

Parte II: Da linguagem e do método . *171*
    Seção I: Da origem e dos progressos da linguagem . *171*
    Seção II: Do método . *281*

Arte de escrever . *317*

Posfácio – Empirismo e metafísica em Condillac . *361*
    Fernão de Oliveira Salles

Apresentação
Condillac e a crítica da metafísica; ou, rumo a uma "ciência sem nome"

Pedro Paulo Pimenta

"O livro de Condillac deveria inaugurar uma ciência sem nome. E ela só poderia se tornar possível através de uma crítica *da* metafísica." Com essas palavras, Jacques Derrida inicia "A arqueologia do frívolo", um ensaio sobre Condillac publicado pela primeira vez em 1973 como apresentação ao *Ensaio sobre a origem dos conhecimentos humanos* (1746). Derrida confirmava assim o lugar de Condillac no panteão dos filósofos eleitos pelo estruturalismo (e pelo pós-estruturalismo) como referências indispensáveis ao pensamento contemporâneo. O gesto inaugural nesse sentido viera alguns anos antes, da parte de Michel Foucault, que em *As palavras e as coisas* (1966) vê em Condillac e seus discípulos, os *Idéologues*, os representantes máximos do empirismo na encruzilhada que estaria nas origens do pensamento moderno: o "duplo empírico-transcendental". Do lado transcendental, encontra-se Kant — lembrando que foi Nietzsche o primeiro a identificar no Sensualismo de Condillac o grande adversário a ser combatido pelo Criticismo de Kant.[1]

---

1 Nietzsche, *Para além de bem e mal*, cap. 10.

A intenção de Condillac no *Ensaio sobre a origem dos conhecimentos humanos* é deitar os alicerces de uma ciência, a "semiótica, ou ciência dos signos", que Locke apenas esboçara em seu *Ensaio sobre o entendimento humano* (1690; 1704). Desde o título o ensaio de Condillac evoca o de Locke – a primeira de muitas indicações de que seriam, no fundo, livros irmãos, ou quem sabe *um mesmo livro*; ou, ainda, duas versões possíveis de um livro-arquétipo comum. Condillac censura Locke, é verdade, pela exposição, que lhe parece desorganizada, defeito que, em sua opinião, explicaria a abordagem imperfeita, na obra do inglês, do problema do uso da linguagem na formação do conhecimento. Feito esse reparo, as citações da obra de Locke multiplicam-se; as paráfrases são inúmeras; os comentários indiretos estão por toda parte. Por não ler em inglês, Condillac recorre à tradução francesa realizada por Pierre Coste, com a anuência do próprio Locke e cuja versão definitiva data de 1734. O trabalho de Coste é uma verdadeira obra-prima, que em muitas passagens eleva o livro de Locke a um patamar superior ao do original. É uma tradução de altíssima qualidade, mas não é exatamente o livro que Locke escreveu. Nos períodos bem formados, nas cadências elegantes, na terminologia precisa do francês, mal se reconhece a turbulência que perpassa o original, com sua sintaxe irregular, sua composição desigual, suas oscilações desconcertantes. É no espelho da tradução de Coste, não no do original, que a obra de Condillac se reconhece em sua unidade interna.

Essa unidade costuma ser considerada problemática pelos intérpretes de Condillac. O primeiro livro do *Ensaio sobre os conhecimentos* é dedicado aos "materiais de nossos conhecimentos" e às "operações da alma"; o segundo, quase de mesma extensão, versa a linguagem e o método. A descontinuidade entre eles, no plano textual, é patente. O primeiro livro encerra-se com uma discussão sobre o papel dos sentidos na formação das ideias de pessoas desprovidas da visão (tema recorrente no pensamento do século XVIII),[2] um desfecho adequado a uma exposição dedicada à formação das ideias a partir da sensação. O segundo livro abre-se com uma história hipotética da origem e do desenvolvimento da linguagem, o que parece não ter relevância direta para o que foi dito antes.

Mas a quebra entre as duas partes é aparente e recobre uma continuidade profunda, que liga a história conjectural da linguagem à teoria do uso dos signos na formação dos conhecimentos, que está no cerne do livro I. Se no primeiro livro os signos explicam os progressos das faculdades humanas e permitem ao homem passar do uso passivo da imaginação e da memória ao seu uso ativo, e deste ao da reflexão, do entendimento, do juízo e da razão, faculdades cujo uso é adquirido pelo espírito humano, no segundo livro está em questão o progresso dos signos, nas condições em que isso ocorre na experiência: a partir do corpo humano, primeiro em sua superfície, depois no órgão da voz, por fim na escrita. As etapas dessa progressão natural e necessária são condicionadas pelas circunstâncias da experiência que estão ligadas diretamente ao homem, que é um ser social por definição. O seu desfecho, por sua vez, tem implicações para o modo pelo qual as percepções são adquiridas, as ideias são formadas e o conhecimento é produzido, já que, entende-se agora, se o da linguagem, que se forma no corpo e está destinada ao uso em sociedade, e dos signos não se res-

---

2 Ver Lebrun, O cego e o nascimento da antropologia. In: Cacciola et al. (Orgs.), *A filosofia e sua história*.

tringe a transmitir ideias, contribui também para sua formação, é claro que tal uso não está imune às condicionantes que, na experiência humana, determinam o feitio da linguagem.

Para Condillac, o melhor exemplo de como isso acontece vem da própria filosofia. Todo sistema filosófico tem uma pretensão à verdade ou ao menos à instituição de um método correto de busca pela verdade, seja a respeito de objetos suprassensíveis, seja de objetos dados na experiência. Essa pretensão é traduzida nos conceitos, nas expressões, no estilo com que uma doutrina filosófica é formulada. E, caso seja bem formulada, não deixará de induzir o leitor a pensar nos moldes propostos pelo filósofo, ou seja, levará o leitor a adquirir certos hábitos de representação que não vêm de sua própria experiência, que não decorrem da percepção e das operações que na mente se seguem a ela, mas dependem inteiramente do uso de signos, tal como é feito por um autor determinado. Por outro lado, Condillac observa que esses desvios são facilmente detectáveis (desde que o crítico tenha um quê de gramático) e que, para extirpá-los de uma vez por todas, basta encontrar seu germe, que reside no processo mesmo de formação da linguagem. É preciso, em suma, realizar uma crítica da metafísica como *tendência* do espírito humano, o que exige, por sua vez, uma radicalização do projeto lockiano de derivação dos conhecimentos a partir da experiência.

No *Ensaio* de Condillac, a crítica da metafísica articula-se em dois níveis. No livro I, ela é uma crítica dos sistemas metafísicos — Descartes, Leibniz, Malebranche, Port-Royal —, não tanto de suas doutrinas e conceitos quanto dos métodos e procedimentos que estão em sua raiz. O herói desse livro é o único metafísico que, na opinião de Condillac, soube entrever novos fundamentos para essa ciência: Locke, que corretamente teria situado a origem de nossos conhecimentos na experiência, ainda que não tenha dado o passo decisivo de mostrar, como fará Condillac nesse momento de sua obra, a gênese empírica das próprias faculdades de conhecimento. Não admira assim que no livro II a crítica da metafísica se aprofunde e dirija-se contra o próprio Locke, que, por não ter sido suficientemente radical na análise dos signos, apresentou uma compreensão algo ingênua do seu poder e da tendência que eles têm de levar o homem a se extraviar, pelo uso mesmo, em relação à função a que se prestam.

Ao aprofundar a investigação de Locke, o *Ensaio sobre os conhecimentos* encontra um paradoxo na natureza mesma dos signos. Como assinala Derrida, o signo instaura-se na ausência do objeto, quando a percepção, forçada pela necessidade a ligar uma ideia presente a uma ideia ausente, não pode recorrer a esta senão a evocando na memória, isto é, instalando-a na rememoração representada por um índice. É nesse momento, quando se elegem objetos para índices, que o conhecimento deixa de ser meramente passivo e adquire um caráter propriamente ativo, de instituição de representações que ultrapassam a percepção dos objetos enquanto tal e instauram uma discursividade. Desde então, torna-se possível organizar e agrupar ideias simples, formar, compor e decompor ideias complexas, refletir sobre essas operações; numa palavra, raciocinar. Mas, observa Derrida, esse "progresso" (o termo é de Condillac) está destinado, pelo feitio mesmo das capacidades humanas, ou da "organização" do homem como ser natural (isto é, da sua *conformação orgânica*), a tonar-se completo apenas muito depois de iniciado o uso dos signos.

Para compreender esse ponto, é preciso voltar à tipologia dos signos proposta por Condillac. Não por acaso, o critério de sua classificação é genealógico, dado que eles surgem na marcha de formação das faculdades da mente: "distingo três sortes de signo. 1º Signos acidentais, ou objetos que certas circunstâncias particulares ligaram a algumas de nossas ideias, de modo que são próprios para despertá-las. 2º Signos naturais, ou gritos que a natureza consignou a sentimentos de alegria, medo, dor etc. 3º Signos de instituição, que nós mesmos escolhemos, e cuja relação com nossas ideias é arbitrária".[3]

Signos arbitrários são aqueles que capacitam a percepção humana a realizar as mais rarefeitas abstrações. Um exemplo perfeito disso é oferecido pela matemática, na qual a ideia de unidade, oriunda da percepção do simples, materializa-se no corpo — na percepção do corpo como uno, na de suas partes como separadas, os dedos, por exemplo — e a partir daí é expressa vocalmente, e depois no signo gramatical e na cifra numérica — *um, I, 1* etc. Nesse último estágio, ela torna-se apta a uma contagem que, por ter limites irrestritos, é um verdadeiro cálculo, que não somente fornece uma infinidade de ideias complexas cujas partes são integralmente distintas, por serem elas mesmas unidades, como também ilustra à perfeição o procedimento geral do raciocínio, que é a analogia, na composição e decomposição de suas ideias. Não há, na natureza das coisas, nada que sugira a ideia de unidade; e, no entanto, pelo feitio do entendimento humano, é essa ideia, acompanhada do signo utilizado arbitrariamente para representá-la, e dos sinais que indicam a ordem da manipulação das unidades, que propicia

---

3 Condillac, *Ensaio sobre a origem dos conhecimentos humanos*, I, 1, 35.

Ensaio sobre a origem dos conhecimentos humanos

o conhecimento mais certo e mais geral que temos das coisas. Sem o signo, o cálculo ficaria comprometido, e não se estenderia para além de umas poucas operações de soma e subtração com quantidades bastante exíguas; dessa maneira, seria tolhida a expansão das capacidades do entendimento e da razão.

Observe-se que o limite da matemática, em todo caso ditado por circunstâncias da experiência, não é tanto conceitual quanto é gramatical. Habitantes do continente americano que contam com os dedos e não têm nomes para números acima de vinte calculam menos, logo têm menos ideias do que os romanos, que utilizam algarismos numéricos; estes, por sua vez, têm uma matemática mais restrita que a dos árabes, que utilizam uma combinatória de cifras e com isso aumentam o número de operações possíveis entre elas e, consequentemente, também o número de suas ideias. Sem a designação, sem o índice, a representação do número não vai longe, é obliterada na memória e na imaginação, incapaz de realizar por si mesma, exceto em casos muito singulares, os cálculos aptos a incrementar a quantidade de ideias. Essa tese será retomada na última obra de Condillac, a genial *Língua dos cálculos* (1798), e o autor será acusado, por dois de seus discípulos mais ilustres, Destutt de Tracy e Degérando, de reduzir a matemática a um sistema de signos, e o pensamento à linguagem.

Mas a concepção de Condillac tem razão de ser, e seria um equívoco ver na identificação da matemática a uma língua dos cálculos algo como uma simples redução.

Condillac insiste com razão no fato de que Locke não chegou a compreender a que ponto a formação do conhecimento dependeria, de acordo com sua própria teoria, do uso de signos. Também por isso ele permaneceu um metafísico no sentido dos que o precederam. Pois, ao não se dar conta de como o conhecimento é forjado a partir de percepções ligadas a signos, tampouco discorreu sobre a que ponto os signos instituem um conhecimento próprio, que não tem a ver com a percepção e que inaugura um gênero de especulação à parte, possibilitado pelo aprimoramento das regras da discursividade, quando esta é tomada em si mesma e utilizada com o intuito de forjar novos conceitos, independentes de ideias sensíveis. Não foi a geometria que forneceu a Espinosa (com suas "demonstrações ruins") as regras para demonstrar como verdadeiras as proposições mais abstrusas e mais inúteis ao conhecimento? Para Condillac, basta que nos esqueçamos de que a matemática é uma língua como outra qualquer para que nos acometa a ilusão de que com ela as regiões do suprassensível perderiam a opacidade ou, tão grave quanto isso, de que a experiência poderia ser enfim reduzida a um sistema de regras gerais obtidas a partir de hipóteses verificadas por modelos. É preciso levar a sério, na opinião de Condillac, a noção de que toda representação é signo, o que implica pôr abaixo a hierarquia taxonômica entre signos verbais, signos gráficos e cifras.

O *Ensaio* seria um livro dedicado à velha metafísica, se sua primeira parte não desaguasse numa investigação conjectural sobre a origem da linguagem. Em páginas que contam entre as mais instigantes do século, e num estilo que, por sua fluidez, está em acentuado contraste com a prosa mais árida do livro precedente, Condillac mostra como isso a que se chama linguagem — os diferentes sistemas de signos — tem suas origens numa expressividade corpórea e resolve-se por fim na escritura, que é um dos desdobramentos possíveis e necessários da expressão vocal. À primeira parte, que investiga a constituição

Ensaio sobre a origem dos conhecimentos humanos

do conhecimento a partir de percepções e signos, propriamente empírica, segue-se uma segunda, que poderíamos chamar de pragmática, que investiga as condições concretas em que o uso dos signos se desdobra na expressão do pensamento de um indivíduo, diante de outros. Essa expressão é ditada pela necessidade, em que os homens encontram, de compreender-se mutuamente, para assim realizar suas disposições e satisfazer suas necessidades, no meio para o qual elas foram calculadas pela natureza: a vida em sociedade. Não se trata, com isso, de uma teoria da linguagem como ação comunicativa ou como instrumento de transmissão das ideias. Para Condillac, uma ideia que se tornou compreensível para mais de um indivíduo é, por definição, uma ideia transformada e que trabalha com signos, quer dizer, devidamente acabada. Assim, a comunicação é antes um meio do que o fim, que reside na perfeição do espírito humano na realização de suas disposições naturais.

A força da teoria de Condillac, tal como se encontra formulada no *Ensaio sobre os conhecimentos*, depende em grande medida do êxito com que o filósofo se aplica a demonstrar a origem primeira de todo o mundo da cultura humana, da sociedade política, do comércio, das artes e ciências, a partir de uma percepção originária, e, no âmbito da imaginação, de uma experiência primordial pela qual o espírito, ao tornar-se apto a refletir, descola-se de si mesmo, sai de seu isolamento e começa a articular o pensamento tendo em vista outro. Não há mais do que isso nos primórdios do conhecimento, e todo o resto depende de algo que é natural para o homem, ou seja, que diz respeito à sua conformação específica. A arte mais consumada de que ele é capaz se resume, quanto ao princípio, a uma experiência tão simples que chega a ser brutal.

Étienne Bonnot de Condillac

Foucault compreendeu-o bem:

A linguagem de ação é o corpo que fala. Contudo, ela não é dada desde o início. Tudo o que permite a natureza é que o homem, nas diversas situações em que se encontra, gesticule; seu rosto se mexe agitado, ele emite gritos inarticulados – isto é, que não surgem nem da língua nem dos lábios [são guturais]. Nada disso é ainda linguagem ou signo, é apenas efeito e decorrência de nossa animalidade [de nossas paixões]. Essa manifesta agitação tem a seu favor, no entanto, ser universal, e só depender de nossos órgãos. Daí a possibilidade que se oferece a cada um de observar que ela é idêntica em si mesmo e naqueles que o cercam. É possível, com isso, associar, ao grito que se ouve de outro, ao trejeito que se percebe em seu rosto, as mesmas representações que tantas vezes duplicaram os próprios movimentos e gritos. Pode-se perceber essa mímica como a marca e o substituto do pensamento do outro: como signo [...]. Por esse meio, funda-se na natureza o artifício. Os elementos de que a linguagem de ação é composta (sons, gestos, caretas) são propostos sucessivamente pela natureza e, contudo, não têm, na maioria das vezes, com aquilo que designam, identidade alguma de conteúdo, mas não têm, sobretudo, relações de simultaneidade ou de sucessão. O grito não se assemelha ao medo, a mão estendida não se assemelha à fome. Tais signos foram de uma vez por todas instaurados pela natureza, mas não exprimem a natureza daquilo que designam [...]. A partir daí, os homens poderão estabelecer uma linguagem convencional, dispõem agora de signos suficientes que marcam coisas para que possam fixar novas, que eles analisam e combinam às primeiras.[4]

---

4 Foucault, *As palavras e as coisas: uma arqueologia das ciências humanas*, p.211.

Ensaio sobre a origem dos conhecimentos humanos

A identidade entre pensamento e linguagem, ou, antes, a confusão originária entre eles, quando se tomam suas relações pelo prisma de uma história hipotética da espécie humana, é dada a partir do momento em que o homem, como criatura sensível, se reconhece a si mesmo como parte de um meio circundante. É a partir desse solo originário, de tessitura conjectural, mas confirmado, ainda que parcialmente, pela experiência cotidiana – a expressividade do corpo acompanhada pela linguagem, que em parte depende dela –, que todas as artes poderão ter sua geração reconstituída. Trata-se de ver nelas um dos desdobramentos, talvez o mais importante, das disposições da criatura humana, como ente que faz uso de signos e que graças a esse uso aprimora suas disposições.

A leitura das páginas do *Ensaio sobre os conhecimentos* sugere que a apologia da perfectibilidade humana implica, para Condillac, um elogio do progresso material das sociedades, como fruto do desenvolvimento das artes e ciências. Essa sugestão é confirmada em escritos posteriores, notadamente nos primeiros capítulos da *Gramática* (1775). É interessante observar, porém, que nada disso autoriza, de acordo com o filósofo, que os progressos realizados pelo espírito humano sejam louvados incondicionalmente. Os homens agem sem pensar, atuam sem refletir, falam sem conhecer a gramática, classificam sem ter a posse de uma taxonomia, constroem sem conhecer os princípios da arte; ou, como dirá a *Lógica*, "a boa metafísica começou antes das línguas, e é a ela que as línguas devem tudo o que têm de melhor. Mas essa metafísica era, então, menos uma ciência que um instinto. Era a natureza conduziu os homens sem que o soubessem".[5]

---

5 Condillac, *Lógica*, II.4.3. In: *Lógica e outros escritos* (Org. Fernão de Oliveira Salles.).

Até certo ponto, o homem age melhor quanto menos reflete sobre os princípios de sua ação, e certamente se deve à reflexão malconduzida o surgimento de uma má metafísica – empregada aqui no sentido em que Diderot dá a esse termo na *Enciclopédia*, e que se aproxima muito do que hoje às vezes se chama de "epistemologia".

Todavia, contrariamente ao que fará Rousseau no *Discurso sobre a origem da desigualdade* (1756), Condillac não desdenha a história da metafísica especial dos filósofos, pois entende que sem os progressos, positivos ou não, realizados pelo espírito humano, o número de ideias não se multiplicaria e as relações entre elas se estagnariam. Nem por isso deixa de estar atento às tensões e aos paradoxos que o uso cada vez mais complicado dos signos traz para a "clareza e nitidez" do pensamento.

Daí as digressões, aparentemente gratuitas, que permeiam a história hipotética da linguagem. É verdade que ali a dança, a poesia, a música, a oratória e a escritura são gêneros de arte que correspondem, no plano da invenção, às etapas de complexificação da linguagem, perfazendo um sistema cujo acabamento encontra-se na arte de escrever (o próprio cálculo não deixa de ser um gênero dessa arte). Mas, ao mesmo tempo que deixa suficientemente claro que, se a escritura é o fim para o qual tende o processo como um todo e que, nessa medida, ela é um resultado inevitável, dadas certas condições empíricas, Condillac também alerta para o fato de que com o advento e o cultivo dela se perdem qualidades que nas artes anteriores respondiam pela exatidão e constância da ligação entre signos e ideias, o que afinal deve ser o critério último de bom uso de toda e qualquer língua (verbal ou não).

Essas qualidades são conspícuas na dança, em que o gestual exprime, de modo estilizado, o movimento da sucessão de ideias, enquanto ela afeta o corpo; na poesia, que como arte de recitar versos liga o signo à ideia pelas entonações da voz (ou pelo uso do "acento"), gerando a comoção e o prazer no ouvinte; na oratória, em que a veemência da voz e a força do corpo conjugam-se para veicular uma ideia ou noção e produzir persuasão num público; na matemática, por fim, o cálculo é uma exposição esquemática e exemplar do que se poderia chamar de estruturação lógico-gramatical do pensamento. Quanto à arte de escrever, histórica e logicamente posterior às demais artes, que a precedem e a tornam possível, ela consagra o descolamento da representação em relação às condições em que ela surge e se desenvolve. Pois o ato de escrever vincula um signo gráfico a um signo verbal que não precisa dele para se ligar a uma ideia. Essa vinculação pode ser analógica, com o uso de uma escrita mais próxima da percepção, como os hieróglifos ou os ideogramas, ou pode ser arbitrária, com o uso de caracteres que reproduzem uma estrutura fonética verbal que é essencialmente estranha a eles. Isso torna possível produzir efeitos outrora inimagináveis, principalmente no que diz respeito à transmissão do pensamento à distância, no espaço e no tempo. A civilização comercial moderna, louvada por Condillac, depende, em grande medida, desse efeito. Realiza-se assim uma disposição originária inscrita no uso primordial dos signos; e, com ela, também o seu reverso.

É o que explica Derrida:

> O signo é a *disponibilidade*: se pela falta de percepção e pela ausência da coisa [o tempo] ele garante a nós um domínio ideal, se, como diz Condillac, ele põe à disposição, pode também, igualmente, frágil e vazio, frágil e inútil, pôr a ideia a perder, perder-se

longe da ideia, dessa vez não somente da coisa, mas também do sentido, e não somente do referente, permanecendo, assim, por nada, superabundância que se adquire para nada dizer, como uma nota promissória, compensação excessiva por uma falta: nem mercadoria, nem dinheiro. Essa frivolidade não se impõe ao signo. Ela é um encetamento congênito [...]. Uma filosofia da necessidade, como a de Condillac, organiza todo o seu discurso em vista da decisão: entre o útil e o fútil.[6]

O desvio – fatal, posto que irremediável – que põe a perder a linguagem no circuito da "frivolidade" (o termo é de Condillac) ocorre quando a linguagem se expande, mas não respeita, no acréscimo de locuções (fonemas, sílabas, frases, períodos, torneios) a analogia com as estruturas previamente estabelecidas, consagradas pelo uso e legitimadas pelos críticos. Quando Nietzsche observou, anos mais tarde, que a filosofia, e com ela a metafísica em geral, permanece presa ao "encanto das noções gramaticais", ele estava tecendo, de caso pensado ou não, um comentário indireto sobre este ponto: é na gramática, é na estrutura de uma língua que se identifica o desvio originário no uso dos signos quando aplicados à formação das ideias. Portanto, é a partir do estudo de suas locuções, que nada mais são do que signos gramaticais de uma operação lógica, a analogia, signos que consagram essa operação e a ensinam a todos os falantes da língua, moldando os seus hábitos de pensamento, que o filósofo realiza uma crítica tal da metafísica que é capaz de o levar à ciência tão desejada por ele – que, de tão inusitada, ainda não tem um nome.

---

6 Derrida, L'archéologie du frivole. In: Condillac, *Essai sur l'origine des connaissances humaines*, p.82.

Ensaio sobre a origem dos conhecimentos humanos

A filosofia é imputada pela instituição desse circuito, pois são os metafísicos, fascinados com a possibilidade da multiplicação infinita dos signos, que criam certas palavras, as quais, uma vez escritas, podem ser recitadas e tomadas como signos de ideias *que, no entanto, não existem na percepção.* É na Grécia antiga que a filosofia se impõe à dança, à poesia, à oratória, a todas as artes da expressão corpórea que com êxito ímpar antes garantiam a ligação acertada entre os signos e as ideias. Cabe a Condillac, filósofo na medida em que é semiólogo, denunciar essa aberração e apontar para o solo metafórico em que brotam os conceitos, tanto os maus, guiados por analogias ruins, quanto os bons, produto de analogias precisas. A poética dos sistemas tem como contraparte uma crítica da multiplicação metafórica – como explica Leon Kossovitch:

> Os sistemas são reduzidos à linguagem metafórica: deslocados em sua pretensão de conhecimento, seu último refúgio é a metáfora, como obra de arte sem arte na fuga ao vazio. Encurralados como gênero e como linguagem, a tática do ataque expeditivo explicita-se. Aniquilando-os, a redução inclui os sistemas na ambiguidade da obra de arte. Retendo deles o ilusionismo, Condillac pensa-os modernamente quando resgata sua inoperância nulidade construtiva com o sentido adventício, que restabelece a plenitude da Representação em sua forma degradada de ruína.[7]

Essas linhas remetem ao *Tratado dos sistemas*, que, publicado em 1752, seis anos após o *Ensaio*, dá início a uma revisão doutrinária que só se completará em 1798, com a publicação

---

7 Kossovitch, *Condillac lúcido e translúcido*, p.142.

póstuma do manuscrito inacabado d'*A língua dos cálculos*. Essa revisão diz respeito, justamente, ao papel dos signos na formação do conhecimento, que é amenizado no *Tratado das sensações* (1754) para ser novamente considerado, numa espécie de síntese, na *Gramática* e na *Arte de pensar* (ambos de 1775), bem como na *Lógica* (1780), esta última talvez o grande livro de Condillac, ao lado do *Ensaio sobre os conhecimentos* e do *Tratado das sensações*. É neste último, com efeito, que se abre uma perspectiva que no *Ensaio* permanece inaudita:

> Pode parecer que a natureza nos deu o uso integral de nossos sentidos no mesmo instante em que os formou, e desde sempre teríamos nos servido deles sem estudo, só porque hoje já não somos obrigados a estudá-los. Eu tinha esses preconceitos quando publiquei meu *Ensaio*... O princípio que determina o desenvolvimento das faculdades do espírito humano é simples; está encerrado nas próprias sensações: pois, sendo todas necessariamente agradáveis ou desagradáveis, temos interesse em gozar aquelas e nos furtar destas. Ora, convencer-vos-ei de que esse interesse é o suficiente para dar ensejo às operações do entendimento e da vontade.[8]

Não se trata de cancelar o *Ensaio sobre os conhecimentos*, apenas de (re)lê-lo pelo prisma dessa advertência. Condillac mostra no *Tratado das sensações* que o uso dos signos não é, tudo bem pensado, condição para o uso do entendimento, mas apenas (o que já é muito) a condição para a ampliação e o progresso desse uso, instrumento sem o qual o entendimento permanece-

---

8 Condillac, *Tratado das sensações*, p.55-6.

ria como que escravo do anseio de prazer e da repulsa pela dor que engendram e incitam a vontade. Comentando essa espécie de reviravolta, Luiz Roberto Monzani explica:

> O *Tratado das sensações* mostra, de forma inequívoca, o primado da dimensão prática sobre a dimensão teórica, no sentido em que é fundante desta última. O teórico aparece como uma espécie de camada semântica que se sobrepõe a outra mais original, a das ações determinadas pelas necessidades. O teórico subordina-se definitivamente ao prático e é na camada mais originária, das afecções mais originárias (dor/prazer), das necessidades e dos desejos, que brota um sentido original, primordial, balbuciante, mas que será decisivo. A potência dos signos e a da linguagem, assim como sua importância, são, sem dúvida, mantidas, mas alocadas num outro nível, que é derivado. De agora em diante, o homem é um ser essencialmente movido pelo prazer, pela necessidade e pelo desejo.[9]

Seria com isso minimizada a constatação do *Ensaio*, de que a tendência dos signos à frivolidade se instaura já na instância cognitiva? De modo algum. Pois, mesmo que o signo não seja tão essencial quanto se pensava em 1746, ele entra na formação do conhecimento na medida mesma em que permite transformar as representações imediatas. Se no *Ensaio* os signos incidiam na estruturação do pensamento, nas obras posteriores ao *Tratado das sensações* cabe a eles organizar analiticamente a disposição natural que a imaginação tem para agrupar em quadros simultâneos as representações oriundas dos sentidos. Uma vez

---

9 Monzani, *Desejo e prazer na idade moderna*, p.256.

decompostas essas verdadeiras obras de arte casuais, as ideias atreladas a signos são dispostas linearmente, perfazendo o que se chama de raciocínio, nada mais que uma cadeia formada por representações cujos elos são *sentidos* como necessários. O exemplo da matemática – ou "língua dos cálculos" – é cristalino: quem conta bem e não erra conecta as unidades com o mesmo sentimento irrecusável daquele que conta com os dedos das mãos. O corpo, não o intelecto, garante a certeza de que os signos estão na ordem mais desejável.

Essa regulação não se aplica ao uso da palavra escrita, que, pelo contrário, consagra a tendência inscrita desde o início no uso dos signos – encontre-se ele no entendimento, na formação das ideias, ou na sua composição e transmissão: a multiplicação desnecessária dos signos, à revelia das percepções a que deveriam se referir. Se essa desvantagem coloca a arte de escrever em posição de inferioridade em relação àquelas que a precederam na história conjectural da linguagem, Condillac entende que o antídoto para a frivolidade se encontra no mal mesmo que o requer. Pois o que é, no fundo, a arte de escrever? Uma extensão do que as derradeiras páginas do *Ensaio sobre os conhecimentos* designam por "método". É a disciplina da escrita, é uma forma, altamente regulada, de restituir aos signos mudos dessa discursividade silenciosa a expressividade sem a qual não há como saber, em última instância, se eles estão ligados a ideias ou se, ignorando a analogia da língua, produzem ideias fantasiosas. Guiado por essa arte, o escritor – filosófico ou não – reconduz a linguagem à sua destinação originária, reconfortando a imaginação do leitor, fatigada pela frivolidade que se tornou costumeira, com quadros montados em palavras, que em tudo se assemelham aos quadros das percepções em

Ensaio sobre a origem dos conhecimentos humanos

estado bruto, exceto por esta qualidade, que lhes é exclusiva: como produtos de uma arte altamente elaborada, são mais precisos, mais tocantes e mais interessantes do que os quadros da percepção natural. E uma sensibilidade treinada por essa arte, acostumada a tais quadros, só há de ganhar na aquisição de novas ideias — venham elas de percepção ou de reflexão. Esse resultado surpreendente, uma vez produzido, consagraria por sua vez a *ciência sem nome* que começa a surgir, nas páginas do *Ensaio sobre a origem dos conhecimentos humanos*, a partir de uma cortante crítica da metafísica.

* * *

A leitura do *Ensaio* e da *Arte de escrever* (1775) — textos de Condillac reunidos neste volume — é uma boa maneira, talvez a mais apropriada, de iniciar-se nos meandros de uma filosofia original, que, muito simples na superfície, torna-se cada vez mais desconcertante à medida que se mergulha em suas profundezas. Os contemporâneos de Condillac perceberam bem isso, e Voltaire não hesitou em denominá-lo o grande metafísico do século — posição confirmada pela adoção de sua teoria do conhecimento e dos signos em um sem-número de verbetes da *Enciclopédia* de Diderot e d'Alembert, sem mencionar a importância flagrante de Condillac para a estruturação do sistema filosófico de Adam Smith. Também a partir de Condillac surge a corrente filosófica — denominada Ideologia — que faz fortuna sob a Revolução Francesa e exerce um profundo impacto na modelagem das instituições de ensino que, graças aos decretos dessa mesma Revolução, postos em prática no período do Termidor e sob Napoleão, dão início ao processo de universalização do ensino público na França.[10] Em tudo isso pode facilmente ser detectada a presença de Condillac, e é raro encontrar, na história da filosofia, um autor cujos escritos tenham exercido um impacto direto tão grande na vida pública de um país e de uma época. Que Kant e Herder, entre outros, tenham se insurgido contra a difusão desse pensamento inovador – eis uma prova adicional de sua força.

* * *

Publicado pela primeira vez em 1746, o *Ensaio* não foi reeditado em vida por Condillac, que, no entanto, deu a chancela para que ele fosse incluído na edição de suas obras, que surgiria postumamente apenas em 1798, em dezesseis volumes. Em 1947, o *Ensaio* reaparece como parte de uma edição parcial das obras de Condillac, em quatro volumes, denominada *Œuvres philosophiques*. Supervisionada por George Le Roy, essa edição faz parte do "Corpus général des philosophes français", coleção animada por Raymond Bayer nas Presses Universitaires de France, que celebrava, no título, a originalidade e a força de uma tradição que nunca precisou dos alemães para prosperar – fato que valia ressaltar nos anos cinzentos do pós-guerra e do fim da ocupação. Em 1973, o *Ensaio* é publicado à parte, em edição de Charles Porset, com apresentação de Jacques Derrida (Paris, Galilée). Por fim, mais recentemente, em 2014, a editora Vrin disponibilizou ao público uma edição crítica como parte de uma coleção das obras de Condillac preparada por Jean-Claude Pariente e Martine Pécharman.

---

10 Ver Clauzade, *L'idéologie ou la révolution de l'analyse*.

Ensaio sobre a origem dos conhecimentos humanos

Para a presente tradução do *Ensaio* (a primeira em língua portuguesa), utilizamos o texto estabelecido por Charles Porset. As demais edições foram consultadas para variações importantes e referências complementares, inseridas em rodapé. Para a tradução (parcial) da *Arte de escrever*, utilizamos o texto da edição Le Roy. As notas de Condillac são assinaladas com números; as do tradutor aparecem em asterisco. Complementa este volume um estudo crítico de Fernão de Oliveira Salles. Gostaria de registrar meu agradecimento a Samuel Leon, quem primeiro viu a possibilidade deste livro em português.

Universidade de São Paulo, fevereiro de 2018

Referências bibliográficas

CLAUZADE, Laurent. *L'Idéologie ou la révolution de l'analyse*. Paris: Gallimard, 2004.

CONDILLAC. *Essai sur l'origine des connaissances humaines*. Paris: Galilée, 1973. [1.ed. 1746.]

_____. *Tratado das sensações*. Trad. Denise Bottmann. Campinas: Editora da Unicamp, 1993.

_____. Lógica. In: OLIVEIRA SALLES, Fernão de (Org.). *Lógica e outros escritos*. São Paulo: Editora Unesp, 2016.

DERRIDA, Jacques. L'Archéologie du frivole. In: CONDILLAC. *Essai sur l'origine des connaissances humaines*. Paris: Galilée, 1973.

FOUCAULT, Michel. *As palavras e as coisas*: uma arqueologia das ciências humanas. Trad. Salma Thannus Muchail. São Paulo: Martins Fontes, 1987. p.211. [1.ed. 1966.]

KOSSOVITCH, Leon. *Condillac lúcido e translúcido*. São Paulo: Ateliê Editorial, 2011. p.142.

LEBRUN, Gérard. O cego e o nascimento da antropologia. In: CAC-CIOLA, Maria Lúcia et al. (Orgs.). *A filosofia e sua história*. São Paulo: Cosac Naify, 2006.

MONZANI, Luiz Roberto. *Desejo e prazer na idade moderna*. 2.ed. Curitiba: Champagnat, 2011.

NIETZSCHE. *Para além de bem e mal*. Trad. Paulo César de Souza. São Paulo: Companhia das Letras, 1992.

Ensaio sobre a origem
dos conhecimentos humanos (1746)

Introdução

A metafísica é a ciência que mais contribui para tornar o espírito humano luminoso, preciso e extenso, e por isso é a que melhor prepara para o estudo das demais. Mas, atualmente, é tão negligenciada na França que essa afirmação sem dúvida haverá de parecer um paradoxo aos olhos de muitos leitores. Reconheço que houve um tempo em que eu mesmo tive uma opinião como essa. De todos os filósofos, os metafísicos me pareciam os menos sábios. Suas obras simplesmente não me instruíam, por toda parte quase não encontrava nelas mais do que fantasmas, e, por mim, poderiam ser declarados um crime contra a metafísica os desvarios daqueles que a cultivavam. Eu quis dissipar essa ilusão e remontar à causa de tantos erros. Os autores que mais se distanciaram da verdade tornaram-se para mim os mais úteis. Com dificuldade cheguei ao conhecimento dos arriscados caminhos que eles haviam trilhado. Aos poucos, acreditei que começava a perceber a rota a ser percorrida. Pareceu-me possível raciocinar em matéria de metafísica e de moral com tanta exatidão quanto em geometria;* formar, tão bem quanto

---

* Ver Locke, *Ensaio sobre o entendimento humano*, IV, 3, 18. (N. T.)

os geômetras, ideias justas; determinar, tal como eles, os sentidos das expressões de maneira precisa e invariável; prescrever enfim, talvez com mais êxito do que até agora, uma ordem suficientemente simples e fácil para chegar à evidência. É preciso distinguir duas espécies de metafísica. Uma delas, ambiciosa, quer penetrar em todos os mistérios: a natureza, a essência dos seres, as causas mais recônditas, eis o que a lisonjeia e o que ela promete a si mesma descobrir. A outra, mais comedida, adéqua suas pesquisas à fraqueza do espírito humano, e, por ser tão desdenhosa do que necessariamente lhe escapa quanto ávida pelo que pode apreender, sabe manter-se nos limites que lhe cabem. A primeira toma o todo da natureza como uma espécie de encanto, que desfaz tão logo ela se dissipe; a segunda, que busca ver as coisas como elas realmente são, é simples como a própria verdade. Com aquela, o espírito acumula um sem-número de erros e contenta-se com noções vagas e palavras sem sentido; com esta, ele adquire poucos conhecimentos, mas evita o erro; torna-se justo e só forma ideias nítidas.

Os filósofos dedicaram-se especialmente à primeira dessas metafísicas, tomando a outra como parte meramente acessória que mal merece o nome de metafísica. Locke parece ter sido uma exceção. Restringiu-se ao estudo do espírito humano e cumpriu com êxito seu objetivo. Descartes não chegou ao conhecimento nem da origem nem da geração de nossas ideias.[1] Deve-se atribuir isso à insuficiência de seu método. Não teremos como descobrir nenhuma maneira certa de conduzir

---

[1] Remeto à terceira meditação. Nada me parece menos filosófico do que o que ele diz a esse respeito.

Ensaio sobre a origem dos conhecimentos humanos

nossos pensamentos enquanto não soubermos como eles são formados. Malebranche, dos cartesianos o que melhor percebeu as causas de nossos erros, ou buscou na matéria as comparações para explicar as faculdades da alma,[2] ou perdeu-se num mundo inteligível, em que imaginou encontrar a fonte de nossas ideias.[3] Outros criaram e aniquilaram entidades, acrescentaram-nas à nossa alma ou a privaram delas a bel-prazer, e acreditaram, com essa fantasia, ter encontrado a razão das diferentes operações de nosso espírito e da maneira como ele adquire ou perde seus conhecimentos.[4] Os leibnizianos, por fim, fizeram dessa substância um ser ainda mais perfeito. Tratar-se-ia, segundo eles, de um mundo em miniatura, um espelho vivo do universo; e, com a potência que lhe conferiram de representar tudo o que existe, gabaram-se de explicar sua essência, sua natureza e todas as suas propriedades. E assim cada um se deixa seduzir por seus próprios sistemas. Não vemos além do que está à mão, e cremos ver tudo o que existe. Somos como crianças, que imaginam que, se puderem chegar ao extremo de uma planície, tocarão o céu com as mãos. Seria por isso inútil ler os filósofos? Pelo contrário; pois, como esperar ter mais êxito do que tantos gênios que são a admiração de seu século, sem tê-los ao menos estudado, que seja para aprender com seus erros? Quem quiser realizar por si mesmo progressos na busca da verdade deve estar ciente dos enganos dos que o precederam. A experiência do filósofo, tal como a do timoneiro, consiste em

---

2 Malebranche, *Recherche de la vérité*, I, 1, 1.

3 Malebranche, *Recherche de la vérité*, I, 3. Ver também seus *Entretiens* e suas *Méditations métaphysiques*, com suas respostas a Arnauld.

4 O autor de *L'action de Dieu sur les créatures* [Boursier].

saber onde estão os rochedos em que outros naufragaram. Sem esse conhecimento, não há bússola que possa guiá-lo.

De nada adianta, porém, identificar os erros dos filósofos, se não forem desvendadas as causas que os levaram a eles. É preciso remontar de uma causa a outra, até uma causa primeira, pois é de supor que haveria uma mesma causa para todos os extravios, como um ponto único do qual partem todos os caminhos que conduzem ao erro. Pode ser que ao lado desse ponto se encontre outro, em que começaria o único caminho que leva à verdade. Nosso principal objetivo, que jamais podemos perder de vista, é o estudo do espírito humano, não para descobrir sua natureza, mas para conhecer suas operações, observar a arte com que elas se combinam e saber como devemos conduzi-las a fim de adquirir toda a inteligência de que somos capazes. É preciso remontar à origem de nossas ideias, desenvolver sua geração, acompanhá-las até os limites a elas prescritos pela natureza, para fixar a extensão e as fronteiras de nossos conhecimentos e renovar o entendimento humano como um todo.

A via das observações é a única que promete êxito na realização dessas pesquisas. Não devemos aspirar a outra coisa além da descoberta de uma experiência primeira, que ninguém possa pôr em dúvida e que seja suficiente para explicar todas as outras. Ela deverá mostrar sensivelmente qual a fonte de nossos conhecimentos, quais os seus materiais, que princípio permite trabalhar a partir deles, quais os instrumentos a serem empregados e de que maneira devemos nos servir deles. Acredito ter encontrado a solução para todos esses problemas na ligação de ideias, seja com os signos, seja entre si. Poder-se-á julgar se é mesmo assim, à medida que se avance na leitura desta obra.

Ensaio sobre a origem dos conhecimentos humanos

Percebe-se que o meu desígnio é remeter a um só princípio tudo o que concerne ao entendimento humano, e que esse princípio não deve ser uma proposição vaga, tampouco uma máxima abstrata ou uma suposição gratuita, mas uma experiência constante, cujas consequências, uma a uma, serão confirmadas por novas experiências.

As ideias ligam-se com os signos, e é por esse meio, como hei de provar, que elas se ligam entre si. Por isso, na redação de minha obra, após ter esboçado algumas palavras sobre os materiais de nossos conhecimentos, sobre a distinção entre alma e corpo, e sobre a sensação, fui obrigado, para desenvolver meu princípio, não somente a acompanhar as operações da alma em cada uma das etapas de seu progresso como também a pesquisar a maneira como contraímos o hábito de utilizar signos de toda espécie e qual uso devemos fazer deles.

Com a intenção de realizar esse duplo objetivo, alcei-me tão alto quanto me foi possível. De um lado, remontei até a percepção, pois é a primeira operação que se observa na alma, e mostrei como e em que ordem ela produz todas as percepções que podemos adquirir. De outro, comecei pela linguagem de ação. Ver-se-á como ela produziu todas as artes apropriadas à expressão de nossos pensamentos, a arte dos gestos, a dança, a fala, a declamação, a notação musical, as pantomimas, a música, a poesia, a eloquência, a escritura e os diferentes caracteres das línguas. Essa história da linguagem mostrará as circunstâncias em que os signos são imaginados, dará a conhecer seu verdadeiro sentido, ensinará a evitar seu abuso, e penso que não deixará nenhuma dúvida acerca da origem de nossas ideias.

Por fim, após ter desenvolvido o progresso das operações da alma e da linguagem, tentarei indicar como o erro pode ser evitado e mostro a ordem a ser seguida para realizar descobertas e instruir os outros a respeito das já realizadas. Tal é o plano geral deste ensaio.

É comum que um filósofo se declare pela verdade sem, no entanto, tê-la conhecido. Recupera uma opinião abandonada e a adota, não porque lhe pareça a melhor, mas porque tem a expectativa de se tornar líder de uma seita. E, com efeito, a novidade de um sistema é quase sempre suficiente para garantir seu sucesso.

Provavelmente por esse motivo, os peripatéticos adotaram o princípio de que todos os nossos conhecimentos vêm dos sentidos. Mas estavam tão longe de compreender essa verdade que nenhum deles soube desenvolvê-la, e, durante muitos séculos, ela restou por ser descoberta.

Bacon talvez tenha sido o primeiro a percebê-la. Ele a pôs no fundamento de uma obra na qual oferece excelentes recomendações para o avanço das ciências.[5] Os cartesianos rejeitaram esse princípio com desdém, pois o julgaram a partir dos escritos dos peripatéticos. Por fim, Locke o adotou, e teve o mérito de ser o primeiro a demonstrá-lo. Mas, ao que tudo indica, o filósofo inglês nunca teve o seu tratado sobre o entendimento humano como objeto principal de suas preocupações. Redigiu-o de maneira intermitente, desenvolvendo-o quando podia. E, mesmo prevendo que uma obra composta desse modo certamente seria motivo de críticas, não teve, como ele mesmo diz, nem a coragem nem o tempo para refazê-la.[6] Por essa razão, para compreendê-la é preciso pôr de lado as digressões, as repetições

---

5 Lorde Bacon, *Novum organum scientiae*.
6 Vide o seu prefácio.

e a desordem que nela reinam por toda parte. Locke era perfeitamente capaz de corrigir esses defeitos, o que talvez torne ainda mais indesculpável que não o tenha feito. Ele viu, por exemplo, que as palavras e a maneira de que nos servimos delas podem fornecer luzes acerca do princípio de nossas ideias;[7] mas, quando se deu conta disso, era tarde, e por isso tratou em seu terceiro livro de uma matéria que deveria ter sido objeto do segundo.[8] Se tivesse reescrito o livro, é lícito supor que teria exposto mais adequadamente os recursos do entendimento humano. Por não ter procedido assim, passou com demasiada rapidez pela origem de nossos conhecimentos, e tal é a parte menos profunda de seu livro. Ele pressupõe, por exemplo, que, pelo fato de a alma receber ideias por meio dos sentidos, ela pode repeti-las a bel-prazer, compô-las e reuni-las com variedade infinita, criando assim toda sorte de noções complexas. Mas consta que em nossa infância experimentamos sensações muito antes de saber como extrair ideias delas. E, assim, como a alma não tem desde o primeiro instante o exercício de todas as suas operações, teria sido essencial, para melhor explicar a origem de nossos conhecimentos, mostrar como ela adquire esse exercício e qual o seu progresso. É algo que parece não ter ocorrido a Locke, e ele tampouco foi censurado ou pensou em melhorar essa parte de sua obra. Portanto, dado que a novidade da ideia de explicar a geração das operações da alma localizando o seu nascimento numa percepção simples, pode ser que o lei-

---

7 Locke, *Ensaio sobre o entendimento humano*, III, 8, 1.

8 "Reconheço", ele diz, "que quando comecei esta obra, e por muito tempo depois, simplesmente não me ocorreu que seria necessária uma reflexão sobre as palavras." *Ensaio sobre o entendimento humano*, II, 2, 2.

tor sinta alguma dificuldade de compreender a maneira como o executei.

No primeiro livro de seu *Ensaio*, Locke examina a opinião de que existiriam ideias inatas. Talvez tenha perdido seu tempo, ao combater esse erro. A obra que ofereço o suprime de saída. Em algumas passagens do segundo livro, Locke trata das operações da alma, ainda que superficialmente. As palavras são o objeto do terceiro, e parece-me que ele foi o primeiro a ter escrito sobre o assunto como verdadeiro filósofo. Ainda assim, pensei que essa matéria teria de ocupar uma parte considerável de minha obra, seja porque pode ser abordada de maneira nova e mais exaustiva, seja porque estou convencido de que o uso dos signos é o princípio do desenvolvimento de todas as nossas ideias. Quanto ao resto, em meio às excelentes coisas que ele diz tanto no segundo livro, a respeito da geração de diversas espécies de ideias, tais como de espaço, duração e outras, quanto no quarto, intitulado *Do conhecimento*, há muitas que estou longe de aprovar. Mas, como pertencem em particular à extensão de nossos conhecimentos, não entram em meu plano, e não haveria por que me deter nelas.

Parte I
Dos materiais de nossos conhecimentos e em particular das operações da alma

Seção I

Capítulo 1
Dos materiais de nossos conhecimentos e da distinção entre alma e corpo

§1. Quando nos elevamos, para falar metaforicamente, até os céus, ou quando descemos aos mais profundos abismos, nunca saímos de nós mesmos, e não percebemos nada além de nosso próprio pensamento. Quaisquer que sejam nossos conhecimentos, se quisermos remontar à sua origem, chegaremos por fim a um primeiro pensamento simples, que foi objeto de um segundo, que foi objeto de um terceiro, e assim por diante. É essa ordem de pensamentos que é preciso desenvolver, se quisermos conhecer as ideias que temos das coisas.

§2. Seria inútil perguntar qual a natureza de nossos pensamentos. A primeira reflexão sobre nós mesmos é suficiente para convencer-nos de que não temos meio algum para realizar essa pesquisa. Sentimos o nosso pensamento; distinguimos perfeitamente tudo o que é diferente dele; distinguimos mesmo todos os nossos pensamentos entre si. É o suficiente. Se partirmos daí, partiremos de algo que conhecemos tão claramente que não poderá nos levar a nenhum erro.

§3. Consideremos um homem no instante inicial de sua existência. Sua alma experimenta diferentes sensações, tais como a luz, as cores, a dor, o prazer, o movimento, o repouso. São os seus primeiros pensamentos.

§4. Acompanhemo-lo nos momentos em que começa a refletir sobre o que essas sensações ocasionam em si mesmo, e veremos formar-se outras ideias das operações de sua alma, tais como perceber, imaginar. São os seus pensamentos seguintes.

Dependendo da atuação de objetos exteriores sobre nós, recebemos diferentes ideias pelos sentidos, e dependendo de nossa reflexão sobre as operações que as sensações ocasionam em nossa alma, adquirimos todas as ideias que não poderíamos receber das coisas exteriores.

§5. As sensações e as operações da alma são, portanto, os materiais de todos os nossos conhecimentos, materiais que a reflexão põe em uso ao buscar pelas combinações e relações que eles contêm. Mas o seu êxito depende inteiramente das circunstâncias. As mais favoráveis são as que nos oferecem o maior número de objetos próprios ao exercício de nossa reflexão. Por exemplo, as circunstâncias de monta em que se encontram os indivíduos destinados a governar os homens são uma ocasião para que formem perspectivas bastante extensas. As que se repetem constantemente no mundo dos grandes proporcionam essa espécie de espírito a que se chama de *natural*; não é fruto do estudo, e por isso é difícil apontar as causas que o produzem. Concluamos que não há ideias que não sejam

Ensaio sobre a origem dos conhecimentos humanos

adquiridas. As primeiras vêm imediatamente dos sentidos, as seguintes devem-se à experiência e multiplicam-se em proporção ao aumento da capacidade de reflexão.

§6. O pecado original tornou a alma tão dependente do corpo que muitos filósofos confundem essas duas substâncias. Acreditam que a primeira é o que há de mais delicado no corpo, de mais sutil e mais suscetível de movimento. Essa opinião, porém, é consequência da falta de cuidado ao raciocinar com ideias exatas. Eu pergunto a eles, o que entendem por *um corpo*? Se quiserem responder de maneira precisa, não dirão que é uma substância única, mas o considerarão como uma reunião, uma coleção de substâncias. Se o pensamento pertence ao corpo, portanto, é na medida em que é reunião e coleção, ou em que é propriedade de cada substância que o compõe. Ora, as palavras *reunião* e *coleção* não significam mais do que uma relação exterior entre muitas coisas, uma maneira de existência em que umas dependem das outras. Graças a essa união, consideramo-las como formando um todo, embora, na realidade, formem um uno tanto quanto se estivessem separadas. Tudo isso são apenas termos abstratos, que não supõem uma substância única, mas uma multidão de substâncias. O corpo, enquanto reunião e coleção, não pode, portanto, ser sujeito do pensamento. Dividiremos o pensamento entre todas as substâncias de que ele é composto; isso só será possível se ele for uma percepção única e indivisível. Em segundo lugar, seria preciso ainda rejeitar essa suposição, se o pensamento for formado por um certo número de percepções. Que A, B, C, três substâncias que entram na composição do corpo, dividam-se em três percepções diferentes; eu pergunto a partir de qual delas a comparação deverá ser feita. Não de A, pois é impossível comparar uma percepção com outras que não se tem. Pela mesma razão, não será a partir de B nem de C. É preciso, assim, admitir um ponto de reunião, uma substância que seja ao mesmo tempo um sujeito simples e indivisível dessas três percepções, distinto, por conseguinte, do corpo; numa palavra, uma *alma*.

§7. Não consigo entender como Locke pôde afirmar que talvez seja impossível para nós saber se Deus poderia ou não dar, a um amontoado de matéria, disposta de certo modo, o poder de pensar.[1] Não se deve imaginar que, para resolver essa questão, seria preciso conhecer a essência e natureza da matéria. Os raciocínios fundados nessa ignorância são na verdade frívolos. É suficiente observar que o sujeito do pensamento deve ser uno. Ora, um amontoado de matéria não é uno, é uma multidão.[2]

§8. Sendo a alma distinta do corpo e diferente dele, este não pode ser senão causa ocasional. Do que se conclui que apenas ocasionalmente é que nossos sentidos são a fonte de nossos conhecimentos.* Mas o que se faz por ocasião de uma coisa pode

---

1 Locke, *Ensaio sobre o entendimento humano*, IV, 3, 6.

2 Foi-me objetado que a propriedade de marcar o tempo é indivisível. Não é correto dizer que ela se divide entre as rodas de um relógio: ela está no todo. Por que então a propriedade de pensar não poderia se encontrar num todo organizado? Respondo que a propriedade de marcar o tempo pode, por sua natureza, pertencer a um sujeito composto, pois, como o tempo é uma sucessão, tudo o que for capaz de movimento poderá medi-lo. Objetou-se ainda que a unidade convém a um amontoado de matéria, ordenado, embora não possa ser aplicado no caso de a confusão ser tal que impeça considerá-lo como um todo. É verdade; mas acrescento que então o termo *unidade* não é tomado com rigor, pois é tomado como unidade composta de outras unidades, por conseguinte é propriamente coleção, multidão. Ora, não é dessa unidade que falo aqui.

* Ver *Resumo do Tratado das sensações*, introdução. (N. T.)

Ensaio sobre a origem dos conhecimentos humanos

ser feito sem ela, pois um efeito só pode depender de sua causa ocasional numa hipótese determinada. Portanto, a alma poderia adquirir conhecimentos sem o auxílio dos sentidos. Antes do pecado, ela encontrava-se num sistema inteiramente diferente daquele em que se encontra hoje. Isenta de ignorância e concupiscência, ela comandava os seus sentidos, suspendia a ação destes e a modulava a bel-prazer; em suma, tinha ideias, anteriormente ao uso dos sentidos. Mas as coisas mudaram muito, graças a sua desobediência. Deus privou-a desse império. Ela tornou-se tão dependente dos sentidos como se estes fossem a causa física de algo do qual são a causa ocasional; e seus conhecimentos restringiram-se aos que lhes são transmitidos por eles. Daí sua ignorância e concupiscência. Tal é o estado da alma que me proponho estudar, o único que pode ser objeto da filosofia, pois é o único que a experiência dá a conhecer. Assim, toda vez que eu disser que não temos ideias além das que nos vêm pelos sentidos é preciso lembrar que falo do estado em que nos encontramos após o pecado original. Essa proposição, aplicada à alma no estado de inocência ou após a sua separação do corpo, seria inteiramente falsa. Não trato dos conhecimentos da alma nesses dois estados, pois só sei raciocinar a partir da experiência. De resto, se nos importa muito, como indubitavelmente é o caso, conhecer as faculdades cujo uso Deus, malgrado o pecado de nosso pai, conservou para nós, é inútil querer adivinhar aquelas de que ele nos privou e que nos restituirá apenas após esta vida.

Restrinjo-me, portanto, eu repito, ao estado presente. Não se trata de considerar a alma como independente do corpo, pois sua dependência está muito bem constatada, nem como unida ao corpo num sistema diferente daquele em que nos encontramos. Nossa única obrigação é consultar a experiência, e raciocinar apenas a partir de fatos dos quais ninguém possa duvidar.

Capítulo 2
Das sensações

§9. É suficientemente evidente que as ideias que se chamam sensações são tais que, se fôssemos privados dos sentidos, jamais poderíamos adquiri-las. Nenhum filósofo chegou a afirmar que elas fossem inatas; isso seria contradizer visivelmente a experiência. Mas alegou-se que não são ideias, como se por si mesmas não fossem tão representativas quanto outros pensamentos da alma. Consideraram-se as sensações como algo posterior às ideias, que as modificam, erro que levou a imaginação a sistemas tão bizarros quanto ininteligíveis.

Mas um mínimo de atenção mostra que, quando percebemos a luz, as cores, a solidez, essas sensações e outras similares são mais do que suficientes para nos dar todas as ideias mais comuns sobre os corpos. Haveria alguma que não estivesse contida nessas proposições primeiras? Não se encontram nelas as ideias de extensão, figura, movimento, repouso e todas as que dependem delas?

Se rejeitarmos a hipótese de ideias inatas e supusermos, por exemplo, que Deus não nos desse mais do que percepções de luz e cor, não seriam elas suficientes para traçar, diante de nossos olhos, a extensão, as linhas e as figuras? Alguém diria que os sentidos não nos dão nenhuma garantia de que as coisas são tais como parecem ser e que, portanto, os sentidos não nos fornecem nenhuma ideia. Que bela consequência! Seria ela uma asseveração das ideias inatas? Que importa se é possível, pelos sentidos, conhecer com certeza qual a figura de um corpo? A questão é saber se, mesmo quando nos enganam, eles não nos dão a ideia de uma figura. Vejo uma figura que julgo

Ensaio sobre a origem dos conhecimentos humanos

ser um pentágono, embora ela forme, num de seus lados, um ângulo imperceptível. É um erro; mas nem por isso ela deixa de fornecer a mim a ideia de um pentágono.

§10. Mas os cartesianos e os malebranchistas denunciam os sentidos com tanta veemência, e tantas vezes repetem que eles não são mais do que erro e ilusão, que os consideramos como um obstáculo à aquisição de certas ideias, e, por zelo pela verdade, preferiríamos, se isso fosse possível, nos despojarmos deles. Não é que os reproches desses filósofos sejam completamente infundados. Eles revelaram, quanto a isso, muitos erros, e com tanta sagacidade que não poderíamos negar, sem lhes fazer injustiça, a dívida que temos com eles. Mas não haveria uma posição intermediária? Não seria possível encontrar em nossos sentidos uma fonte de verdades, além de uma fonte de erros, e distinguir tão bem estes daquelas a ponto de bebermos sempre da primeira? É o que merece ser investigado.

§11. Para começar, não há nada tão claro e tão distinto quanto a nossa percepção, quando experimentamos certas sensações. O que seria tão claro quanto as percepções de som e de cor? Haveria algo tão distinto? Alguma vez confundimos essas duas coisas? Mas, se quisermos pesquisar a sua natureza, e saber como elas se produzem em nós, não devemos dizer que os nossos sentidos nos enganam ou nos fornecem ideias obscuras e confusas. Um mínimo de reflexão mostra que nenhuma dessas ideias é confusa.

Mas, qualquer que seja a natureza dessas percepções, e a maneira como são produzidas, se procurarmos nelas ideias como as de extensão, linha, ângulo e figuras, certamente as encontraremos, e serão muito claras e distintas. E se indagarmos por isso a que referimos essa extensão e essas figuras, perceberemos, com igual clareza e distinção, que é algo que não nos pertence, ou que não pertence àquilo que em nós é sujeito do pensamento, mas sim a algo que nos é exterior.

Se buscarmos nas percepções a ideia de grandeza absoluta de certos corpos, ou mesmo a de grandeza relativa e de sua figura, os juízos que faremos a partir disso serão bastante questionáveis. As aparências de grandeza e de figura sob as quais um objeto se apresenta mudam completamente conforme ele esteja mais próximo ou mais distante de nós.

Portanto, devem-se distinguir, em nossas sensações, três componentes: 1°) a percepção que experimentamos, 2°) a relação que estabelecemos entre ela e algo exterior a nós, 3°) o juízo que afirma que isso a que relacionamos as coisas cabe de fato a elas.

Não há nem erro, nem obscuridade, nem confusão, quanto ao que se passa em nós, não mais do que há na relação que estabelecemos entre o que se passa em nós e o que nos é exterior. Por exemplo, quando refletimos que temos certas ideias de grandeza e de figura e que as relacionamos com determinado corpo, não há nisso nada que não seja verdadeiro, claro e distinto. Daí a força de todas as verdades. Se há erro, é simplesmente porque julgamos que tal grandeza e tal figura efetivamente pertencem a tal corpo. Por exemplo, vejo ao longe um edifício que é quadrado, mas que pode me parecer redondo. Haveria obscuridade ou confusão na ideia de redondo ou na relação em que a insiro? Não; mas julgo que o edifício é redondo, e nisso consiste o erro.

Quando digo, portanto, que todos os nossos conhecimentos vêm dos sentidos, não se deve esquecer que não é senão na medida em que são extraídos dessas ideias claras e distintas que eles contêm. Quanto aos juízos que as acompanham, só

Ensaio sobre a origem dos conhecimentos humanos

podem ser úteis para nós depois de a experiência refletida ter corrigido os seus defeitos.

§12. O que dissemos da extensão e das figuras se aplica igualmente às outras ideias das sensações, o que pode resolver a questão dos cartesianos de saber se as cores, os odores etc. se encontram ou não nos objetos.

Só devem ser admitidas nos corpos as qualidades que ocasionam as impressões por eles causadas em nossos sentidos. Uma pretensa dificuldade é saber se essas qualidades seriam similares às que experimentamos. Pois, como percebemos em nós mesmos a ideia de extensão e não vemos nenhum inconveniente em supor nos corpos algo similar, imaginamos que haveria neles algo que se assemelhe às percepções de cores, odores etc. Mas é um juízo precipitado, que está fundado unicamente nessa comparação, e ao qual não subjaz, com efeito, nenhuma ideia.

A noção de extensão, despojada de todas as dificuldades e tomada pelo lado mais claro, não é senão a ideia de muitos seres que nos parecem exteriores uns aos outros.[3] É por isso que, ao supormos que haveria algo exterior conforme a essa ideia, a representamos de uma maneira tão clara como se considerássemos somente a ideia mesma. O mesmo não se passa com cores, odores etc. Quando refletimos sobre essas sensações, consideramo-las como nossas, como sendo próprias a nós, e temos a seu respeito ideias suficientemente claras. Mas, se quiséssemos, por assim dizer, destacá-las de nosso ser, e enriquecer com elas

---

3 E unidos, dizem os leibnizianos – inutilmente, em se tratando da extensão abstrata. Só podemos representar seres separados na medida em que supomos outros que os separem; e a totalidade implica a ideia de união. [Ver *Tratado dos sistemas*, Exposição do sistema das mônadas; e, do próprio Condillac, *As mônadas*, II, 5. (N. T.)]

os objetos, resultaria algo de que não temos nenhuma ideia. Se tendemos a atribuí-las aos objetos, é porque somos obrigados a supor algo que as ocasione e porque, ao mesmo tempo, essa causa se encontra inteiramente fora de nosso alcance.

§13. Em vão recorreríamos a ideias ou sensações obscuras e confusas. Uma linguagem como essa não pode ser admitida por filósofos, que devem permanecer ciosos da exatidão de suas expressões. Se constatardes que a semelhança de um retrato em relação ao original é obscura e confusa, desenvolverdes esse pensamento, vereis que aqui e ali ele é conforme ao original, mas não em todos os pontos. O mesmo vale para cada uma de nossas percepções. O que elas contêm é claro e distinto; o que supomos haver de obscuro e confuso de maneira alguma pertence a elas. Delas não pode ser dito, como de um retrato, que apenas parcialmente se assemelham ao original. Cada uma é tão simples que tudo o que tenha com ela qualquer relação de igualdade será igual a ela em tudo. Por isso, advirto que, pela expressão *ter ideias claras e distintas*, entendo, em suma, *ter ideias*, pois ter ideias obscuras e confusas é o mesmo que não as ter.

§14. A razão pela qual tendemos a pensar que nossas ideias seriam suscetíveis de obscuridade é que não as distinguimos suficientemente de certas expressões consagradas pelo uso.*

---

* Trata-se aqui do poderoso *usage*, que de Vaugelas (*Les vrais principes de la langue française*, 1647) à *Enciclopédia* (1751-1765) é consagrado como o verdadeiro árbitro da correção de uma língua. Ao longo do *Ensaio*, Condillac reconhece essa autoridade, porém com reservas, afastando-se assim de Vaugelas e se aproximando de Dumarsais, cujas posições prevalecerão, graças também à influência do próprio Condillac, mesmo nos artigos de gramática da *Enciclopédia* redigidos por Beauzée. (N. T.)

Dizemos, por exemplo, *a neve é branca*, e emitimos mil outros juízos sem pensar em suprimir o que há de equívoco nas palavras; e porque nossos juízos são exprimidos de maneira obscura, imaginamos que a obscuridade seria dos juízos mesmos e das ideias de que são feitos. Uma boa definição corrigiria tudo. A neve é branca se se entende por brancura a causa física de nossa percepção; não é branca, se se entende por brancura algo similar à percepção mesma. Portanto, esses juízos não são obscuros, mas são verdadeiros ou falsos, dependendo do sentido em que se tomem os termos.

Outro motivo que nos faz admitir ideias obscuras e confusas é a avidez que temos por conhecimento em excesso. Parece que nossa curiosidade anseia por conhecer, mesmo que seja obscura e confusamente; e às vezes temos dificuldade para perceber que nos faltam ideias.[4]

Outros provaram que as cores, os odores etc. não se encontram nos objetos; mas parece-me que não o fizeram com raciocínios propícios para esclarecer o espírito. Escolhi um caminho diferente, pois creio que em tais matérias, como em outras, basta desenvolver nossas ideias para determinar a opinião a que devemos dar preferência.

---

4 Locke admite ideias claras e ideias obscuras, ideias distintas e ideias confusas, ideias verdadeiras e ideias falsas, e o modo como as explica mostra que as diferenças entre mim e ele restringem-se à explicação. A minha tem a vantagem de ser mais nítida e mais simples. Por essa razão, ela é preferível; pois é à força de se simplificar a linguagem que prevenir-se-ão seus abusos.

Seção II
Análise e geração das operações da alma

Podem-se distinguir as operações da alma em duas espécies, conforme se relacionem com o entendimento ou com a vontade. *Como indica o título deste ensaio, proponho-me a considerá-las exclusivamente em relação ao entendimento.**

Não me restringirei a defini-las. Tentarei abordá-las sob uma nova luz. Acompanharei o seu progresso e verei como se engendram a partir de uma primeira, que não é senão simples percepção. Uma investigação como esta é mais útil do que todas as regras dos lógicos. Se soubermos como as ideias foram geradas, não ignoraremos a maneira como as operações da alma se conduzem. Essa parte da metafísica permaneceu até hoje num caos tão grande que fui obrigado, em certa medida, a criar uma nova linguagem. Não teria sido possível aliar exatidão a signos tão pouco determinados como os utilizados na linguagem comum. Mas os que lerem com atenção não terão dificuldade para me compreender.

Capítulo 1
Da percepção, da consciência, da atenção, e da reminiscência

§1. A percepção, ou a impressão ocasionada na alma pela ação dos sentidos, é a primeira operação do entendimento. Sua ideia é tal que não pode ser adquirida por discurso algum. So-

---

* O exame das operações da alma do ponto de vista da vontade é realizado no *Tratado das sensações* (1754); ver a apresentação ao presente volume. (N. T.)

Ensaio sobre a origem dos conhecimentos humanos

mente a reflexão sobre o que experimentamos quando somos afetados por uma sensação pode fornecê-la.

§2. Se não houvesse percepção, os objetos atuariam em vão sobre os sentidos e a alma não produziria conhecimento algum. Perceber é o primeiro e mais ínfimo grau de consciência.

§3. Mas como a percepção só pode ser posterior a impressões realizadas sobre os sentidos, é certo que esse primeiro grau de consciência será mais ou menos extenso dependendo de órgãos que permitam receber mais ou menos sensações diferentes. Há criaturas que são privadas da visão, outras da visão e da audição; e outras, que fossem privadas de todos os sentidos, não receberiam nenhum conhecimento. Se supusermos novos sentidos, em animais mais perfeitos do que o homem — se é que isso é possível —, quantas novas percepções, quantos conhecimentos não alcançariam, sobre os quais não podemos senão formar conjecturas!

§4. Nossas pesquisas às vezes são mais difíceis quando os objetos são mais simples. As percepções são um exemplo disso. Parece fácil determinar se a alma adquire conhecimento de todas as percepções que experimenta. Bastaria que cada um refletisse sobre si mesmo, como, sem dúvida, fizeram os filósofos. Alguns deles, porém, ciosos de seus princípios, admitiram que há na alma percepções de que ela não tem consciência,[5] enquanto outros consideram essa opinião inteiramente descabida.[6] Tentarei resolver essa questão nos parágrafos seguintes. Por ora, é suficiente notar que é unânime a opinião de que há na alma percepções ao seu dispor. Essa parte do que se passa

---

5 Os cartesianos, os malebranchistas, os leibnizianos.
6 Locke e seus seguidores.

nela eu chamo de *consciência*. E se, como quer Locke,* não há na alma nenhuma percepção de que ela não tome consciência, então percepção e consciência devem ser consideradas como uma e a mesma operação. Se a opinião contrária fosse verdadeira, elas seriam duas operações distintas, e, contrariamente ao que eu supus, a consciência, não a percepção, é que estaria nos primórdios de nosso conhecimento.

§5. Das muitas percepções de que temos consciência simultânea, algumas são percebidas mais vivamente do que outras, há uma percepção mais aguda de sua existência. Mas, quanto maior a consciência de certas percepções, menor a de outras. O olho de quem assiste a uma peça de teatro é requisitado por uma multidão de objetos; a alma é assolada por uma variedade de percepções e toma consciência de todas elas. Pouco a pouco, algumas mostram-se mais agradáveis e interessantes do que outras, e a alma dedica-se de preferência a elas. Desde então, ela passa a ser menos afetada pelas demais, e sua consciência delas diminui tanto que, quando as reencontra, mal se lembra de tê-las uma vez conhecido. A ilusão produzida pelo teatro é prova disso. Há momentos em que a consciência parece não se dividir entre a ação que transcorre atualmente e as outras partes do espetáculo. Por isso, a ilusão é tão mais viva quanto menos objetos houver para distraí-la. Mas a ilusão de que somos os únicos espectadores de uma cena interessante só será produzida se o espetáculo for benfeito, se o número, a variedade e a magnificência dos objetos excitar os sentidos, fermentar e elevar a imaginação, e predispor-nos às impressões intencionadas

---

* Ver Locke, *Ensaio sobre o entendimento humano*, I, 1, §5. (N. T.)

pelo poeta. Os espectadores podem ainda ajudar-se entre si a fixar a atenção na cena, pelo exemplo recíproco que dão uns aos outros. A operação pela qual nossa consciência aumenta tão vivamente em relação a certas percepções que estas parecem ser as únicas que nos afetam, chama-se *atenção*. Prestar atenção a uma coisa é ter mais consciência das percepções engendradas por ela do que de outras produzidas da mesma maneira sobre nossos sentidos. A atenção é tanto maior quanto menor for o número de coisas de que nos lembramos.

§6. Dentre as percepções de que temos consciência, distingo duas espécies: as de que nos lembramos no instante seguinte e as que esquecemos no mesmo instante. Essa distinção funda-se na experiência. Quem se entrega à ilusão do teatro se recorda bem da impressão que teve de uma cena forte e tocante, mas nem sempre se lembra de outras impressões que recebeu ao mesmo tempo de outras partes do espetáculo.

§7. Poderiam surgir aqui duas opiniões diferentes da minha. A primeira diria que a alma não experimenta as percepções que, segundo afirmo, imediatamente esquece, o que se explicaria por razões físicas: é certo que a alma só tem percepções na medida em que a atuação dos objetos sobre os sentidos é comunicada ao cérebro.[7] Poder-se-ia supor que as fibras deste se encontrassem de tal modo tensionadas, pela impressão que recebem da cena que causa a ilusão, que resistiriam a toda outra impressão. Do que se concluiria que a alma não teve outras percepções além daquelas de que conserva lembrança.

---

7 Ou, como querem alguns, à parte do cérebro chamada *sensorium commune*. [Compare-se com Descartes, *Dióptrica*, IV, e "Meditação sexta". (N. T.)]

Mas não é verossímil que, quando prestamos atenção a um objeto, todas as fibras do cérebro sejam igualmente agitadas e não reste nenhuma capaz de receber uma impressão diferente. É mais plausível, ao contrário, supor que se encontrem em nós percepções das quais não nos lembramos um instante depois de as termos recebido. Essa suposição poderia ser demonstrada como válida, inclusive, para a maioria das percepções.

§8. O segundo sentimento diria que não há impressão de sentido que não seja comunicada ao cérebro e não produza percepção na alma; apenas a alma não tem consciência de todas elas. Nesse ponto estou de acordo com Locke, pois não tenho nenhuma ideia de uma percepção como essa, da qual pudesse dizer, *percebo-a sem perceber que a percebo.**

§9. Portanto, penso que temos sempre consciência das impressões realizadas na alma, embora às vezes de maneira tão tênue que um instante depois não nos lembramos mais delas. Alguns exemplos servirão para ilustrar o que eu digo.

Cheguei a pensar que haveria percepções das quais não temos consciência. Um experimento muito simples levou-me a isso. Fechamos e abrimos os olhos, e não temos consciência de que, com os olhos fechados, estamos no escuro. Mas logo percebi, por outro experimento, que estava enganado. Se não tinha consciência de que estivera no escuro, é por causa de certas percepções, das quais me esquecera e das quais não me lembrava após terem ocorrido. O que é confirmado por este outro experimento.

---

* Locke, *Ensaio sobre o entendimento humano*, II, 27, §9: "pois é impossível que um ser *perceba* sem perceber que ele mesmo *percebe*". (N. T.)

Ensaio sobre a origem dos conhecimentos humanos

Um homem que reflete sobre si mesmo logo após ter lido uma página de um livro qualquer poderia pensar que não tem consciência de outras ideias além das que a leitura despertou. Não lhe parecerá que primeiro percebeu cada uma das letras por si mesma. E, no entanto, se refletir, não mais se deixará enganar por essa aparência, pois verá que, sem a consciência da percepção das letras, não teria consciência das palavras e, por conseguinte, tampouco das ideias.

§10. Esse experimento conduz naturalmente à explicação de um fenômeno muito comum: a espantosa rapidez com que o tempo parece às vezes escoar. Essa aparência é produzida quando nos esquecemos da maioria das percepções que se sucederam em nossa alma. Locke mostra que só formamos uma ideia da sucessão do tempo graças à sucessão de nossos pensamentos.* Ora, percepções que foram completamente esquecidas são como não eventos. A sua sucessão está estreitamente ligada à sucessão do tempo. Por conseguinte, uma duração considerável de horas, por exemplo, parece-nos escoar como se fosse um único instante.

§11. Essa explicação me desobriga de oferecer novos exemplos, que poderão ser descobertos por quem se dispuser a refletir. Cada um pode observar por si mesmo que, dentre as percepções que experimentou durante um tempo que lhe pareceu bastante curto, há muitas de cuja consciência sua própria conduta dá testemunha, por mais que as tenha esquecido. Mas nem todos os exemplos são apropriados. Por isso eu me enganara quando fechava os olhos e julgava não ter consciência de que estivera no escuro. Nada mais razoável, porém, do

---

* Locke, *Ensaio sobre o entendimento humano*, II, 14, §3-4. (N. T.)

que explicar um exemplo pelo outro. O meu engano provinha de a percepção do escuro ser tão instantânea, tão súbita, e a consciência dela, tão fraca, que não me restava lembrança. Se eu prestar atenção ao movimento de meus olhos, essa mesma percepção se tornará tão viva que não duvidarei que uma vez a tive.

§12. É comum esquecermo-nos de todas as nossas percepções. Quando simplesmente não prestamos atenção e recebemos percepções que se produzem em nós sem que as notemos, a consciência delas é tão tênue que, se formos retirados desse estado, não nos lembraremos de tê-lo experimentado. Suponha-se que eu tenha diante de mim um quadro de composição intricada, cujas diferentes partes, à primeira vista, tocam-me todas com a mesma vivacidade, e que esse mesmo quadro seja retirado da minha frente antes que eu possa considerá-lo em detalhe; é certo que cada uma de suas partes sensíveis terá produzido em mim percepções, mas com uma consciência tão fraca que não poderia me lembrar delas. Esse esquecimento não se explica pelo breve período de exposição. Pois, se supusermos que meus olhos se demorassem sobre esse mesmo quadro sem que, no entanto, eu procurasse fixar a atenção em suas diferentes partes, não estaria em condição, não mais do que no início, de dar conta delas.

O que vale para as percepções ocasionadas por esse quadro é verdadeiro, pela mesma razão, para todas as percepções produzidas pelos objetos ao meu redor. Se, atuando sobre os sentidos com força quase igual, eles produzirem em mim percepções com praticamente o mesmo grau de vivacidade, e minha alma se deixar levar por essas impressões sem pretender ter mais consciência de uma que de outra, não me restará lembrança do que se passou comigo. Parecer-me-á que a minha alma se manteve o tempo todo numa espécie de torpor, em que não se ocupava de pensamento algum. Que esse estado dure muitas horas ou apenas alguns segundos, eu não teria como notar diferença entre as percepções que experimentei, pois em ambos os casos estariam olvidadas. Mesmo que esse estado durasse por dias, meses ou anos, quando eu fosse despertado por uma sensação mais viva não teria dele lembrança alguma.

§13. Concluamos que, se não nos damos conta da maioria de nossas percepções, não é porque existiram sem consciência, mas porque nos esquecemos delas um momento depois. Não há, portanto, algo de que a alma não tenha conhecimento. Percepção e consciência são uma e a mesma operação, com dois nomes diferentes. Quando não a consideramos senão como uma impressão da alma, podemos chamá-la de percepção; quando ela adverte a alma da presença de tal impressão, podemos chamá-la de consciência. Empregarei tais palavras com esse sentido preciso.

§14. As coisas que principalmente reclamam nossa atenção são as que estão mais diretamente relacionadas com o nosso temperamento, as nossas paixões e a nossa situação. Essas relações fazem que essas coisas nos afetem com mais força e tenhamos delas uma consciência mais viva. Por isso, quando mudam, vemos os objetos diferentemente e emitimos juízos contrários aos que tínhamos antes. É muito comum sermos vítimas desses juízos, que num instante vemos e julgamos de uma maneira e no seguinte de outra, e mesmo assim crermos ver e julgar sempre bem; um pendor natural, que nos leva a considerar os objetos sempre a partir das relações entre eles e nós. Não hesitamos em criticar a conduta de outros que não aprovam a nossa. Se acrescentarmos a facilidade com que o amor-próprio nos persuade de que as coisas só têm valor se puderem nos propiciar alguma satisfação, compreenderemos por que, mesmo quando mostramos discernimento para apreciá-las, não costumamos escolher corretamente nossos objetos de estima; ora as recusamos injustamente, ora as concedemos com prodigalidade.

§15. Quando os objetos atraem a nossa atenção, as percepções que ocasionam em nós se ligam ao sentimento de nossa existência e a tudo o que esteja relacionado a ele. Daí que a consciência não somente nos dê a conhecer nossas percepções como também, quando elas se repetem, advirta-nos de que uma vez as tivemos e nos dê a conhecê-las como pertencentes a nós, ou como algo que afeta, malgrado a variedade e a sucessão, um ser que é constantemente um mesmo *nós*.[8] Considerada em relação a esses novos efeitos, a consciência é uma operação nova, que nos serve a todo instante, e que é o fundamento da experiência. Sem ela, cada momento da vida nos pareceria o primeiro da nossa existência, e nosso conhecimento jamais se estenderia para além de uma primeira percepção. Essa nova operação eu denomino *reminiscência*.

É evidente que, se fosse rompida a ligação que experimento entre percepções atuais, percepções anteriores e o sentimento de minha existência, eu não poderia reconhecer que algo que aconteceu ontem aconteceu a mim mesmo. Se cada vez que dormisse essa ligação fosse rompida, eu começaria a cada dia, por assim dizer, uma nova vida, e ninguém poderia me convencer que o *eu* de hoje é o mesmo de ontem. A reminiscência é produzida por uma ligação que conserva a sequência de nossas

---

8 Locke, *Ensaio sobre o entendimento humano*, II, 27, §9.

percepções. Nos capítulos seguintes, acompanharemos o desenvolvimento contínuo dos efeitos dessa ligação; mas, se me perguntarem como ela se forma a partir da atenção, responderei que a razão disso se encontra na natureza da relação entre a alma e o corpo. Considero essa ligação como uma experiência primordial, suficiente para explicar todas as outras.

Se quisermos analisar mais detidamente a reminiscência, teremos que dar a ela dois nomes: um deles na medida em que ela nos permite reconhecer nossa própria existência, outro na medida em que nos permite reconhecer as percepções que se repetem; duas ideias, convenhamos, bem distintas. Mas a língua não oferece um termo adequado, e não é preciso, para os meus objetivos, imaginá-lo. Basta identificar de quais ideias simples é composta a noção complexa de tal operação.

§16. É sensível o progresso das operações que analisei e cuja geração expliquei. No início, não há na alma senão simples percepção, oriunda da presença de objetos: de tais percepções nascem, em ordem sucessiva, as três outras operações. Essa impressão, enquanto adverte a alma de sua presença, é o que eu chamo de consciência. Se o conhecimento que ela nos fornece é tal que parece a única percepção de que temos consciência, chama-se atenção. Se é reconhecida como tendo afetado previamente a alma, é reminiscência.

Capítulo 2
Da imaginação, da contemplação, e da memória

§17. A experiência ensina que o primeiro efeito da atenção é fazer que subsistam no espírito, na ausência de objetos, percepções ocasionadas por eles. Estas costumam ser conservadas na mesma ordem que tinham quando os objetos estavam presentes. Forma-se assim entre elas uma ligação, de que se originam outras, como a reminiscência. A primeira é a imaginação, que surge quando uma percepção, por força da ligação que a atenção estabelece entre ela e um objeto, é retraçada à visão do mesmo objeto: às vezes é suficiente ouvir o nome de uma coisa para representá-la como se estivesse diante dos olhos.

§18. Nem sempre, porém, está em nosso poder despertar as percepções de que temos experiência. Por vezes, todos os nossos esforços se restringem a lembrar o seu nome, as circunstâncias que as acompanharam, ou uma ideia abstrata de percepção, que podemos formar a qualquer instante, pois nunca pensamos sem ter consciência de uma percepção, e só depende de nós generalizá-la. Que se pense, por exemplo, numa flor cujo odor é pouco familiar: lembramo-nos de seu nome, das circunstâncias em que a vimos, representaremos seu perfume sob a ideia geral de uma percepção que afeta o olfato, mas nunca despertaremos a percepção mesma. Chamo de *memória* a operação que produz esse efeito.

§19. Outra operação que nasce da ligação que a atenção introduz entre nossas ideias é a contemplação. Ela consiste em conservar, sem interrupção, a percepção, o nome ou as circunstâncias de um objeto que desapareceu. Por meio dela, podemos continuar pensando numa coisa a partir do instante em que ela deixa de estar presente. E podemos, a bel-prazer, remetê-la à imaginação ou à memória: à imaginação, se se conserva dela a percepção mesma; à memória, se dela não se conserva mais que o nome ou as circunstâncias.

§20. É importante distinguir bem o que separa a imaginação da memória. Cada um poderá apreendê-lo por si mesmo se compreender a relevância dessa diferença, que pode parecer pouco essencial, para a geração das operações da alma. Até hoje, o que os filósofos disseram a respeito é tão confuso que podemos muitas vezes aplicar à memória o que dizem da imaginação e à imaginação o que dizem da memória. O próprio Locke faz desta última o poder da alma de despertar percepções que teve uma vez, com um sentimento que a convence de que de fato as teve.* Essa definição, porém, não é exata, pois é perfeitamente possível relembrar uma percepção que não se pode despertar.

Outros filósofos incorreram no mesmo erro que Locke. E os que pretendem que cada impressão deixaria na alma uma imagem, como a marca de um selo, não são exceção: pois o que é a imagem de uma percepção, senão a percepção mesma? O equívoco se explica: por não se ter considerado devidamente a questão, tomou-se pela percepção mesma algumas circunstâncias ou uma ideia geral que foi despertada. Para evitar semelhantes equívocos, distinguirei as diferentes percepções a que somos suscetíveis e as examinarei na devida ordem.

§21. As ideias de extensão são as que despertamos com mais facilidade, pois as sensações de que as extraímos são tais que, por mais que queiramos, é impossível separá-las delas. O paladar e o olfato podem não ser afetados, podemos não ouvir som algum e não ver nenhuma cor: só o sono pode suspender nossas percepções do tato. É absolutamente necessário para o nosso corpo que ele se sustente sobre um apoio qualquer e que suas partes se comprimam reciprocamente. Daí nasce uma percepção que as representa para nós como distendidas e limitadas, e que, por conseguinte, leva à ideia de extensão.

---

* Locke, *Ensaio sobre o entendimento humano*, II, 10, §2. (N. T.)

Podemos generalizar essa ideia e considerá-la de maneira indeterminada; podemos em seguida modificá-la e extrair dela, por exemplo, a ideia de uma linha, reta ou curva. Mas não poderíamos despertar exatamente a percepção da grandeza de um corpo, pois não temos à parte uma ideia que possa servir como parâmetro invariável de mensuração. Em tais ocasiões, o espírito restringe-se a recordar nomes, como pés, toesas etc., com uma ideia de grandeza tão mais vaga quanto mais considerável for a ideia que se queira representar.

Com o auxílio dessas primeiras ideias podemos, na ausência dos objetos, representarmo-nos com exatidão as duas figuras mais simples, o triângulo e o quadrado. Mas, se o número de lados aumentar consideravelmente, nossos esforços serão em vão. Se eu pensar em uma figura com mil lados ou outra com cento e noventa e nove, não é por meio de percepções que as distinguirei entre si, mas apenas pelos nomes que dou a elas. Cada um pode observar por si mesmo que, quando quer utilizar essas figuras, traça os seus nomes. Quanto às ideias simples nelas contidas, não é possível mais do que despertá-las uma após a outra; o que é preciso atribuir a uma operação distinta da memória.

§22. A imaginação recorre naturalmente a tudo o que possa ajudá-la. Por comparação com a nossa própria figura, representamos a de um amigo ausente, e imaginamo-lo grande ou pequeno ao medirmos seu talhe a partir do nosso. Ordem e simetria principalmente auxiliam a imaginação, que encontra nelas pontos fixos aos quais refere o todo. Quando sonho com um belo rosto que vi, os olhos ou outra parte que mais me impressionou se oferecem primeiro, e é relativamente a tais partes que as demais terão lugar em minha imaginação. Imagina-se

Ensaio sobre a origem dos conhecimentos humanos

mais facilmente uma figura quanto mais regular ela for. Poder-se-ia mesmo dizer que uma figura regular é mais fácil de ver: um golpe de vista é suficiente para que se forme uma ideia dela. Uma figura fortemente irregular, ao contrário, só nos propicia uma ideia após termos longamente considerado as suas partes.

§23. Na ausência de objetos que ocasionem sensações de sabor, som, odor, cor ou luz, não restaria em nós percepção alguma que pudesse ser modificada para criar algo similar ao sabor, ao odor e à cor de uma laranja, por exemplo. Tampouco haveria ordem ou simetria que pudesse auxiliar a imaginação. Ideias só podem ser despertadas quando se tornaram familiares. Por essa razão, as de luz e de cor são as mais fáceis de retraçar, seguidas pelas de sons. Quanto aos odores e sabores, só são despertadas as ideias de um gosto mais acentuado. Há muitas percepções que não recordamos, mas de cujo nome nos lembramos. Isso acontece mesmo com as percepções mais familiares, sobretudo na conversação, quando nos contentamos em falar das coisas sem imaginá-las.

§24. Observam-se na imaginação diferentes progressos.

Quando queremos despertar uma percepção que nos é pouco familiar, como a do sabor de uma fruta que só comemos uma vez, nossos esforços geralmente não vão além de uma vibração nas fibras do cérebro e da boca, e a percepção que experimentamos em nada se assemelha ao gosto da fruta: é a mesma para um melão, para uma pera ou para uma fruta que nunca provamos. O mesmo vale para os outros sentidos.

Se uma percepção é familiar, as fibras do cérebro, acostumadas a se dobrar à ação dos objetos, respondem mais facilmente a nossos esforços. Às vezes acontece de nossas ideias serem retraçadas sem nossa participação, e de apresentarem-se com tanta vivacidade que nos enganamos, e cremos que o objeto estaria diante de nossos olhos. É o que ocorre com os loucos, e em sonhos. Tais desordens são produzidas pela estreita relação entre os movimentos que são a causa invariável da imaginação e os que oferecem a percepção de objetos presentes.[9]

§25. Entre a imaginação, a memória e a reminiscência há um progresso, e é apenas ele que as distingue entre si. A primeira desperta as próprias percepções; a segunda relembra signos ou circunstâncias; a última reconhece percepções prévias. Observe-se que a mesma operação que se chama memória em relação a percepções retraçadas a partir de signos ou circunstâncias chama-se imaginação em relação a percepções despertadas a partir de signos ou de circunstâncias, pois então os signos e as circunstâncias são percepções. Quanto à contemplação, ela participa da imaginação ou da memória segundo conserve as percepções mesmas de um objeto ausente no qual se continua a pensar, ou os nomes ou as circunstâncias em que ele foi visto, e difere da imaginação ou da memória por não supor intervalo algum entre a presença de um objeto e a atenção que damos a ele quando está ausente. Essas diferenças podem parecer superficiais, mas são absolutamente essenciais. Passa-se aqui o mesmo que com os números: por negligenciarmos uma fração,

---

9 Suponho que as percepções da alma têm como causa física a vibração das fibras do cérebro, não por considerar essa hipótese demonstrável, mas por me parecer a mais conveniente para explicar o que penso. Se a coisa não acontece desse jeito, é de outro muito parecido. No cérebro só pode haver movimento. De resto, é indiferente para o meu propósito se julgamos que as percepções são ocasionadas pela vibração das fibras, pela circulação dos espíritos animais ou por alguma outra causa.

Ensaio sobre a origem dos conhecimentos humanos

enredamo-nos em cálculos falsos. Receio que os que tomam essa exatidão por uma sutileza seriam incapazes de conferir às ciências a justeza que elas impreterivelmente requerem.

§26. Assinalando-se, como fiz aqui, a diferença entre as percepções que nos deixam quando dormimos e as percepções que experimentamos em intervalos durante a vigília, vê-se até onde vai o nosso poder de despertar percepções; que a imaginação retraça, a nosso bel-prazer, certas figuras pouco compostas, enquanto outras só podemos distinguir por nomes de que a memória nos lembra; que percepções de cor, de sabor etc. só estão às nossas ordens quando nos são familiares; e que a vivacidade com que as ideias são reproduzidas é causa dos sonhos e da loucura. Percebe-se enfim, sensivelmente, qual a diferença entre a imaginação e a memória.

Capítulo 3
De como a ligação de ideias formada pela atenção engendra a imaginação, a contemplação e a memória

§27. A partir do que eu disse no capítulo anterior poderiam surgir duas questões. De onde vem o nosso poder de despertar certas percepções? Como, em sua ausência, podemos recordar nomes de percepções ou circunstâncias ligadas a elas?

Começarei respondendo à segunda questão. Só podemos recordar nomes ou circunstâncias familiares quando estas entram na classe das percepções que estão ao nosso dispor, das quais falaremos na resposta à primeira questão, que exige maiores explicações.

§28. Muitas ligações entre ideias podem não ter outra causa além da atenção que demos a elas quando se apresentaram juntas. As coisas só chamam a nossa atenção se houver uma relação entre elas e nosso temperamento, nossas paixões, nosso estado, ou, em suma, entre elas e nossas necessidades: por conseguinte, a mesma atenção abarca simultaneamente ideias das necessidades e das coisas relacionadas a elas, e as liga entre si.

§29. Todas as nossas necessidades estão interligadas, e podem-se considerar percepções como sequências de ideias fundamentais com que relacionamos tudo o que se inclui em nossos conhecimentos. A cada uma dessas sequências ligam-se outras, que formam cadeias cuja força reside inteiramente na analogia dos signos, na ordem das percepções e na ligação formada pelas circunstâncias, que por vezes agregam as ideias mais díspares. A uma necessidade é ligada a ideia da coisa apropriada para aliviá-la; a essa ideia é ligada a do lugar em que ela se encontra; a essa nova ideia é ligada a das pessoas que a viram; a essa última ideia são ligadas as ideias dos prazeres ou desgostos que dela recebemos, e muitas outras. Pode-se observar que, à medida que a cadeia se estende, ela se subdivide em diferentes elos; e quanto mais nos afastamos do primeiro anel, mais os elos se multiplicam. Uma primeira ideia fundamental é ligada a duas ou três outras, cada uma destas é ligada a um mesmo número de outras ideias, ou mesmo a um número maior, e assim por diante.

§30. Os diferentes elos ou cadeias que suponho a partir de cada ideia fundamental estariam interligados pela sequência das ideias fundamentais e por alguns anéis comuns a muitas ideias, pois os mesmos objetos, e por conseguinte as mesmas ideias, estão relacionados a diferentes necessidades. Todos os nossos conhecimentos formariam assim uma única e mesma cadeia, cujos elos reuniriam certos anéis e separariam outros.

Ensaio sobre a origem dos conhecimentos humanos

§31. Admitindo-se essas suposições, é suficiente, para re-cordar ideias familiares, concentrar a atenção em algumas ideias fundamentais às quais elas estivessem ligadas. Isso é sempre possível, pois durante a vigília não há instante em que nosso temperamento, paixões e condição não ocasionem em nós as percepções a que chamo de fundamentais. Teremos mais ou menos facilidade para fazê-lo dependendo das ideias que qui-sermos retraçar, conforme elas pertençam a um maior ou menor número de necessidades e estas sejam mais ou menos prementes.

§32. Essas suposições não são gratuitas; apelo à experiên-cia, e estou persuadido de que cada um observará que se tenta relembrar[10] uma coisa é por conta da relação entre ela e a situa-ção em que se encontra, e que será tão mais fácil fazê-lo se as circunstâncias forem numerosas ou tenham com ela uma liga-ção mais imediata. A atenção que prestamos a uma percepção que nos afeta atualmente lembra-nos seu signo: este lembra--nos outros com que tem relação; estes últimos despertam as ideias a que estão ligados: essas ideias retraçam outros signos e outras ideias, e assim sucessivamente. Dois amigos que não se veem há tempos se reencontram. A atenção que prestam à surpresa e à alegria que sentem logo faz nascer uma linguagem comum: lamentam a longa separação; conversam sobre o que os unira e sobre o que fizeram no tempo em que não se viram. Vê-se facilmente como essas coisas se ligam entre si e a muitas outras. Outro exemplo.

---

10 Tomo a palavra *relembrar* conformemente ao uso, para designar o poder de despertar ideias de um objeto ausente ou lembrar os seus signos. Refere-se assim, igualmente, à imaginação e à memória. [Na tradução, o termo *ressouvenir* aparece ora como *relembrar*, ora como *recordar*. (N. T.)]

Suponhamos que alguém faça a esta obra uma objeção que eu não saiba responder de pronto; é certo que, se ela não for sólida, deve indicar por si mesma uma resposta. Considero-a em cada uma de suas partes e descubro que estão ligadas a ideias que entram na solução pela qual eu busco, e que não deixam de despertar tais ideias. Estas, pela estreita ligação que têm com aquelas, retraçam-nas sucessivamente, e vejo enfim qual deve ser a minha resposta. Outros exemplos ocorreriam a quem observasse o que acontece nas rodas sociais. Por mais rapidamente que se alternem os assuntos na conversação, alguém que consiga permanecer impassível e tenha algum conhecimento do caráter dos que conversam não poderá deixar de notar através de qual ligação de ideias passa-se de uma ideia a outra. Creio, portanto, ter direito de concluir que o poder de despertar nossas percepções, seus nomes e circunstâncias, deve-se unicamente à ligação que a atenção introduziu entre tais coisas e as necessidades pelas quais elas são postas em relação. Destrua essa ligação, destruireis a imaginação e a memória.

§33. Os homens não ligam a mesma quantidade de ideias com a mesma força, pois a imaginação e a memória não servem igualmente a todos eles. Essa eventual impotência vem da diferente conformação dos órgãos ou mesmo da diferente natureza da alma; as razões que poderíamos dar para esse fenômeno são físicas e não fazem parte desta obra. Observo apenas que se muitas vezes os órgãos são impróprios à ligação de ideias, é por não terem sido exercitados.

§34. O poder de ligar nossas ideias tem seus inconvenientes, bem como suas vantagens.* Para mostrá-los sensivelmente,

---

* Compare-se Locke, *Ensaio sobre o entendimento humano*, II, 11, §2. (N. T.)

Ensaio sobre a origem dos conhecimentos humanos

suporei dois homens, um cujas ideias nunca se ligaram, outro cujas ideias se ligaram com tanta força que não consegue separá-las. O primeiro é desprovido de imaginação e de memória e não tem, por conseguinte, o exercício de nenhuma das operações que elas produzem; é absolutamente incapaz de reflexão, um estúpido. O segundo tem tanta memória e imaginação que esse excesso produz quase o mesmo efeito que a total privação delas; mal tem reflexão, é um louco; as ideias mais disparatadas estão ligadas em seu espírito pela única razão de terem se apresentado juntas; ele as julga naturalmente ligadas entre si, e dispõe uma como justa consequência da outra.

Entre esses dois excessos, podemos supor que há um meio-termo, em que muita memória e imaginação não sejam nocivas à solidez do espírito e a escassez delas não destrua o agrado. Esse meio-termo talvez seja tão raro que mesmo os grandes gênios apenas se aproximaram dele. Diferentes espíritos que se afastam dele e tendem às extremidades opostas têm qualidades mais ou menos incompatíveis à medida que se aproximem das extremidades reciprocamente excludentes. Assim, os que se aproximam da extremidade em que predominam a imaginação e a memória perdem proporcionalmente as qualidades que tornam o espírito justo, consequente e metódico; os que se aproximam da outra extremidade perdem, na mesma proporção, as qualidades que contribuem para o agrado. Os primeiros escrevem com mais graça, os últimos com mais coerência e profundidade.

Vê-se agora não somente como a facilidade de ligar nossas ideias produz a imaginação, a contemplação e a memória, como também que é ela o verdadeiro princípio da perfeição ou do vício dessas operações.

Capítulo 4
Que o uso dos signos é a verdadeira causa dos progressos da imaginação, da contemplação e da memória

Para desenvolver inteiramente os recursos da imaginação, da contemplação e da memória, é preciso investigar de que modo os signos auxiliam nessas operações.

§35. Distingo três sortes de signo. 1º) Signos acidentais, ou objetos que certas circunstâncias particulares ligaram a algumas de nossas ideias, de modo que são próprios para despertá-las. 2º) Signos naturais, ou gritos que a natureza consignou a sentimentos de alegria, medo, dor etc. 3º) Signos de instituição, que nós mesmos escolhemos, e cuja relação com nossas ideias é arbitrária.

§36. Tais signos não são, em absoluto, necessários ao exercício das operações que precedem a reminiscência, pois, como não pode deixar de haver percepção e consciência quando se está desperto, e como a atenção não é senão consciência a nos advertir em particular da presença de uma percepção, é suficiente, para ocasioná-la, que um objeto atue sobre os sentidos com mais vivacidade do que outros. Até esse ponto, os signos só são apropriados para tornar mais frequente o exercício da atenção.

§37. Suponhamos um homem que não utilize nenhum signo arbitrário. Com o mero recurso a signos acidentais, sua imaginação e sua reminiscência teriam algum exercício; vale dizer, à vista de um objeto, a percepção que a ele está ligada poderia ser despertada e reconhecida como uma percepção precedente. É preciso notar, porém, que isso só aconteceria se uma causa estranha colocasse o objeto diante dos seus olhos. Na ausência do objeto, o homem que suponho jamais disporia de

Ensaio sobre a origem dos conhecimentos humanos

meios para lembrá-lo por si mesmo, pois não teria à disposição nenhuma das coisas que podem ser ligadas ao objeto. Não dependeria dele despertar a ideia atrelada ao objeto; e assim o exercício da imaginação não se encontraria ainda ao seu alcance.

§38. Quanto a gritos naturais, esse homem os formaria tão logo experimentasse os sentimentos aos quais eles se seguem. Não seriam, porém, num primeiro momento, signos, sequer para ele mesmo, pois, em vez de exibir percepções, se seguiriam a estas.

Quando tivesse experimentado repetidas vezes o mesmo sentimento e chegasse ao grito naturalmente apto a acompanhá-lo, sentimento e grito passariam a estar tão vivamente ligados em sua imaginação que ele não mais escutaria o grito sem de alguma maneira experimentar o sentimento. Então, o grito seria um signo; mas só propiciaria exercício à imaginação quando o acaso propiciasse que esse homem fosse ouvido por outro. Esse exercício não estaria ao dispor de sua imaginação, não mais do que o anterior.

Não adianta dizer que ele poderia, aos poucos, servir-se desses gritos para retraçar, a bel-prazer, sentimentos que experimentara. Eu diria que então os gritos deixariam de ser signos naturais, pois o caráter destes consiste em dar a conhecer, por si mesmos, independentemente da escolha que se tenha feito, a impressão que experimentamos, ocasionando algo similar a ela nos outros. Seriam sons que esse homem teria escolhido, como escolhemos sons de medo, alegria etc.; e ele disporia do uso de signos de instituição, o que contraria a suposição em que se baseia o presente raciocínio.

§39. A memória, como vimos, consiste no poder de relembrar signos de nossas ideias ou circunstâncias que as acompanham, e esse poder só existe graças à analogia dos signos que escolhemos e à ordem em que dispomos nossas ideias. Objetos que nos interessa retraçar referem-se a necessidades presentes. Só nos lembramos de uma coisa na medida em que ela é ligada, de algum modo, a outras à nossa disposição. Ora, um homem que só tivesse signos acidentais ou naturais não teria signo algum à disposição, suas necessidades não poderiam ocasionar senão o exercício da imaginação, e ele seria desprovido de memória.

§40. Do que se conclui que os animais não têm memória, e, embora tenham imaginação, esta não está ao seu dispor. Só representam uma coisa ausente quando, no cérebro, a imagem está intimamente ligada a um objeto presente. Não é a memória que os conduz a um lugar em que outrora encontraram alimento; o sentimento de fome está tão fortemente ligado a ideias desse lugar, e do caminho que leva a ele, que estas despertam, tão logo sintam fome. Não é a memória que os põe a fugir de predadores que os atacam; outros de sua espécie foram devorados diante de seus olhos, os gritos emitidos nessas cenas terríveis despertaram em sua alma sentimentos de dor de que são signos naturais, e eles fogem. Quando os algozes reaparecem, os mesmos sentimentos são retraçados nas vítimas, e como foram produzidos pela primeira vez em ocasião semelhante, a ligação acontece, e eles fogem novamente.

Quanto aos que não tiveram essa experiência, pode-se supor, não sem fundamento, que suas mães ou outros de sua espécie os tenham ensinado a fugir de agressores comunicando-lhes, por meio de gritos, a ameaça representada, que desperta de novo quando avistam o inimigo. Exceto por essas suposições, não vejo o que poderia levá-los a fugir.

Ensaio sobre a origem dos conhecimentos humanos

Se alguém me perguntar quem os teria ensinado a reconhecer gritos como signos de dor, eu responderei: a experiência. Todo indivíduo sofreu alguma dor e teve, por conseguinte, oportunidade de ligar o grito ao sentimento. Poderia alguém pensar que os animais só fogem de agressores porque têm uma ideia precisa do perigo que os ameaça? É suficiente que os gritos de outros despertem no indivíduo um sentimento de dor.

§41. Se numa ocasião qualquer os animais não conseguem se lembrar por si mesmos e por vontade própria de percepções ligadas no cérebro, a imaginação pode supri-las. Por retraçar percepções de objetos ausentes, ela dá aos animais condição para que se conduzam como se tais objetos estivessem diante de seus olhos, facultando assim o poder de conservá-los mais adequada e seguramente do que às vezes fazemos com o auxílio da razão. Podemos observar em nós algo semelhante, quando a reflexão é muito lenta para nos alertar de um perigo. Diante de um projétil que está prestes a nos atingir, a imaginação retraça a ideia de morte ou algo parecido, o que nos prontifica a nos protegermos da ameaça. Nossa morte seria certa se em momentos como esse só contássemos com a memória e a reflexão.

§42. Com frequência a imaginação produz efeitos que pareceriam caber à reflexão mais imediata. Por mais que nos concentremos numa ideia, os objetos que nos cercam continuam a agir sobre nossos sentidos; as percepções que ocasionam despertam outras, ligadas a elas, e determinam nosso corpo a realizar certos movimentos. Quando as coisas ao nosso redor nos afetam menos vivamente do que a ideia de que nos ocupamos, elas não têm como nos distrair dela, e, por isso, sem refletir sobre o que fazemos, agimos como se nossa conduta fosse ponderada. Qualquer um pode ver que é assim. Um homem caminha por Paris e evita obstáculos com a mesma precaução que teria se pensasse no que está fazendo, embora esteja pensando em outras coisas. Por mais que nosso espírito não preste atenção ao que nos foi perguntado, respondemos sem hesitar, pois as palavras que exprimem a questão estão ligadas às que formam a resposta e determinam os movimentos próprios à articulação desta. A ligação de ideias é o princípio de todos esses fenômenos.

Sabemos assim, por experiência própria, que a imaginação, embora não possamos regrar o seu exercício, é suficiente para explicar ações que parecem ponderadas, embora não o sejam; o que nos autoriza a crer que essa é a única operação que ocorre nos animais.

§43. Essa explicação fornece uma ideia nítida do que é o *instinto*. Trata-se de uma imaginação que, afetada por um objeto, desperta percepções que estão a ele imediatamente ligadas, e que dirige assim, sem o auxílio da reflexão, todas as espécies de animais.

Na falta de uma análise como a aqui oferecida, sobretudo no que diz respeito à ligação de ideias, os filósofos têm grande dificuldade para explicar o instinto dos animais. O inevitável acontece: como raciocinam sem remontar às origens das coisas, são incapazes de encontrar o justo meio-termo, e logo se deixam levar para os extremos. Uns colocam o instinto ao lado e mesmo acima da razão, outros rejeitam-no e tomam os animais por autômatos.* Ambas as opiniões são igualmente ridículas, para dizer o mínimo. A semelhança entre nós e os animais prova que eles têm uma alma; a diferença prova que a

---

* Ver *Tratado dos animais* (1755) e *Gramática* (1775), I, 4, §5. (N. T.)

sua alma é inferior à nossa. Minhas análises mostram-no sensivelmente: as operações das almas dos animais limitam-se a percepção, consciência, atenção, reminiscência e uma imaginação sobre a qual não têm controle, enquanto a nossa alma tem muitas outras operações.

§44. Aplica-se à contemplação o que se disse da imaginação e da memória, que estão relacionadas a ela. Se a contemplação consiste em conservar percepções, o seu uso, antes dos signos de instituição, não depende de nós, ou não tem exercício algum, pois ela consiste em conservar os signos.

§45. Enquanto a imaginação, a contemplação e a memória permanecerem sem exercício ou, no caso das duas primeiras, não forem exercitadas sem um guia, não há como dispor da atenção. Com efeito, como dispor da atenção se a alma não tem poder sobre nenhuma de suas operações? Ela passa de um objeto a outro, levada pela força das impressões nela realizadas.

§46. Tão logo um homem começa a ligar ideias a signos de sua própria escolha, vemos que se forma nele a memória. Uma vez adquirida a memória, ele começa a dispor por si mesmo de sua imaginação e atribui a ela um novo exercício, pois, com o auxílio dos signos, que ele pode evocar a bel-prazer, ele desperta ou pode despertar outras ideias ligadas a eles. Em seguida, fortalece ainda mais o império sobre sua imaginação, à medida que inventa mais signos, pois obtém assim mais adicionais para exercer esse domínio.

Percebe-se já aqui a superioridade da nossa alma sobre a dos animais, pois se de um lado é fato que não depende das feras atrelar suas ideias a signos arbitrários, tudo indica, por outro lado, que essa incapacidade não se deve unicamente à sua conformação. O corpo dos animais é tão apropriado à linguagem de ação quanto o nosso; e muitos deles possuem tudo o que é preciso para articular sons. Ora, se são capazes das mesmas operações que nós, por que não dão mostras disso?

Esses detalhes demonstram que o uso de signos de diferentes espécies de signo concorre para o progresso da imaginação, da contemplação e da memória. Veremos os desenvolvimentos disso no capítulo seguinte.

Capítulo 5
Da reflexão

§47. Tão logo a memória tenha sido formada e o exercício da imaginação encontre-se em nosso poder, os signos que aquela relembra e as ideias que esta desperta começam a libertar a alma da dependência em que se encontra em relação aos objetos que atuam sobre ela. Senhora da lembrança das coisas que viu, ela pode dar atenção a elas, e não só às coisas que vê atualmente. Em seguida, pode dar atenção a estas últimas ou às primeiras, ou a apenas uma delas ou por fim alternar-se entre uma e outra. Quando vemos um quadro, por exemplo, lembramo-nos dos conhecimentos que temos da natureza e das regras que ensinam a imitá-la, e alternamos nossa atenção entre o quadro e os conhecimentos, entre os conhecimentos e o quadro e entre cada uma das diferentes partes deste. Mas é evidente que, se assim dispomos de nossa atenção, é graças ao auxílio da atividade da imaginação, produzida por uma memória extensiva. Sem isso, não teríamos como regrar a atenção, que obedeceria unicamente à ação dos objetos.

§48. Essa maneira de aplicarmos por conta própria a atenção ora a este, ora àquele objeto, ou ainda a diferentes partes de um

Ensaio sobre a origem dos conhecimentos humanos

mesmo objeto, é o que se chama *refletir*. Vemos assim, de modo sensível, como a reflexão nasce da imaginação e da memória.

§49. Um único signo arbitrário é suficiente para que uma ideia desperte por si mesma, e consiste nisso, sem dúvida, o primeiro grau mínimo de memória, e da potência que adquirimos em relação à imaginação. O poder que a imaginação nos confere de dispor de nossa atenção é o mais fraco possível. Mesmo assim, ele começa a tornar sensível a vantagem dos signos, e é apropriado para que ao menos se perceba em que ocasiões pode ser útil ou necessário inventar novos signos. Com isso, aumenta o exercício da memória e da imaginação; desde então, a reflexão também poderá ser mais exercitada; e, retroagindo sobre a imaginação e sobre a memória, que produziram tal exercício, propicia a estas, por seu turno, mais exercício ainda. Portanto, graças ao auxílio que essas operações se prestam umas às outras, elas contribuem reciprocamente para o seu próprio progresso. Se, refletindo sobre os débeis começos dessas operações não vemos, de maneira tão sensível, a recíproca influência de umas sobre as outras, basta aplicar o que se disse a elas, consideradas no ponto de perfeição em que as encontramos. Quanta reflexão não seria necessária para formar as línguas! E que auxílio não prestam as línguas à reflexão! Destinarei muitos capítulos desta obra a esse assunto. Parece que não poderíamos nos servir de signos de instituição se não fôssemos capazes de reflexão suficiente para escolhê-los e atrelar ideias a eles. Mas como, diria alguém, se o exercício da reflexão só se adquire com o uso desses mesmos signos?* Resolverei essa

---

* A objeção hipotética formulada por Condillac será aproveitada por Rousseau no *Discurso sobre a origem da desigualdade entre os homens* (1756), parte I. (N. T.)

dificuldade quando for reconstituir a história da linguagem. É suficiente, neste lugar, assinalar que estou ciente dela.*

§50. Por tudo o que foi dito, constata-se que o melhor para aumentar a atividade da imaginação e a extensão da memória, e facilitar o exercício da reflexão, é ocupar-se de objetos que exigem mais da atenção, pois agregam grande número de signos e ideias. Tudo depende disso.

Isso mostra que o costume de ensinar às crianças, em seus primeiros anos de estudo, coisas que elas não podem compreender ou que de modo algum lhes interessam, é pouco propício para desenvolver seus talentos, pois não promove a ligação de ideias; ao contrário, forma ligações superficiais, que com o tempo se perdem.

§51. De posse da reflexão, começamos a entrever tudo de que a alma é capaz. Enquanto não dirigimos a atenção, a alma permanece exposta ao que está ao seu redor, e tudo o que ela possui deve-se a algo que não ela mesma. Mas, uma vez que se tenha tornado a senhora de sua própria atenção, a alma, se a guiarmos segundo seus desejos, passa a dispor de si, adquire ideias que só deve a si e enriquece a partir de seus próprios recursos.

O efeito dessa operação é tão grande que por meio dela dispomos, aos poucos, de nossas percepções, quase como se tivéssemos o poder de produzi-las ou suprimi-las. Que eu escolha uma, dentre as que experimento atualmente: a consciência que tenho dela é tão viva, e a que tenho das demais é tão pálida, que me parece ser a única de que tenho consciência. Se no instan-

---

* Essas passagens são retomadas na *Arte de pensar* (1775), na qual Condillac dá a elas um sentido ligeiramente diferente; ver em especial I, 6. (N. T.)

Ensaio sobre a origem dos conhecimentos humanos

te seguinte eu decidir abandoná-la para me ocupar principalmente de outras, que me afetam mais superficialmente, ela será como que lançada num abismo, do qual outras são resgatadas. A consciência dessa percepção, para falarmos menos figuradamente, se tornaria tão fraca, e a das demais, tão viva, que não me pareceria que as experimentei em sucessão.

Pode-se fazer um experimento a partir de um objeto composto. Sem dúvida, não temos a consciência simultânea de todas as percepções oriundas das suas diferentes partes que estão predispostas para atuar sobre os sentidos. Dir-se-ia que a reflexão suspende, de bom grado, as impressões feitas sobre a alma, conservando apenas uma única delas.

§52. A geometria nos ensina que o meio mais apropriado para facilitar nossa reflexão é colocar diante dos sentidos os objetos mesmos das ideias de que queremos nos ocupar, pois é então que a consciência deles é mais viva. Nem todas as ciências, porém, podem recorrer a esse artifício.* Mas um meio que pode ser empregado por toda parte é introduzir clareza, precisão e ordem em nossas meditações. Clareza, pois quanto mais claros os signos, maior a consciência das ideias que eles significam e menos elas nos escapam. Precisão, a fim de que a atenção, menos dividida, possa se fixar com menos esforço. Ordem, para que uma primeira ideia, mais conhecida, mais familiar, prepare nossa atenção para a que deverá se seguir a ela.

§53. É impossível que o mesmo homem exerça igualmente a memória, a imaginação e a reflexão sobre toda espécie de matéria. Essas operações dependem da atenção, como causa, e esta só pode se ocupar de um objeto dependendo da relação

---

* Ver Locke, *Ensaio sobre o entendimento humano*, IV, 4, §6. (N. T.)

dele com nosso temperamento e com tudo o que nos toca. Isso explica por que homens que aspiram à universalidade correm o risco de não ser bem-sucedidos em gênero algum. Há duas sortes de talento: um se adquire por violência aos órgãos, outro segue-se a uma feliz disposição e a uma grande facilidade para se desenvolver. Este é mais próximo da natureza, é mais vivo, mais ativo, e produz efeitos muito superiores; aquele ressente-se do esforço e do trabalho, e jamais se eleva acima da mediocridade.

§54. Busquei pelas causas da imaginação, da memória e da reflexão nas operações que as precedem, pois o objeto desta seção é explicar como as operações nascem umas das outras. Cabe à física remontar a outras causas, se é que é possível conhecê-las.[11]

Capítulo 6
Das operações que consistem em distinguir, abstrair, comparar, compor e decompor nossas ideias

Enfim desenvolvemos o que havia de mais difícil de ser percebido no progresso das operações da alma. As de que nos resta falar são efeitos tão sensíveis da reflexão que sua geração se explica como que por si mesma.

§55. Da reflexão ou do poder de dispormos de nossa própria atenção nasce o poder de considerar nossas ideias em separado, de sorte que a mesma consciência que adverte em particular quanto à presença de certas ideias (o que caracteriza a atenção) adverte também que elas são distintas. Assim, quando a alma

---

11 Esta obra, como um todo, repousa sobre os cinco capítulos que se acabou de ler. Assim, é preciso tê-los compreendido perfeitamente antes de se passar aos outros.

ainda não era senhora de sua atenção, era incapaz de distinguir por si própria as impressões recebidas de objetos. Temos experiência disso todas as vezes que queremos nos aplicar a matérias que não nos dizem respeito. Então, confundimos de tal modo os objetos que às vezes chegamos a ter dificuldade de discernir até os que são muito diferentes entre si. É que na falta de reflexão, ou de atenção a todas as percepções que eles ocasionam, escapam-nos justamente as que são distintivas. Podemos assim julgar que, se fôssemos privados do uso da reflexão, só distinguiríamos objetos diferentes se realizassem em nós uma impressão extremamente viva. Os que atuassem de maneira mais fraca passariam por um nada.

§56. Não é difícil distinguir entre duas ideias absolutamente simples. Mas, quanto mais compostas elas forem, maior será a dificuldade. Quando nossas noções se assemelham umas às outras em muitos pontos, deve-se ter o cuidado de não tomar as que são diferentes por uma mesma, ou ao menos deve-se distingui-las tanto quanto possível, ao contrário do que costuma acontecer em metafísica e moral. A matéria de que nos ocupamos oferece um exemplo sensível das dificuldades a serem superadas. Em tais ocasiões, nunca é demais observar mesmo as menores diferenças, pois a nitidez e a justeza do nosso espírito dependem disso, e é isso o que principalmente dá a nossas ideias a ordem e a precisão tão necessárias para que obtenhamos os primeiros conhecimentos. De resto, essa variedade é tão mal conhecida que se arrisca ao ridículo quem se envolva em análises um pouco mais refinadas.

§57. Ao distinguirmos entre nossas ideias, às vezes consideramos como inteiramente separadas de um objeto as qualidades mais essenciais a este; a isso chama-se *abstrair*. As ideias resultantes são chamadas de *gerais*, pois representam qualidades que convêm a muitas coisas diferentes. Por exemplo, se, desconsiderando por completo o que distingue o homem do animal, eu refletir unicamente sobre o que há de comum entre um e o outro, farei uma abstração que me proporcionará a ideia geral de animal.

Essa operação é absolutamente necessária para um espírito limitado como o nosso, que não consegue considerar simultaneamente mais do que umas poucas ideias, e que, por essa razão, é obrigado a remeter muitas a uma mesma classe. Mas deve-se ter o cuidado de não tomar por seres distintos o que só o é em nossa maneira de conceber. Esse descuido vitimou muitos filósofos. Proponho-me discuti-lo na quinta seção desta primeira parte.

§58. A reflexão, que nos dá o poder de distinguir nossas ideias, dá-nos ainda o poder de compará-las, e assim de conhecer relações entre elas. Isso é feito voltando-se a atenção alternadamente para diferentes ideias ou fixando-a ao mesmo tempo em muitas. Quando noções pouco compostas realizam uma impressão suficientemente sensível para atrair a nossa atenção sem esforço de nossa parte, a comparação não é difícil. Mas as dificuldades aumentam à medida que as ideias se tornam mais compostas e causam uma impressão mais tênue. As comparações, por exemplo, são em geral mais fáceis em geometria do que em metafísica.

Com o auxílio dessa operação, aproximamos as ideias menos familiares das que o são mais, e as relações que encontramos estabelecem entre elas ligações bastante apropriadas para aumentar e fortalecer a memória, a imaginação e, por extensão, a reflexão.

Ensaio sobre a origem dos conhecimentos humanos

§59. Tendo distinguido muitas ideias entre si, podemos considerá-las como se compusessem uma única noção, ou ainda extrair de uma noção algumas das ideias que a compõem. É o que se chama *composição e decomposição de ideias*. Por meio dessas operações, podemos compará-las sob toda sorte de relações e realizar, a todo instante, novas combinações.

§60. Para conduzir adequadamente a primeira dessas operações, é preciso notar quais são as ideias mais simples de nossas noções, como e em que ordem elas são reunidas às que lhes sobrevêm. Teremos assim condições de regular igualmente a segunda, basta apenas desfazer o que foi feito. Isso mostra que ambas decorrem da reflexão.

Capítulo 7
Digressão sobre a origem dos princípios e da operação que consiste em analisar

§61. A facilidade de abstrair e decompor introduziu em boa hora o uso das proposições gerais. Não pode passar muito tempo sem que se perceba que, sendo o resultado de muitos conhecimentos particulares, elas são apropriadas para aliviar a memória e dar precisão ao discurso; mas logo degeneram em abuso, e dão lugar a uma maneira de raciocinar bastante imperfeita. Isso pela seguinte razão.

§62. As primeiras descobertas nas ciências foram tão simples e tão fáceis que os homens as realizaram sem o auxílio de método algum. Só poderiam imaginar regras após ter realizado um progresso que lhes tenha permitido notar como chegaram a algumas de suas verdades e como poderiam chegar a outras. Assim, os que realizaram as primeiras descobertas não puderam mostrar qual caminho seria preciso trilhar para acompanhá-los, pois eles mesmos não sabiam ainda qual caminho haviam tomado. Não dispunham de outro meio para mostrar a certeza de tais descobertas além de indicar que elas estavam de acordo com proposições gerais que ninguém poderia colocar em dúvida. Isso levou à crença de que tais proposições seriam a verdadeira fonte de nossos conhecimentos. Deu-se a elas, por conseguinte, o nome de *princípio*, estabelecendo-se assim um preconceito geral, ainda vigente, de que devemos raciocinar unicamente por princípios.[12] Os que descobriram novas verdades acreditaram que, para dar uma ideia elevada de sua própria penetração, deveriam fazer mistério do método que haviam seguido. Contentaram-se por isso em expô-las através de princípios de aceitação geral; e, com isso, a aceitação do preconceito deu à luz um sem-número de sistemas.*

§63. A inutilidade e o abuso dos princípios aparecem sobretudo na síntese, método em que a verdade é impedida de se apresentar a não ser precedida de um grande número de axiomas, definições e outras proposições supostamente fecundas. A evidência das demonstrações matemáticas e a aprovação concedida pelos doutos a essa maneira de raciocinar seriam motivos suficientes para que o leitor se convença de que o que estou dizendo não passa de puro paradoxo, insustentável. Mas é fácil mostrar que as matemáticas não devem a sua certeza ao método sintético. Com efeito, se essa ciência estivesse tão exposta

---

12 Nesta passagem, o termo *princípios* não se refere a observações confirmadas pela experiência; tomo essa palavra no sentido em que ela costuma ser utilizada pelos filósofos, que chamam de *princípios* as proposições gerais e abstratas sobre as quais erguem os seus sistemas.

* Ver o prefácio à *Língua dos cálculos* (1798). (N. T.)

Ensaio sobre a origem dos conhecimentos humanos

quanto a metafísica a numerosos erros, obscuridades e equívocos, a síntese tenderia a fomentá-los e multiplicá-los mais e mais. Se as ideias dos matemáticos são exatas, é porque foram construídas pela álgebra e pela análise. O método que eu acuso, além de ser pouco adequado para corrigir um princípio vago ou uma noção mal determinada, deixa subsistir todos os vícios de um raciocínio ou os esconde sob as aparências de uma bela ordem, tão supérflua quanto o método é árido e redundante. Para ver que é assim, que se consultem as obras de metafísica, de moral e de teologia em que se houve por bem servir-se dele.[13]

§64. Para ver que uma proposição geral não nos permite descer além dos conhecimentos que nos elevaram até ela ou que poderiam nos permitir trilhar o mesmo caminho, basta considerar que ela não é senão o resultado de conhecimentos particulares. Assim, longe de ser o princípio de nossos conhecimentos, uma proposição geral pressupõe que nossos conhecimentos, sem exceção, tenham sido adquiridos por outros meios ou ao menos que possam sê-lo. Com efeito, para expor a verdade com a pompa de princípios requeridos pela síntese, é evidente que é preciso conhecê-los de antemão. Esse método, que tende, ademais, a de-

---

13 Descartes, por exemplo, teria lançado mais luz sobre suas meditações ao decidir demonstrá-las segundo as regras desse método? Haveria demonstrações piores que as de Espinosa? Poderia citar ainda Malebranche, que amiúde se serve da síntese; Arnauld, que a utiliza num tratado muito ruim sobre as ideias, bem como em outras partes [*Des Vraies et des fausses idées*, V]; o autor de *Ação de Deus sobre as criaturas* [Boursier], e muitos outros. Dir-se-ia que esses escritores imaginaram que, para demonstrar geometricamente, seria suficiente pôr em certa ordem as diferentes partes de um raciocínio sob títulos como *axiomas*, *definições*, *escólios* etc.

monstrar de maneira bastante abstrata coisas que poderiam ser provadas de modo muito mais simples, é tão menos esclarecedor para o espírito por esconder a trilha que conduz às descobertas. Receio mesmo que, se ele se impõe, é porque dá a aparência de verdade aos paradoxos mais falsos; pois, em se tratando de proposições separadas, às vezes muito afastadas entre si, é fácil provar qualquer coisa que se queira, e é difícil perceber onde está a falha do raciocínio. A metafísica fornece numerosos exemplos disso. Por fim, esse método nada abrevia, como se costuma imaginar; os únicos autores que retornam aos pontos mais claros e insistem nos detalhes mais inúteis são os que dele se servem.

§65. Por exemplo, parece-me suficiente refletir sobre a maneira como são criadas as ideias de um todo e de uma parte para ver com evidência que o todo é maior do que a sua parte. Muitos geômetras modernos, após terem censurado Euclides por negligenciar a demonstração dessa espécie de proposição, não hesitaram em supri-la. A síntese, com efeito, é escrupulosa demais para deixar algo sem prova; e se nos dá o ar da graça, é a partir de uma única proposição, que considera o princípio de todas as outras, e que, ainda por cima, deve ser idêntica a si mesma. Assim, quando quer provar que o todo é maior do que a parte, o geômetra toma as seguintes medidas.

Começa por estabelecer, como definição, que um todo é maior do que outro quando este é igual a uma de suas partes, e, como axioma, que o mesmo é igual a si mesmo. Tal é a única proposição que lhe interessa demonstrar. Em seguida, ele raciocina assim: "Um todo cuja parte é igual a outro todo é maior do que este todo (pela definição), mas cada uma das partes de um todo é igual a si mesma (pelo axioma), logo um todo é maior do que a sua parte".

Ensaio sobre a origem dos conhecimentos humanos

Esse raciocínio precisaria vir acompanhado por um comentário, para que eu pudesse alcançar a sua compreensão. Como quer que seja, parece-me que a definição não é nem mais clara nem mais evidente do que o teorema, e, por conseguinte, que ela não serve para prová-lo. Mas essa demonstração é oferecida como exemplo de uma análise perfeita, pois, diz-se, ela está contida num silogismo "em que uma premissa é uma definição e a outra é uma proposição idêntica, o que é signo de uma análise perfeita".[14]

§66. Se é isso que os geômetras entendem por análise, não conheço nada tão inútil quanto esse método. Mas eles dispõem, sem dúvida, de um método melhor; os progressos que realizaram são a prova disso. E se a sua análise parece às vezes distante de aplicação em outras ciências, talvez seja porque os signos utilizados nela pertencem à geometria. De todo modo, entendo que a análise é simplesmente a operação que resulta do concurso de operações precedentes. Consiste apenas em compor e decompor nossas ideias, para realizar diferentes comparações entre elas e descobrir assim as relações que têm entre si, bem como novas ideias que poderiam produzir. Essa análise é o verdadeiro segredo das descobertas, pois com ela remontamos até a origem das coisas. Tem a vantagem de não oferecer senão umas poucas ideias de cada vez, gradualmente, da mais simples à mais complexa. É inimiga dos princípios vagos e de tudo o que possa ser contrário à exatidão e à precisão. Se busca a verdade, não é com o recurso a proposições gerais, mas com uma espécie de cálculo, vale dizer, compondo e decom-

---

14 Essa demonstração é extraída dos elementos de matemática de um homem célebre. [Wolff, *Elementa matheseos universae*, I, 24, 33.]

pondo as noções para compará-las da maneira mais favorável às descobertas que se tenha em vista. E isso não por meio de definições, que de ordinário não fazem senão multiplicar as disputas, mas explicando a geração de cada ideia. Esse detalhe mostra que ela é o único método capaz de conferir evidência a nossos raciocínios, e, por conseguinte, é o único que a ser adotado na busca pela verdade. Ela exige, porém, daqueles que queiram utilizá-la, um conhecimento exaustivo dos progressos das operações da alma.

§67. Deve-se concluir que os princípios são resultados, que podem servir para assinalar os principais pontos pelos quais se passou; como o fio de Teseu no labirinto, eles são inúteis se o que queremos é seguir em frente, pois tudo o que permitem é que refaçamos os nossos passos. Se ajudam a aliviar a memória e a abreviar as disputas, por indicarem com brevidade as verdades que convêm de parte a parte, tornam-se de ordinário tão vagos que, se não forem utilizados com precaução, multiplicam as disputas e fazem que estas degenerem em pura questão de palavras. O único meio para adquirir conhecimentos é remontar à origem de nossas ideias, acompanhar a sua geração e compará-las sob todas as relações possíveis; a isso eu chamo analisar.

§68. Costuma-se dizer que é necessário ter princípios; é verdade, mas eu muito me engano, ou a maioria dos que repetem essa máxima não têm noção do que ela quer dizer. Parece-me que só contamos como princípios aqueles que nós mesmos adotamos, o que nos permite acusar os outros de não os ter sempre que se recusem a aceitá-los. Se o que se entende por princípios são proposições gerais que, conforme a oportunidade, podem ser aplicadas a casos particulares, o que não é um princípio? Qual o mérito em tê-los? São máximas vagas, que ninguém sabe como aplicar corretamente. Dizer que um homem tem princípios, nesse sentido, é como dizer que ele é incapaz de ter ideias nítidas do que ele mesmo pensa. Ora, se é preciso ter princípios, não é porque se deve partir deles para em seguida descer até conhecimentos menos gerais, mas porque é preciso ter estudado devidamente as verdades particulares e elevar-se de abstração em abstração até as proposições universais. Princípios dessa espécie são naturalmente determinados pelos conhecimentos particulares que conduzem a eles; vemos com isso toda a sua extensão, e poderemos ter a garantia de que são seguros, sempre que nos servirmos deles com exatidão. Dizer que um homem tem princípios como esses, é dar a entender que ele conhece perfeitamente as artes e as ciências que toma como objeto, e que por toda parte ele oferece nitidez e precisão.

Capítulo 8
Afirmar. Negar. Julgar. Raciocinar. Conceber.
O entendimento.

§69. Quando comparamos nossas ideias entre si, a consciência que temos delas faz que as conheçamos como iguais, sob todos os aspectos em que as consideramos, o que se torna manifesto quando as ligamos pela palavra *é* [*est*]; isso chama-se *afirmar*. Ou então essa consciência faz que as conheçamos como não sendo iguais, o que se torna manifesto quando as separamos pelas palavras *não é* [*n'est pas*]; isso chama-se *negar*. Essa dupla operação chama-se *julgar*. É evidente que ela se segue às expostas anteriormente.

§70. Da operação do julgar nasce a do raciocinar. O raciocínio é um encadeamento de juízos que dependem uns dos outros. Não é preciso se estender sobre essas operações. O que foi dito pelos lógicos em muitos volumes parece-me inteiramente supérfluo e sem qualquer utilidade. Limitar-me-ei a explicar um experimento.

§71. Costuma-se indagar como é possível que na conversação desenvolvam-se, muitas vezes sem qualquer impedimento, raciocínios consideravelmente extensos; que todas as suas partes se apresentem no mesmo instante; e, quando isso não acontece (o que é comum, dado que o espírito é demasiadamente limitado para apreender de uma vez um grande número de ideias), que eles se conduzam com ordem. Isso se explica facilmente pelo que já foi exposto.

A partir do momento em que um homem se propõe a fazer um raciocínio, a atenção que ele dá à proposição a ser provada lhe permite perceber sucessivamente as proposições principais, que resultam das diferentes partes do raciocínio que está para ser feito. Se elas forem fortemente ligadas entre si, ele as percorre tão rapidamente que as vê todas juntas na imaginação. Uma vez apreendidas tais proposições, ele considera qual deverá ser a primeira na exposição. Por esse meio, as ideias apropriadas a trazê-las à luz despertam nele segundo a ordem da ligação subsistente entre elas. Feito isso, ele passa à segunda, e repete a mesma operação, e assim seguidamente, até a conclusão de seu raciocínio. Seu espírito não abarca, portanto, todas as partes ao mesmo tempo, mas, através da ligação subsistente entre elas, percorre-as com rapidez suficiente para se adiantar à fala, um pouco como o olho de quem lê em voz alta se adianta à voz.

Ensaio sobre a origem dos conhecimentos humanos

Poder-se-ia ainda perguntar como é possível que os resultados de um raciocínio sejam apreendidos sem que as diferentes partes que o compõem tenham sido apreendidas em detalhe. Afirmo que isso só acontece quando falamos de assuntos que conhecemos bem ou razoavelmente, graças à relação entre eles e raciocínios que conhecemos de antemão. É o único caso em que o fenômeno que proponho pode ser observado. Nos demais, fala-se com hesitação, o que se explica pelo fato de a ligação entre as ideias ser tênue, e elas despertarem lentamente; ou então a fala é desconexa, o que é efeito da ignorância.

§72. Quando, através do exercício de todas ou de algumas das operações precedentes, produzem-se ideias exatas, cujas relações recíprocas são conhecidas, a consciência que temos delas chama-se *conceber*. Uma condição essencial para conceber adequadamente é representar para si as coisas sempre sob as ideias que lhes são próprias.

§73. Essas análises dão-nos uma ideia mais exata do entendimento. Costuma-se considerá-lo como uma faculdade de conhecimento à parte, como a instância em que todas as faculdades se reúnem. No entanto, creio que, para falar com mais clareza, seria melhor dizer que o entendimento não é senão a coleção ou combinação das operações da alma. Perceber ou ter consciência, prestar atenção, reconhecer, imaginar, relembrar-se, refletir, distinguir ideias, abstraí-las, compô-las, analisá-las, afirmar, negar, julgar, raciocinar, conceber: eis o entendimento.

§74. O meu intento nestas análises é mostrar a dependência entre as operações da alma e como elas se engendram a partir de uma primeira. Começamos por experimentar percepções de que temos consciência. Adquirimos em seguida uma consciência mais viva de alguma dessas percepções; essa consciência torna-se atenção. A partir de então, as ideias ligam-se entre si, reconhecemos por conseguinte nossas percepções de outrora e reconhecemo-nos como o mesmo ser que as teve; é a reminiscência. A alma desperta suas percepções em si mesmas, conserva-as em si mesmas, ou recorda-se apenas dos seus signos; são a imaginação, a contemplação, a memória. Ela dispõe por si mesma de sua própria atenção; é a reflexão. Dessa última operação nascem por fim todas as outras. É a reflexão que distingue, compara, compõe, decompõe e analisa, pois estas são apenas diferentes maneiras de conduzir a atenção. A partir disso formam-se, numa sequência natural, o juízo, o raciocínio, a concepção; do que resulta o entendimento. Contudo, pareceu-me necessário considerar as diferentes ocasiões em que se exerce a reflexão como sendo operações distintas, pois os efeitos que dela derivam são variados. Ela faz algo mais, por exemplo, ao comparar as ideias, quando se dedica a distingui-las, ou ao compô-las e decompô-las, do que quando se restringe a compará-las tais como são; e assim por diante. Poderíamos, sem dúvida, multiplicar as operações da alma, conforme varie a maneira como concebemos as coisas. Poderíamos também reduzi-las a uma única, a consciência. Mas há um meio-termo entre dividir em demasia e não dividir suficientemente. A fim de esgotar a presente matéria, são necessárias ainda algumas análises ulteriores.*

---

  * A primeira edição do *Tratado dos sistemas* (1752) traz uma crítica do procedimento adotado neste capítulo 8: "Se o que eu quero é fazer um sistema sobre a arte de pensar, vejo o entendimento humano como uma faculdade que recebe ideias e que as toma como objeto

Ensaio sobre a origem dos conhecimentos humanos

Capítulo 9
Dos vícios e vantagens da imaginação*

§75. O poder de despertar nossas percepções na ausência dos objetos dá-nos ainda o poder de reunir e ligar em conjunto as ideias mais díspares. Não há nada que não possa adquirir, em

---

de suas operações. Reconheço, porém, que noções como as de *faculdade*, *ideia* e *operação* são abstratas. Por conseguinte, nenhuma delas é o princípio que busco. Decomponho ainda uma vez, e passo em revista todas as operações. A concepção apresenta-se primeiro, como a mais perfeita; mas se concebo é porque julgo ou raciocino; se formo juízos e raciocínios, é porque comparo; e não poderia comparar, sob todas as relações em que é preciso fazê-lo, se não distinguisse, compusesse, decompusesse e formasse abstrações. Tudo isso exige necessariamente que eu seja capaz de refletir; a reflexão supõe a imaginação ou a memória: essas duas operações são evidentemente o efeito do exercício da atenção; esta não pode ocorrer sem a percepção; por fim, a percepção nos vem por ocasião das sensações, ela é a impressão que cada objeto sensível realiza em mim. Essa decomposição conduz-me assim a uma ideia, que nada tem de abstrato: é esta que me indica, na percepção, o germe de todas as operações do entendimento. Com efeito, o exercício dessa faculdade não poderia ser menos que perceber, ela não poderia começar antes ou depois da percepção. Portanto, é a percepção que se torna sucessivamente atenção, imaginação, memória, reflexão, e por fim o entendimento mesmo. Mas eu simplesmente não desenvolveria esse progresso se não tivesse uma ideia de cada uma dessas operações; pelo contrário, eu me veria embaraçado e incorreria em enganos. Eis o que me ocorreu quando tratei da origem dos conhecimentos humanos. Eu não tinha então conhecimento suficiente para seguir os preceitos que hoje recomendo". (N. T.)

* Ao longo deste capítulo, Condillac tem em mente o livro II da *Recherche de la vérité*, de Malebranche, dedicado ao exame do papel da imaginação no conhecimento. (N. T.)

nossa imaginação, uma forma nova. Graças à liberdade com que transpõe as qualidades de um objeto para outro, ela reúne num só objeto o suficiente para que a natureza embeleze muitos. À primeira vista, nada parece mais contrário à verdade do que a maneira como a imaginação dispõe de nossas ideias. Com efeito, quando não controlamos essa operação, é certo que ela nos perturba; mas, ao mesmo tempo, é uma das principais fontes de nossos conhecimentos, desde que saibamos como regrá-la.[15]

§76. As ligações de ideias ocorrem na imaginação de duas maneiras: às vezes voluntariamente, outras como mero efeito de uma impressão externa. As primeiras costumam ser menos fortes, de modo que podemos rompê-las mais facilmente; são tidas como de instituição. As últimas podem estar tão bem cimentadas que não conseguimos destruí-las; são reconhecidas como naturais. Ambas têm vantagens e inconvenientes, mas as últimas são tanto mais úteis quanto mais perigosas, pois atuam nos espíritos com mais vivacidade.

§77. A linguagem é o exemplo mais sensível das ligações que formamos voluntariamente. Somente ela mostra quais as vantagens dessa operação. As precauções necessárias para falar com justeza mostram como é difícil dar-lhe uma regra.

---

15 Até aqui, tomei a imaginação meramente como operação que desperta percepções na ausência dos objetos. Mas, agora que considero os efeitos dessa operação, não vejo nenhum inconveniente em me aproximar do uso e sou mesmo obrigado a fazê-lo. Por essa razão, tomo neste capítulo a imaginação por uma operação que, ao despertar as ideias, realiza, de acordo com a nossa vontade, combinações sempre novas. Assim, a palavra *imaginação* terá, daqui por diante, dois sentidos diferentes. Mas isso não deve ocasionar nenhum equívoco, pois, pelas circunstâncias em que a empregarei, poderei determinar, a cada vez, o sentido particular que tenho em vista.

Mas, como me proponho tratar, na segunda parte desta obra, da necessidade, do uso e da origem e progresso da linguagem, contentar-me-ei neste ponto em expor as vantagens e os inconvenientes dessa parte da imaginação. Passo agora às ligações de ideias que são efeito de alguma impressão estrangeira.

§78. Afirmei que essas ligações são úteis e necessárias. É preciso, por exemplo, que a visão de um precipício em que podemos cair desperte em nós a ideia de morte. Então, a atenção não deixará de formar, na primeira ocasião que se ofereça, uma tal ligação, e deve mesmo torná-la mais forte, por ser determinada pelo motivo mais urgente que existe, a conservação de nosso ser.

Malebranche acreditou que essa ligação seria natural, ou existiria em nós desde o nascimento. "A ideia", diz ele, "de um grande precipício que se tem diante de si e no qual se corre o risco de cair, ou a ideia de um grande corpo qualquer que está prestes a cair sobre nós e a esmagar-nos é naturalmente ligada à ideia que nos é apresentada pela morte e a uma emoção dos espíritos que nos predispõe à fuga e ao desejo de fugir. Essa ligação não muda, e é necessário que ela seja sempre a mesma, pois consiste numa disposição das fibras do cérebro que existe em nós desde a infância."[16]

É evidente que, se a experiência não nos ensinasse que somos mortais, longe de termos uma ideia de morte nos surpreenderíamos diante da primeira morte que víssemos ocorrer. Portanto, essa ideia é adquirida, e Malebranche engana-se ao confundir o que é natural, ou existe em nós desde o nascimento, com o que é comum a todos os homens. Esse erro é gene-

---

16 Malebranche, *Recherche de la vérité*, II, 1, 5.

ralizado. Não se quer ver que os mesmos sentidos, as mesmas operações e as mesmas circunstâncias devem produzir por toda parte os mesmos efeitos.[17] Insiste-se em recorrer a algo de inato ou de natural, que precederia a atuação dos sentidos, o exercício das operações da alma e as circunstâncias comuns.

§79. Se as ligações de ideias que se formam em nós por impressões externas são úteis, também são com frequência nocivas. Quando a educação nos acostuma a ligar a ideia de vergonha ou de infâmia à ideia de sobreviver a uma afronta, e a ideia de grandeza de espírito ou de coragem à ideia de tirar a própria vida ou de arriscá-la ao tentar tirá-la de um agressor, temos dois preconceitos: primeiro, a questão de honra dos romanos, segundo, a questão de honra de uma parte da Europa atual. Essas ligações são estimuladas e fomentadas com a idade. A força que o temperamento adquire, as paixões a que nos expomos, a condição que se torna a nossa, estreitam ou afrouxam os seus laços.

Como os preconceitos dessa espécie são as primeiras impressões que experimentamos, é inevitável que nos pareçam princípios incontestáveis. No exemplo que mencionei, o erro é sensível, e a sua causa é bem conhecida. Dificilmente se encontra alguém a quem não tenha ocorrido fazer raciocínios bizarros, cujo ridículo logo se detecta, mas sem que se explique como se pôde incorrer em tamanha tolice. Muitas vezes, tais

---

17 Suponha-se que um homem maduro viesse nascer à beira de um precipício; é verossímil que evitasse a própria queda? Não creio que ele receasse a morte, pois não se pode recear o que não se conhece, e sim que dirigisse seus passos para o lado em que seus pés pudessem encontrar apoio.

Ensaio sobre a origem dos conhecimentos humanos

raciocínios não são mais que o efeito de uma ligação de ideias singular; causa humilhante para a nossa vaidade, e que por isso temos tanta dificuldade de reconhecer. Ela atua em segredo; e podem-se julgar os raciocínios que ela não leva o comum dos homens a fazer.

§80. Em geral, impressões que experimentamos em circunstâncias diferentes fazem que liguemos as ideias que melhor sabemos separar. É impossível, por exemplo, frequentar a companhia dos homens sem ligar imperceptivelmente certas sinuosidades do espírito e certos caracteres com as figuras que ali se observam. É por isso que as pessoas que têm uma fisionomia marcante nos agradam ou desagradam-nos mais do que outras, pois a fisionomia não é mais do que a reunião de traços aos quais ligamos ideias, que para serem despertadas precisam estar acompanhadas de agrado ou desgosto. Não admira, portanto, que sejamos propensos a julgar os outros pela fisionomia, e que por vezes sintamos por eles uma atração ou uma repulsão já ao primeiro contato.

Em virtude dessas ligações, predispomo-nos, às vezes excessivamente, em favor de certas pessoas, ao passo que somos inteiramente injustos para com outras. É que tudo o que nos impressiona em nossos amigos ou inimigos está naturalmente ligado aos sentimentos agradáveis ou desagradáveis que experimentamos por eles: os defeitos de uns são amenizados pelo agrado decorrente de algo amável que observamos neles, assim como as melhores qualidades de outros nos parecem ser parte de seus vícios. Essas ligações influem infinitamente em toda a nossa conduta: cativam o nosso amor ou ódio, fomentam a nossa estima ou desprezo, excitam o nosso reconhecimento ou ressentimento, e produzem as simpatias, antipatias e todos os bizarros pendores que tanta dificuldade temos para explicar. Lembro-me de ter lido em alguma parte que Descartes nunca perdeu o gosto por zarolhos, pois a primeira pessoa que amara tinha esse defeito.*

§81. Locke identificou o maior perigo das ligações de ideias ao observar que elas estão na origem da loucura. "Um homem", diz ele, "de resto muito sábio e sensato, pode ser tão louco a respeito de um ponto quanto os internados em asilos; basta que uma impressão violenta se realize subitamente em seu espírito ou que a longa dedicação a uma espécie particular de pensamento leve-o a ideias incompatíveis que se reúnem em seu espírito com tal força que se tornam inseparáveis."[18]

§82. Para ver como é justa essa reflexão, observe-se que, fisicamente, imaginação e loucura diferem apenas em intensidade. Tudo depende da vivacidade e da abundância com que os espíritos se comportam no cérebro. É por isso que nos sonhos as percepções são tão vivamente retraçadas, a ponto de, no despertar, às vezes serem tomadas por verdadeiras. Eis aí certamente um instante de loucura. A fim de que se permanecesse louco bastaria que as fibras do cérebro fossem atingidas com violência suficiente para não se restabelecer. O mesmo efeito pode ser produzido de maneira mais lenta.

§83. Em minha opinião, não há quem, em momentos de desorientação, não imagine um romance em que ele próprio é o herói. Tais ficções, que os espanhóis chamam de castelos, não ocasionam no cérebro, em geral, mais do que ligeiras impres-

---

* Descartes, Carta a Chanu, 6 de junho de 1647. (N. T.)

18 Locke, *Ensaio sobre o entendimento humano*, II, 11, 13. Ele diz quase o mesmo em II, 13, 4.

Ensaio sobre a origem dos conhecimentos humanos

sões, a que mal damos atenção e que logo se dissipam diante dos objetos mais reais com que somos obrigados a nos ocupar. Mas quando ocorre um objeto de tristeza, que nos faz evitar nossos melhores amigos e causa desgosto pelo que temos de mais precioso, então, entregues a nosso próprio pesar, nosso romance favorito é a única ideia capaz de nos distrair. Os espíritos animais encarregam-se de dar a esse castelo, aos poucos, fundamentos tão profundos que nada pode abalá-los: dormiremos batendo-os, habitá-los-emos em sonhos, e por fim, quando a impressão dos espíritos pareça ser tal como se tivesse de fato nos atingido, tomaremos, a despeito de nós mesmos, nossas quimeras por realidades. Provavelmente não foi outra a causa da loucura do ateniense que acreditou que todas as embarcações que adentravam o Pireu lhe pertenciam.*

§84. Essa explicação mostra a que ponto a leitura de romances é perigosa para as pessoas mais jovens do sexo cujo cérebro é mais delicado. Seu espírito, que de ordinário recebe pouca atenção da educação, apreende com avidez ficções que lisonjeiam as paixões naturais à sua idade. Encontram ali materiais para os mais belos castelos, como diriam os espanhóis; e põem-se a erguê-los com um prazer ainda maior, por ser fomentado pelo anseio de agradar e pelos galanteios que recebem incessantemente. Não é preciso mais do que um ligeiro gracejo para atrair a jovenzinha e persuadi-la de que é Angélica ou outra heroína qualquer, e fazê-la tomar por um Médor qualquer um que lhe faça a corte.**

---

  * Ver Fontenelle, *Diálogos sobre a pluralidade dos mundos* (1686), primeira jornada. (N. T.)

  ** Referência a personagens do *Orlando Furioso*, de Ariosto. (N. T.)

§85. Outras obras, embora tenham objetivos diferentes, podem produzir inconvenientes similares. Refiro-me a certos livros de devoção, escritos para produzir fantasias fortes e contagiosas. São capazes, às vezes, de confundir o cérebro de uma mulher a ponto de levá-la a crer que tem visões, que conversa com anjos, ou mesmo que está no céu ao lado deles. Seria desejável que as pessoas jovens de ambos os sexos fossem devidamente esclarecidas, nessa espécie de leituras, por tutores que conheçam a têmpera de sua imaginação.

§86. Loucuras como as que eu exponho são conhecidas por todos. Há outras perturbações que, embora permaneçam sem nome, devem ser incluídas no mesmo rol das outras causadas pela imaginação. Se nos contentarmos a ver na loucura a consequência de erros, não poderemos fixar o ponto em que ela começa. E este encontra-se numa imaginação que, de modo insuspeito, associa ideias de uma maneira na verdade desordenada e influi às vezes em nossos juízos ou em nossa conduta. Por ser assim, é lícito supor que ninguém está isento disso. O mais sábio não difere do mais louco a não ser pela feliz circunstância de os desmandos de sua imaginação não terem por objeto senão coisas que mal entram no curso ordinário da vida, que o colocam em contradição menos visível com o resto dos homens. Onde se encontraria alguém cuja paixão favorita não leva constantemente, em certas ocasiões, a conduzir-se de acordo com a forte impressão das coisas sobre a sua imaginação, incorrendo sempre nos mesmos erros? Observai a respeito um homem em seus planos de conduta, pois consiste nisso, para a maioria, o obstáculo da razão. Quanto preconceito, quanta cegueira no homem mais dotado de espírito! Mesmo quando o fracasso o constrange a reconhecer seus equívocos, ele não se corrige. A mesma imaginação que o seduziu o seduzirá novamente, e o vereis a ponto de cometer um erro semelhante ao primeiro, e em vão tentareis convencê-lo do contrário.

§87. As impressões realizadas em cérebros frios conservam-se ali por um longo tempo. Assim, pessoas cujo aspecto é composto e refletido têm a vantagem de guardar constantemente as mesmas imperfeições. Graças a isso, sua loucura, de que não suspeitaríamos num primeiro contato, é facilmente identificável para quem os observe por algum tempo. Ao contrário, nos cérebros em que há muito fogo e atividade, as impressões apagam-se, renovam-se, as loucuras sucedem-se umas às outras. De saída, vê-se bem que o espírito de um homem tem imperfeições, mas ele muda tão rapidamente que mal se consegue notá-las.

§88. O poder da imaginação é ilimitado. Ela diminui ou mesmo dissipa nossas dores, e é a única que pode dar aos prazeres o tempero que responde integralmente por seu valor. Mas ela é, por vezes, o inimigo mais cruel que poderíamos ter: aumenta nossos males, propicia-nos outros que não tínhamos, e termina por cravar o punhal em nosso peito.

Para dar a razão desses efeitos, direi em primeiro lugar que os sentidos atuam sobre o órgão da imaginação, e que esse órgão reage sobre os sentidos. Isso é indubitável, pois a experiência mostra semelhante reação mesmo em corpos menos elásticos. Em segundo lugar, a reação desse órgão é mais viva do que a ação dos sentidos, pois reage sobre eles não somente com a força pressuposta na percepção que eles produziram, como também com as forças reunidas de todas as percepções estreitamente ligadas a essa percepção, que, por essa razão mesma, não podem deixar de ser despertadas. Compreendem-se assim, sem dificuldade, os efeitos da imaginação. Vejamos alguns exemplos.

A percepção de uma dor desperta em minha imaginação todas as ideias com que ela tenha uma ligação estreita. Vejo o perigo, o medo apodera-se de mim, sou abatido por ela, meu corpo resiste com dificuldade, minha dor torna-se mais viva, minha angústia aumenta, e, com minha imaginação debilitada, pode mesmo acontecer que um ligeiro mal-estar me leve a cair.

Um prazer que eu obtive convoca todas as ideias agradáveis ligadas a ele. Para cada percepção que recebe, a imaginação remete muitas outras aos sentidos. Meus espíritos encontram-se num movimento tal que dissipa tudo o que possa me privar dos sentimentos que experimento. Nesse estado, tomado pelas percepções que recebo pelos sentidos e pelas reproduzidas pela imaginação, saboreio os mais vivos prazeres. Se a ação de minha imaginação for detida, rompe-se essa espécie de encanto: os objetos a que eu atribuía a minha felicidade estão diante de meus olhos; busco por eles, mas não os encontro.

Essa explicação mostra que os prazeres da imaginação são tão reais e tão físicos quanto os outros, por mais que se afirme o contrário. Acrescentarei somente mais um exemplo. Um homem atormentado pela gota, que não consegue manter-se em pé, revê, no momento em que menos esperava, um filho, que ele acreditava desaparecido. Sua dor aumenta. Um instante depois, sua casa incendeia-se. Sente-se ainda mais fraco. Quando o socorro chega, já está fora de perigo. É que sua imaginação, súbita e vivamente atingida, reagiu em todas as partes de seu corpo e produziu uma revolução que terminou por salvar-lhe a vida.

Ensaio sobre a origem dos conhecimentos humanos

Tais são, penso eu, os efeitos mais espantosos da imaginação. No capítulo seguinte, direi uma palavra acerca das combinações que ela toma de empréstimo à verdade.

Capítulo 10
Onde a imaginação encontra os caprichos que ela acrescenta à verdade

§89. A imaginação encontra seus caprichos no direito que tem de tomar à natureza o que esta tem de mais gracioso e amável, para assim embelezar o objeto com que ela lida. Nada lhe é estranho, e tudo pode lhe ser conveniente, desde que lhe permita decorar com brilho. É uma abelha, que faz seu tesouro com todas as belas flores produzidas num jardim. É uma coquete que, dedicada exclusivamente ao desejo de agradar, consulta mais o seu capricho do que a razão. Sempre com a mesma amabilidade, ela presta-se ao nosso gosto, a nossas paixões, a nossas fraquezas, atrai e persuade este com seu ar vivo e jovial, surpreende e espanta aquele com suas maneiras grandiosas e nobres. Assim como distrai com tiradas jocosas, entusiasma com a ousadia de seus repentes. Ora ela afeta a doçura para interessar, ora o langor e as lágrimas para tocar; e, se for preciso, não hesita em vestir a máscara para provocar o riso. Segura de seu império, exerce o seu encanto sobre todos. Gosta às vezes de dar ares de grandeza às coisas mais comuns e triviais; outras vezes rebaixa e ridiculariza as coisas mais sérias e sublimes. Altera tudo o que toca, mas só tem êxito quando tenta agradar; do contrário, seu fracasso é certo. Seu império termina onde começa o da análise.

§90. A imaginação encontra suas combinações na natureza, mas também nas coisas mais absurdas e ridículas, se os preconceitos a autorizarem. Pouco importa que sejam falsas, desde que acreditemos que são verdadeiras. Mas, embora tenha em vista principalmente o agrado, a imaginação não se opõe à verdade. Todas as suas ficções são boas, desde que concordem com a analogia da natureza de nossos conhecimentos ou preconceitos; quando se afasta deles, dá à luz ideias monstruosas e extravagantes. É o que torna, a meu ver, tão justo este pensamento de Boileau: "Nada é belo senão o verdadeiro; o verdadeiro somente é amável./ Ele deve reinar por toda parte, mesmo na fábula".*

O belo pertence à fábula. E isso não porque as coisas sejam exatamente tais como ela as representa para nós, mas sim porque as mostra em imagens claras, familiares, que por conseguinte nos agradam, mas sem nos envolver em erros.

§91. Nada é belo a não ser o verdadeiro; no entanto, nem tudo o que é verdadeiro é belo. Para garantir que o seja, a imaginação associa à verdade as ideias mais apropriadas para embelezá-la e, por meio dessa reunião, forma um todo, em que se encontram solidez e coerência. A poesia oferece uma infinidade de exemplos disso. Nela vemos a ficção, que sem a verdade é sempre ridícula, ornamentando a verdade, que sem a ficção muitas vezes é fria. Essa mistura é sempre agradável, desde que os ornamentos sejam escolhidos com discernimento e distribuídos com sabedoria. A imaginação está para a verdade assim como os adereços para uma bela pessoa: deve prestar-lhe todo o auxílio possível, para que ela se mostre com as vantagens que são as suas.

---

* Boileau, *Epístolas*, XI, vs.43-4. (N. T.)

Ensaio sobre a origem dos conhecimentos humanos

Não me estenderei mais sobre a imaginação; seria o objeto de uma obra à parte. É suficiente, para o meu plano, que não a tenha negligenciado.

Capítulo 11
Da razão, do espírito e de suas diferentes espécies

§92. De todas as operações descritas por nós, resulta uma que, por assim dizer, coroa o entendimento: é a razão. Qualquer que seja a ideia que se tenha dela, todos concordam que somente a razão pode nos conduzir com sabedoria nos negócios civis e realizar progressos na busca da verdade. É preciso concluir que ela não é outra coisa senão o conhecimento da maneira como devemos regrar as operações de nossa alma.

§93. Não creio que, ao explicá-la nesses termos, me afaste do uso. Não faço mais do que determinar uma noção que em parte alguma me parece suficientemente exata. Resguardo-a assim contra todas as invectivas que lhe são dirigidas quando tomada em sentido vago. Poderia alguém dizer que a natureza nos deu um presente digno de uma madrasta quando nos deu meios para dirigir sabiamente as operações de nossa alma? Um pensamento como esse, poderia ocorrer a alguém? Diria a alguém que se a alma não fosse dotada de todas as operações de que falamos ela seria afortunada, pois são elas a fonte de suas dificuldades, pelo abuso que delas faz? Mas então deveríamos censurar a natureza por nos ter dado uma boca, braços e outros órgãos, tantas vezes instrumentos de nossa própria desgraça. E talvez fosse melhor não termos vida, a não ser na medida em que é necessária para sentir que existimos, abandonando assim todas as operações que nos elevam tão acima das feras, restando-nos apenas o instinto.

§94. Mas, diria alguém, qual é o uso que devemos fazer das operações da alma? Quantos esforços não nos custou, e que resultados exíguos não produziu a investigação a seu respeito? Não poderíamos esperar um resultado melhor em nossos dias? A isso respondo que, se é assim, deveríamos nos queixar por não termos recebido todos a razão em pé de igualdade. Estudemos cuidadosamente as operações da alma, conheçamos a extensão delas, sem esconder suas fraquezas, distingamo-las com exatidão, identifiquemos suas fontes, mostremos suas vantagens e abusos, vejamos quais recursos elas prestam umas às outras e, por fim, apliquemo-las apenas aos objetos que estão a nosso alcance: posso garantir que, assim, aprenderemos o uso que devemos fazer delas. Reconheceremos que nos cabe uma razão proporcional ao que é requerido por nosso estado, e que se aquele a quem tudo devemos não foi mais pródigo em suas benesses, soube dispensá-las com sabedoria.

§95. Três operações devem ser examinadas para que se perceba bem essa diferença: o instinto, a loucura e a razão. O instinto é uma imaginação cujo exercício não se encontra a nosso alcance, mas que, por sua vivacidade, concorre perfeitamente à conservação de nosso ser. Ele exclui a memória, a reflexão e as demais operações da alma. A loucura admite, ao contrário, o exercício de todas elas, mas uma imaginação desregrada as dirige. Por fim, a razão resulta do concurso das operações da alma quando bem conduzidas. Se Pope tivesse ideia disso, jamais poderia ter denunciado a razão, e menos ainda concluído: "em vão da razão louvas a excelência,/ Deveria ela sobre o instinto

Ensaio sobre a origem dos conhecimentos humanos

ter a preferência?/ Entre essas faculdades, que comparação!/ Deus dirige o instinto, o homem a razão".*

§96. De resto, é muito fácil explicar a distinção aqui feita entre *acima* da razão, *segundo* a razão e *contra* a razão. Toda verdade que contenha operações da alma que não entraram pelos sentidos nem foram extraídas das sensações está acima da razão. Uma verdade que contenha apenas ideias sobre as quais nosso espírito pode operar é segundo a razão. Por fim, uma proposição que contradiga outra que resulta de operações da alma bem conduzidas, é contra a razão.

§97. Pode-se facilmente observar que, na noção que apresentei de razão e nos detalhes que ofereci sobre a imaginação,[19] não entram outras ideias além daquelas das operações que foram objeto dos oito primeiros capítulos desta seção. Valeria a pena, mesmo assim, considerar tais coisas à parte, seja para conformar-me ao uso, seja para distinguir mais exatamente os diferentes objetos das operações do entendimento. Creio que devemos nos pautar pelo uso, quando ele distingue o bom senso, o espírito, a inteligência, a penetração, a profundidade, o discernimento, o juízo, a sagacidade, o gosto, a invenção, o talento, o gênio e o entusiasmo. Uma palavra a respeito será o suficiente.

§98. O bom senso e a inteligência não fazem senão conceber ou imaginar, e só diferem entre si pela natureza do objeto de que se ocupam. Por exemplo, compreender que dois e dois são quatro ou compreender um curso completo de matemática é em ambos os casos conceber, com a diferença de que um

---

* Pope, *Ensaio sobre o homem*, III, vs.123-4. (N. T.)
19 Capítulo precedente.

se chama *bom senso*, o outro *inteligência*. Do mesmo modo, para imaginar coisas comuns, que todos os dias se oferecem aos olhos, não é preciso senão ter bom senso; mas, para imaginar coisas novas, sobretudo se tiverem alguma extensão, é preciso inteligência. O objeto do bom senso parece, assim, encontrar-se no que é fácil e ordinário, e cabe à inteligência conceber ou imaginar coisas mais compostas ou novas.

§99. Na falta de um bom método para analisar nossas ideias, contentamo-nos muitas vezes em compreendê-las aproximadamente. Vemos o exemplo disso na palavra *espírito*, à qual costumamos ligar uma noção muito vaga, embora ela esteja na boca de todos.

§100. A penetração pressupõe grande capacidade de atenção, reflexão e análise para penetrar no interior das coisas; a profundidade exige que as examinemos sob todos os aspectos, para ver de onde elas vêm, o que são e o que se tornarão.

§101. O discernimento e o juízo comparam as coisas, estabelecem diferenças entre elas e avaliam exatamente o valor de umas em relação às outras; mas o primeiro se diz em particular das coisas que se referem à especulação, enquanto o segundo se refere às que concernem à prática. É preciso discernimento em pesquisas filosóficas, juízo na condução da vida.

§102. A sagacidade é a destreza com que se aborda o objeto para apreendê-lo mais facilmente ou torná-lo mais compreensível aos outros, o que se faz pela imaginação, unida à reflexão e à análise.

§103. O gosto é uma maneira de sentir tão afortunada que permite que se perceba o valor das coisas sem que se recorra à reflexão, ou melhor, sem que para julgá-las seja preciso se servir de uma regra. É efeito de uma imaginação que, tendo sido exercida em boa hora sobre objetos bem escolhidos, conserva-os sempre presentes e toma-os naturalmente como modelos de comparação. Por essa razão, o bom gosto costuma ser o apanágio das pessoas mundanas.

§104. Nós não criamos, a bem dizer, ideia alguma; apenas combinamos, por composição e decomposição, as que recebemos através dos sentidos. A invenção consiste em saber realizar novas combinações. Há de duas espécies: o talento e o gênio.

O talento combina as ideias de uma arte ou de uma ciência conhecida de maneira a produzir os efeitos que seriam naturalmente de esperar. Ora ele requer mais imaginação, ora mais análise. O gênio acrescenta ao talento a ideia de um espírito de certa maneira criador. Inventa novas artes ou, numa mesma arte, inventa gêneros iguais ou às vezes superiores aos já conhecidos. Aborda as coisas de pontos de vista que só são seus, produz uma ciência nova ou abre, nas já conhecidas, uma trilha que leva a verdades que o espírito não esperava encontrar. Lança sobre as ciências conhecidas uma clareza e uma facilidade de que elas não eram julgadas suscetíveis. Um homem de talento tem um caráter que poderia pertencer a outros, pode ser igualado ou ultrapassado por eles. Um homem de gênio tem um caráter original, é inimitável. Os grandes escritores que o seguem raramente se arriscam no mesmo gênero em que ele teve êxito. Corneille, Molière e Quinault não tiveram imitadores. Há escritores modernos que provavelmente tampouco os terão.

Diz-se do gênio que ele é extenso e vasto. Por ser extenso, realiza grandes progressos num gênero; por ser vasto, reúne tantos gêneros, e em tal grau, que mal concebemos que ele tenha limites.

§105. O entusiasmo não pode ser analisado quando é sentido, pois então ninguém é senhor da própria reflexão. Mas como analisá-lo, se só se pode fazê-lo quando não é mais sentido? Considerando-se os efeitos que ele produziu. O conhecimento dos efeitos deve conduzir ao conhecimento de sua causa, e essa causa só pode ser uma das operações analisada por nós.

Quando as paixões causam abalos tão violentos que nos privam do uso da reflexão, experimentamos mil sentimentos. Como a imaginação é mais ou menos excitada segundo a maior ou menor vivacidade das paixões, ela desperta com maior ou menor força os sentimentos que tenham alguma relação com tais paixões, e, por conseguinte, que tenham alguma ligação com o estado em que nos encontramos.

Suponhamos dois homens que se encontrem nas mesmas circunstâncias e experimentem as mesmas paixões, mas com diferentes graus de força. De um lado, tomemos como exemplo Horácio, o velho, tal como pintado em Corneille, com essa alma romana que o leva a sacrificar seus próprios filhos para o bem da república. A impressão que ele recebe ao saber da fuga de seu filho é uma reunião confusa de todos os sentimentos suscetíveis de produzir o amor pela pátria e pela glória, elevados ao mais alto ponto; tanto é assim que ele não lamentará a perda de dois de seus filhos, e desejará que o terceiro perca igualmente a vida. Tais são os sentimentos que o agitam; mas ele os experimentaria em cada nuance? Não: não é essa a linguagem das grandes paixões. Tampouco se contentará em expressar os sentimentos menos vivos. Preferirá naturalmente aquele que o agita com mais violência, e o escolherá porque, pela ligação que tem com os outros sentimentos, é suficiente para agregá-los. E qual é esse sentimento? É o desejo de que

Ensaio sobre a origem dos conhecimentos humanos

seu filho morra, pois tal desejo ou não entra na alma de um pai ou, se entra, preenche-a como que por completo. Por isso, quando indagado a respeito do que seu filho seria capaz contra três homens, ele só pode responder: *que ele morra.**

Suponhamos, de outro lado, um romano que, embora sensível à glória de sua família e à saúde da república, tenha experimentado paixões muito mais fracas que as de Horácio; parece-me que ele conservaria intacto o seu sangue-frio. Os sentimentos nele produzidos pela honra e pelo amor à pátria o afetariam de maneira mais fraca, e todos com praticamente a mesma intensidade. Esse homem não seria levado a exprimir um em detrimento dos outros, e assim seria natural que os exprimisse em detalhe. Ele diria como lhe era sofrido ver a ruína da república e a vergonha de que seu filho estava prestes a se cobrir, que o proibiria de se apresentar diante dele, e, em vez de desejar sua morte, ele julgaria que melhor seria se tivesse a mesma sorte de seus irmãos.

O que quer que se entenda por entusiasmo, basta saber que ele é o oposto do sangue-frio para ver que só ele nos permite colocarmo-nos no lugar do velho Horácio de Corneille; o mesmo não vale para o outro homem que imaginei. Vejamos ainda um exemplo adicional.

Se Moisés, ao falar da criação da luz, não estivesse tão imbuído da grandeza de Deus, certamente teria se estendido na demonstração da grandeza do ser supremo. Por um lado, não negligenciaria nada para exaltar a excelência da luz, por outro, teria representado as trevas como um caos em que a natureza

---

* Corneille, *Horace*, III, 6. Esse episódio será objeto de uma conhecida tela de Davi. (N. T.)

inteira estava mergulhada; mas estava completamente tomado por sentimentos produzidos pela visão da superioridade do ser primeiro e da dependência das criaturas para entrar em tais detalhes. Assim, as ideias de comando e de obediência, por estarem ligadas às de superioridade e dependência, não poderiam deixar de despertar em sua alma, e se ele se deteve nelas, é porque são suficientes para exprimir as demais. Ele limita-se então a dizer: *Deus disse, faça-se a luz, e foi feita a luz*. Pelo número e pela beleza que essas expressões abreviadas contêm, elas têm a vantagem de atingir a alma de maneira admirável, e são, por essa razão, o que se chama de *sublime*.

Entusiasmo, em meu entender, é o estado de um homem que, considerando com esforço as circunstâncias em que se encontra, é vivamente agitado por todos os sentimentos que elas produzem e que, para exprimir o que experimenta, escolhe naturalmente, dentre os sentimentos, o mais vivo e o que, pela estreita ligação que tem com outros, vale por eles. Se esse estado for passageiro, deixará um traço; se durar por algum tempo, poderá produzir uma obra inteira. Conservando-se o sangue-frio, pode-se imitar o entusiasmo, desde que se tenha o hábito de analisar as belas peças que os poetas devem a ele. Mas seria a cópia tal como o original?

§106. O espírito, propriamente dizendo, é o instrumento com o qual se adquirem as ideias que mais se distanciam das ideias comuns, e é por isso que nossas ideias são de natureza muito diferente segundo o gênero de operações mais peculiar ao espírito de cada homem. Os efeitos não podem ser os mesmos naquele em que encontrais mais análise com menos imaginação e em outro no qual encontrais mais imaginação e menos análise. A imaginação por si mesma é suscetível de uma

Ensaio sobre a origem dos conhecimentos humanos

grande variedade, e é suficiente para responder por espíritos de espécies bem diferentes. Temos modelos de cada um deles nas escrituras, embora nem todos tenham um nome. De resto, para considerar todos os efeitos do espírito, não basta realizar a análise das operações do entendimento, é preciso fazer também a das paixões e observar como todas essas coisas se combinam e se confundem numa só causa. A influência das paixões é tão grande que sem ela o espírito muitas vezes quase não teria exercício, e um homem pode ter espírito tendo apenas paixões. Para certos talentos, elas chegam a ser absolutamente necessárias. Mas uma análise das paixões pertence antes a uma obra em que se tratasse dos progressos de nossos conhecimentos do que a uma obra como esta, em que se trata de suas origens.

§107. A principal vantagem que resulta de minha abordagem das operações da alma é mostrar com evidência como o bom senso, o espírito, a razão, e os seus contrários, nascem todos, igualmente, de um mesmo princípio: a ligação das ideias; e que, remontando ainda mais alto, essa ligação é produzida pelo uso dos signos.* Eis o princípio. Terminarei recapitulando o que foi dito.

Somos tão mais capazes de reflexão quanto mais tivermos razão. Por um lado, a reflexão torna-nos senhores de nossa atenção, e engendra a atenção; por outro, ela nos permite ligarmos nossas ideias e ocasiona a memória. Desta última nasce a análise, a partir da qual se forma a reminiscência, o que ocasiona a imaginação (tomo aqui essa palavra no sentido que lhe dei).

---

* Na primeira tiragem da primeira edição, lê-se a seguinte continuação: "e, por conseguinte, os progressos do espírito humano dependem inteiramente da destreza com que nos servimos da linguagem. Esse princípio é simples, e lança grande luz sobre a matéria; mas ninguém, ao que eu saiba, veio a conhecê-lo antes de mim". (N. T.)

É por meio da reflexão que a imaginação se põe a nosso alcance, e o nosso exercício da memória dura enquanto formos senhores da imaginação. Essas duas operações produzem a concepção.

O entendimento difere da imaginação assim como a concepção difere da análise. Quanto às operações que consistem em distinguir, comparar, compor, decompor, julgar, raciocinar, elas nascem umas das outras e são efeitos imediatos da imaginação e da memória. Tal é a geração das operações da alma.

É importante que se apreendam adequadamente todas essas coisas e que se notem sobretudo as operações que formam o entendimento (lembrando que não tomo essa palavra no mesmo sentido das outras), para distingui-las das operações que ele produz. A continuação desta obra assenta sobre essa diferença, que é o seu fundamento, e ela parecerá confusa, aos que não a apreenderem devidamente.*

---

* A primeira tiragem da primeira edição traz ainda o seguinte item (numerado 108): "Afirmei, sem qualquer restrição, que as operações da alma são, juntamente com sensações, os materiais de todos os nossos conhecimentos. Posso agora exprimir-me com mais exatidão, pois essa proposição seria falsa se se estendesse a todas as operações. É preciso limitar o seu sentido à percepção, à consciência, à reminiscência, à atenção e à imaginação, e supor que não podemos nos apoderar do exercício destas duas últimas. Até esse ponto, ainda não temos conhecimentos, mas temos todos os materiais com os quais eles podem se formar; as operações que sobrevêm a eles não fazem parte deles, apenas trabalham sobre eles. A propósito, cabe interromper nossas considerações sobre as operações da alma para dizer uma palavra sobre a divisão das ideias em simples e complexas. Pode parecer que eu deveria ter começado por esse ponto, mas essa opinião mudará no curso da leitura, quando a segunda seção fornecer os exemplos de que preciso para a terceira". (N. T.)

Ensaio sobre a origem dos conhecimentos humanos

Seção III
Das ideias simples e das ideias complexas

§1. Chamo de ideia *complexa* a reunião ou coleção de per-cepções diversas, de ideia *simples* uma percepção considerada por si mesma.

"Embora as qualidades que atingem os nossos sentidos", diz Locke, "estejam fortemente unidas umas às outras nas coisas mesmas e não exista nenhuma separação ou distância entre elas, é certo que as ideias que essas qualidades diversas produzem na alma entram nela pelos sentidos de maneira sim-ples e sem mistura. Pois, por mais que a visão e o tato amiúde excitem, ao mesmo tempo, diferentes ideias a partir do mesmo objeto, como quando vemos o movimento e a cor simultanea-mente, e por mais que a mão sinta a suavidade e o calor de um pedaço de cera, ideias simples assim reunidas no mesmo su-jeito são tão perfeitamente distintas quanto as que entram no espírito através de sentidos separados. Por exemplo, a frieza e a dureza que sentimos num cubo de gelo são ideias tão distin-tas na alma quanto o odor e a brancura de uma flor de lis ou o odor do açúcar ou de uma rosa; e nada é mais evidente para um homem do que a percepção clara e distinta que ele tem de suas ideias simples, pois cada uma delas, tomada à parte, é in-composta e não produz na alma, por conseguinte, senão uma concepção inteiramente uniforme, que pode ser distinguida em ideias diferentes."[20]

Embora nossas percepções sejam suscetíveis de maior ou menor vivacidade, não se deve imaginar que cada uma delas seja

---

20 Locke, *Ensaio sobre o entendimento humano*, I, 1, 1.

composta de outras. Misturai cores que só diferem entre si pela vivacidade e elas produzirão uma única percepção.

Costuma-se considerar como diferentes graus de uma mesma percepção todas as percepções que sejam próximas entre si. Mas, se isso acontece, é pela falta de nomes suficientes para as percepções, o que nos constrange a remetê-las a classes. Tomadas à parte, não há percepção que não seja simples. Como decompor, por exemplo, a percepção que ocasiona a brancura da neve? Distinguiríamos outras brancuras pelas quais ela seria formada?

§2. Todas as operações da alma, consideradas em sua origem, são igualmente simples, cada uma delas é uma percepção única. Posteriormente, elas combinam-se para atuar em conjunto, entrando em operações compostas. Isso aparece sensivelmente no que se chama de penetração, discernimento, sagacidade etc.

§3. Além das ideias que realmente são simples, considera-se muitas vezes como tais uma coleção de percepções diversas referida a uma coleção maior, que a engloba. Não há noção, por composta que seja, que não possa ser considerada simples e à qual possa ser ligada a ideia de unidade.

§4. Dentre as ideias complexas, algumas são compostas por percepções variadas, como a de um corpo, outras por percepções uniformes, ou melhor, são uma mesma percepção repetida diversas vezes. Seu número pode ser indeterminado, como na ideia abstrata de extensão, ou determinado, como a medida de um pé, que é a percepção de uma polegada tomada doze vezes.

§5. Quanto às noções formadas por percepções variadas, elas são de duas espécies: de substância e compostas, formadas por ideias simples referidas às diferentes ações dos homens.

Ensaio sobre a origem dos conhecimentos humanos

As primeiras, para serem úteis, devem tomar como modelo as próprias substâncias, e representar apenas as propriedades contidas nelas. Quanto às últimas, às vezes é preciso formá-las anteriormente a quaisquer exemplos, que, de resto, não têm nada que seja suficientemente fixo para servir como regra. Uma noção de virtude ou de justiça formada a partir de exemplos variaria segundo os casos particulares admitissem ou rejeitassem certas circunstâncias, e a confusão iria a ponto de não se discernir mais o justo do injusto. Muitos filósofos cometeram esse erro. Assim, não nos resta senão reunir à nossa escolha uma seleção de ideias simples e tomar essa coleção, uma vez determinada, como modelo a partir do qual julgamos as coisas. São desse feitio as ideias ligadas a palavras como glória, honra, coragem. Chamá-las-ei de ideias-arquétipo, termo bastante maltratado pelos metafísicos modernos.

§6. Como as ideias simples são as nossas próprias percepções, o único meio de conhecê-las é refletir sobre o que experimentamos à vista dos objetos.

§7. O mesmo vale para as ideias complexas que são a repetição indeterminada de uma mesma percepção. Por exemplo, é suficiente, para termos a ideia abstrata de extensão, considerar a percepção simples de extensão, sem levar em conta nenhuma parte determinada e repetida por um certo número de vezes.

§8. Quando abordo as ideias em relação à maneira pela qual elas vêm ao nosso conhecimento, faço dessas duas espécies uma só classe. Portanto, quando falo em ideias complexas, deve-se distinguir entre as formadas por percepções diferentes e as formadas por uma mesma percepção repetida de maneira determinada.

§9. O único modo de conhecer as ideias complexas, tomadas no sentido que lhes dou, é analisá-las, ou seja, reduzi-las às ideias simples de que elas são compostas e acompanhar o progresso de sua geração. Assim, formamos para nós a noção de entendimento. Até aqui, nenhum filósofo havia percebido que esse método pode ser aplicado à metafísica; e os meios de que se serviram para suprir um método só fizeram aumentar a confusão e multiplicar as disputas.

§10. Do que se pode concluir que são inúteis as definições que querem explicar as propriedades das coisas por um gênero e uma diferença. Em primeiro lugar, elas são inúteis, como mostra Locke, e não deixa de ser espantoso que esse autor tenha sido o primeiro filósofo a notar tal coisa.* Os que vieram antes dele não souberam discernir as ideias que precisam ser definidas das que não precisam sê-lo, ou ao menos é isso que se depreende da confusão que reina em seus escritos. Os cartesianos sabiam que há certas ideias que são mais claras do que todas as definições que se poderia dar delas, mas não souberam encontrar o porquê disso, por mais que nos pareça algo óbvio. Definiram algumas ideias simples e não se deram o trabalho de definir muitas das complexas. Vê-se assim que às vezes, em filosofia, as tarefas mais básicas são aquelas a que se dá menos atenção.

Em segundo lugar, definições são pouco apropriadas para nos dar uma noção exata de coisas compostas. As melhores não valem uma análise imperfeita. Parece haver nelas algo de arbitrário, ou então não dispomos de regras para nos assegurar do contrário. Na análise, somos obrigados a acompanhar a geração

---

* Locke, *Ensaio sobre o entendimento humano*, II, 4, 7. (N. T.)

da coisa em questão, e, se for benfeita, reunirá, infalivelmente, todos os sufrágios, pondo termo à disputa.

§11. Os geômetras, embora cientes desse método, não estão isentos de censura. Acontece-lhes amiúde de não apreender corretamente a verdadeira geração das coisas, mesmo em ocasiões em que seria fácil fazê-lo. Vê-se a prova disso já na abertura da geometria.

Os geômetras começam afirmando que *ponto* é algo que se encerra em si mesmo por todos os lados, que não tem outro limite além de si mesmo, ou seja, que não tem nem altura, largura ou profundidade; logo a seguir, colocam-no em movimento para engendrar a linha; depois, a linha é posta em movimento para engendrar a superfície, e esta, por fim, é posta em movimento para engendrar o sólido.

Em primeiro lugar, eles incorrem, assim, no mesmo erro dos filósofos: querem definir uma coisa extremamente simples. Esse erro é uma das consequências da síntese, que eles tomam a peito e que exige que tudo seja definido.

Em segundo lugar, a palavra *limite* tem uma relação tão estrita com uma coisa extensa que não é possível imaginar uma coisa que se encerre por todas as partes ou que não tenha outros limites para além de si mesma. A privação completa de altura, largura e profundidade não é uma noção tão simples que possa ser apresentada como primeira.

Em terceiro lugar, é impossível apresentar o movimento de um ponto sem extensão ou o traçado que ele perfaz ao produzir uma linha. Quanto à linha, pode-se muito bem concebê-la em movimento de acordo com a determinação de sua altura, mas não de acordo com a determinação que deveria produzir a superfície; assim, sua situação é tal como a do ponto. Pode-se dizer o mesmo da superfície movente que engendra o sólido.

§12. Vê-se assim que os geômetras, embora tenham por objetivo conformar-se à geração das coisas ou das ideias, não o fazem de maneira adequada.

Pode-se estar de posse do uso dos sentidos sem que se tenha uma ideia suficiente de extensão com dimensões. A ideia de sólido é uma das primeiras que os sentidos transmitem. Pois bem, se tomardes um sólido e o considerardes numa de suas extremidades, sem pensar em sua profundidade, tereis a ideia de uma superfície ou extensão em altura e largura, sem profundidade. Vossa reflexão não é senão a ideia da coisa de que vos ocupais.

Se, em seguida, tomardes essa superfície e pensardes em sua altura sem pensar em sua largura, tereis a ideia de uma linha, ou de uma extensão em altura sem largura nem profundidade.

Por fim, se refletirdes sobre uma extremidade dessa linha sem prestar atenção em sua altura, tereis a ideia de um ponto ou disso que em geometria se toma por um ponto, simplesmente porque não tem nem altura, nem largura, nem profundidade.

Por essa via, formareis sem dificuldade as ideias de ponto, de linha e de superfície. Tudo depende, como se vê, de que se estude a experiência a fim de explicar a geração das ideias na ordem em que elas são formadas. Esse método é indispensável, sobretudo em se tratando de noções abstratas; é o único meio de explicá-las com nitidez.

§13. Podem-se notar duas diferenças essenciais entre ideias simples e ideias complexas. 1º) O espírito é puramente passivo na produção das ideias simples. Ele não pode, por exemplo, adquirir a ideia de uma cor que nunca tenha visto; mas é

Ensaio sobre a origem dos conhecimentos humanos

ativo na geração das ideias complexas, pois reúne por si mesmo ideias simples a partir de modelos ou por escolha própria. Em suma, ideias complexas são obra de uma experiência refletida. Chamo-as em particular de *noções*. 2º) Não temos medida para conhecer o ponto em que uma ideia simples excede outra, pois não podemos dividi-las. O mesmo não ocorre com ideias complexas; conhecemos, com um máximo de precisão, a diferença entre dois números, pois a unidade, que é a medida comum a eles, é invariável. Podem-se ainda contar as ideias simples de noções complexas que, tendo sido formadas a partir de percepções diferentes, não têm uma medida tão exata como a unidade. Se há relações inapreciáveis, é unicamente entre ideias simples. Por exemplo, conhecemos exatamente quais ideias acrescentamos à palavra *ouro* ou à palavra *tombaque*, mas não podemos medir a diferença entre as cores de cada um desses metais, pois nossa percepção deles é simples e indivisível.

§14. Tanto as ideias simples quanto as complexas podem ser consideradas como absolutas ou relativas. São absolutas quando nos detemos numa delas e a tomamos como objeto de reflexão sem a relacionar com outras; quando as consideramos como subordinadas umas às outras, chamamo-las de *relações*.

§15. Noções-arquétipo têm duas vantagens. A primeira é que são completas, ou são modelos fixos de que o espírito pode adquirir um conhecimento tão perfeito que depois não resta o que conhecer a seu respeito. Isso é evidente. Pois essas noções não podem conter outras ideias simples além daquelas que foram reunidas pelo próprio espírito. A segunda vantagem segue-se da primeira. Consiste na possibilidade de perceber todas as relações entre elas, pois, se conhecemos cada uma das ideias simples de que são formadas, podemos realizar todas as análises possíveis.

Essas vantagens não se aplicam, porém, a noções de substância. Estas são necessariamente incompletas, pois as referimos a modelos, e a cada dia podemos descobrir uma nova propriedade. Por conseguinte, não poderíamos conhecer todas as relações que subsistem entre duas substâncias. Se é louvável, pela experiência, tentar aumentar cada vez mais o nosso conhecimento a respeito, é ridículo esperar que um dia possamos nos orgulhar de tê-lo tornado perfeito.

Mas isso não quer dizer que o nosso conhecimento é obscuro e confuso, como imaginam alguns. Ele é apenas limitado; dispensa-nos de nos pronunciarmos acerca de substâncias com um máximo de exatidão, e exige que só incluamos em nossas ideias e expressões o que é ensinado pela observação constante.

§16. Os termos *pensamento*, *operação*, *percepção*, *sensação*, *consciência*, *ideia*, *noção*, são muito utilizados em metafísica como se fossem sinônimos, mas é essencial notar a diferença entre eles. Chamo de *pensamento* tudo o que a alma experimenta, seja por impressões exteriores, seja pelo uso que faz de sua reflexão; de *operação*, o pensamento enquanto apto a produzir uma mudança na alma, e assim esclarecê-la e guiá-la; de *percepção*, a impressão produzida em nós quando estamos na presença de objetos; de *sensação*, essa mesma impressão, enquanto vem pelos sentidos; de *consciência*, o conhecimento que adquirimos dessas sensações; de *ideia*, o conhecimento que adquirimos como imagem, noção, ou toda ideia que seja de nossa própria lavra. Eis o sentido em que me sirvo dessas palavras. Não se deve tomar, sem mais, uma pela outra, a não ser que precisemos apenas da ideia principal significada em comum por todas elas. Podemos

Ensaio sobre a origem dos conhecimentos humanos

chamar ideias simples, indiferentemente, de percepções, mas não devemos chamá-las de noções, pois estas são obra do espírito. Não devemos dizer a *noção* do branco, mas a *percepção* do branco. Noções, por sua vez, podem ser consideradas como imagens, e pode-se, por conseguinte, denominá-las ideias, mas nunca percepções. Seria como dar a entender que elas não são produto de nossa atividade. Podemos dizer que dificuldade é uma *noção*, mas não uma *percepção*; ou, se quisermos utilizar o último termo, deveremos nomear as percepções que compõem a noção de dificuldade. Em suma, como só temos consciência das impressões que se passam na alma como algo simples e indivisível, o nome *percepção* deve ser reservado a ideias simples, ou ao menos àquelas que são consideradas como tais em relação a noções mais compostas.

Uma última observação sobre as palavras *ideia* e *noção*. Como a primeira significa uma percepção considerada como imagem, e a segunda uma ideia que o espírito formou por si mesmo, ideias e noções são o apanágio de seres capazes de reflexão. Quanto aos outros, como os animais, eles só têm sensações e percepções. O que para um ser assim não passa de uma percepção torna-se para nós uma ideia, graças à reflexão, para a qual a percepção representa algo.

Seção IV

Capítulo 1
Da operação em virtude da qual damos signos a nossas ideias

Essa operação resulta da imaginação, que apresenta ao espírito signos, para os quais antes não havia uso, e da atenção, que os liga a ideias. É uma das operações mais essenciais na investigação da verdade; mas é também uma das menos conhecidas. Mostrei qual o uso e a necessidade dos signos nas operações da alma. Demonstrarei o mesmo, considerando-os agora em relação às diferentes espécies de ideias. Trata-se de uma verdade que nunca é demais apresentar sob diferentes aspectos.

§1. A aritmética fornece um exemplo sensível da necessidade dos signos. Se, após termos dado um nome à unidade, não imaginássemos outros, sucessivamente, para todas as ideias que formamos através da sua multiplicação, seria impossível realizarmos progresso no conhecimento dos números. Se discernimos diferentes coleções de números, é porque temos cifras, que são, elas mesmas, bastante distintas umas das outras. Dispensemos tais cifras, dispensemos todos os signos em uso, e veremos que é impossível conservar as ideias. Poderíamos ter uma noção, que fosse do menor dos números, se não considerássemos diversos objetos, cada um deles como signo ao qual ligamos a unidade? De minha parte, só percebo os números *dois* e *três* na medida em que me represento dois ou três objetos diferentes. Se passo ao número *quatro*, sou obrigado, em nome da facilidade, a imaginar dois objetos de um lado, dois de outro; se ao número *seis*, não posso me dispensar de distribuí-los de dois em dois, ou de três em três; e, caso queira ir além, deverei considerar muitas unidades como uma mesma, e reuni-las, por esse efeito, num mesmo objeto.*

§2. Locke fala de americanos que não têm nenhuma ideia do número mil, pois só imaginam números para contar até o

---

* Ver *A língua dos cálculos* (1798), 1-5, 16-17. (N. T.)

Ensaio sobre a origem dos conhecimentos humanos

vinte.[21] Acrescento que eles teriam dificuldades, caso tentassem dar um nome para o número vinte e um. Eis a razão disso.

Pela natureza do nosso cálculo, é suficiente ter ideias dos primeiros números para que possamos criar ideias de todos os números que formos capazes de determinar. Dados os primeiros signos, teremos regras para inventar os outros. Os que ignoram esse método a ponto de serem obrigados a atrelar cada coleção a signos sem nenhuma analogia entre si não têm como se guiar na invenção de signos, e não têm, assim, a mesma facilidade para criar novas ideias. Tal seria, provavelmente, o caso dos americanos de que fala Locke. Portanto, não somente eles não têm ideia alguma do número mil, como também dificilmente conseguiriam criar ideias de números imediatamente acima de vinte.[22]

§3. O progresso de nosso conhecimento dos números depende, assim, exclusivamente da exatidão com que agregamos uma unidade a si mesma, dando a cada progressão um nome que a distingue tanto da que a precede quanto da que a sucede. Eu sei que *cem* é uma unidade maior que *noventa e nove* e é uma unidade menor que *cento e um*, pois recordo-me de serem esses os três signos que escolhi para designar três números seguidos.

---

21 Locke, *Ensaio sobre o entendimento humano*, II, 16, §6.

22 Não pode restar dúvida a respeito do que eu digo aqui, após a publicação do relato do sr. de la Condamine [*Relation abrégée d'un voyage fait dans l'intérieur de l'Amérique méridionale*, 1745]. Ele menciona (p.67) um povo que não tem outro signo para exprimir o número três além deste, *poellarrarorincourac*. Esse povo, tendo começado de uma maneira tão pouco conveniente, não teve ter encontrado facilidade para evoluir na contagem. Não é difícil estimar quais não seriam os limites de sua aritmética.

§4. Não nos iludamos imaginando que ideias de números, separadas das ideias de seus signos, seriam algo claro e determinado.[23] Se há no espírito algo que pode reunir unidades múltiplas, é o nome a que elas estão ligadas. Caso alguém me perguntasse o que é o *mil*, a única resposta que eu poderia lhe dar é que essa palavra fixa em meu espírito uma determinada coleção de unidades. Se me interrogassem ainda sobre essa coleção, é evidente que eu não conseguiria oferecê-la à percepção de outrem, não com todas as suas partes. Só me restaria então apresentar sucessivamente todos os nomes inventados para significar as progressões precedentes a essa. Eu teria que ensinar meu interlocutor a agregar uma unidade a outra e a reuni-las pelo signo *dois*, uma terceira às duas unidades precedentes e atrelá-las ao signo *três*, e assim por diante. Por essa via, a única possível, eu poderia levá-lo de número em número até o mil.

Se buscarmos, em tudo isso, o que é claro no espírito, encontraremos três coisas: a ideia da unidade, a ideia da operação pela qual a unidade foi sucessivamente agregada a si mesma, a lembrança de ter imaginado o signo *mil* após os signos *novecentos e noventa e nove*, *novecentos e noventa e oito* etc. O que determina o número não é a ideia de unidade ou a da operação que a multiplicou, pois essas coisas se encontram igualmente em todos os números. O signo *mil*, porém, pertence somente a essa coleção, e é apenas ele que a determina e a distingue.

---

23 Malebranche pensou que os números que o *entendimento puro* percebe são algo muito superior aos percebidos pelos sentidos. Agostinho (em suas confissões), os platônicos, e todos os partidários de ideias inatas, concordam com esse preconceito. [*Recueil de réponses à Arnauld.* (N. T.)]

Ensaio sobre a origem dos conhecimentos humanos

§5. Sendo assim, não resta dúvida de que um homem que queira calcular para si mesmo é obrigado a inventar signos, tanto quanto se quisesse comunicar seus cálculos. Essa verdade da aritmética não valeria para outras ciências? Poderíamos refletir sobre metafísica ou moral se não inventássemos signos para fixar nossas ideias à medida que formamos novas coleções? As palavras não estariam para as ideias, em todas as ciências, como as cifras estão para as ideias, na aritmética? É provável que a ignorância dessa verdade seja uma das causas da confusão que reina nas obras de metafísica e de moral. Para tratar essas matérias de maneira ordenada, é preciso passar em revista todas as ideias que possam ser objeto de nossa reflexão.

§6. Parece-me que não há o que acrescentar ao que eu disse sobre ideias simples. É certo que muitas vezes refletimos sobre nossas percepções sem nos lembrarmos de outra coisa além de seus nomes ou das circunstâncias em que as experimentamos. Não é senão pela ligação que elas têm com tais signos que a imaginação poderia despertá-las a nosso bel-prazer.

O espírito humano é tão limitado que não consegue retraçar uma grande quantidade de ideias e tomá-las, simultaneamente, como objeto de reflexão. Mas, como é obrigado a considerar diversas ideias ao mesmo tempo, o faz recorrendo aos signos, que, ao reuni-las, permitem tomá-las como se fossem uma mesma ideia.

§7. São dois os casos em que reunimos ideias simples sob um mesmo signo: a partir de modelos e sem eles. Encontro um corpo e constato que é extenso, figurado, divisível, sólido, duro, capaz de movimento e repouso, dourado, fundível, dúctil, maleável, pesado, fixo, solúvel em água-régia etc. É certo que se não posso apresentar, todas ao mesmo tempo, as ideias de cada uma dessas qualidades, posso recordá-las para mim mesmo, desde que as exiba diante de meu espírito. Mas se, mesmo não podendo abarcá-las todas de uma vez, eu quiser pensar uma única, por exemplo, a ideia de cor, tal ideia, de tão incompleta, será inútil, e me levará a confundir esse corpo com outros que se assemelham a ele por esse aspecto. Para sair desse impasse, invento a palavra *ouro* e me acostumo a atrelar a ela todas as ideias enumeradas. Desde então, quando quer que eu pensar essa noção, perceberei apenas o som *ouro*, acompanhado da lembrança de tê-lo ligado a certa quantidade de ideias simples que não posso despertar todas de uma vez, que encontrei coexistindo num mesmo objeto e das quais poderei me recordar, umas após as outras, caso seja conveniente.

Portanto, só podemos refletir sobre substâncias se tivermos signos que determinem a quantidade e a variedade das propriedades que nelas notamos e que queiramos reunir em ideias complexas, tal como se encontram fora de nós, nos objetos. Que se esqueçam, por um instante, todos esses signos, e que se tente lembrar suas ideias, ver-se-á que as palavras ou outros signos equivalentes são tão necessários que se pode dizer que ocupam em nosso espírito o lugar equivalente ao do objeto fora de nós. Assim como as qualidades das coisas não coexistiriam fora de nós sem os objetos em que se encontram juntas, suas ideias não coexistiriam em nosso espírito sem os signos que as reúnem.

§8. A necessidade dos signos é ainda mais patente nas ideias complexas que formamos sem modelos. Quando reunimos ideias que em parte alguma se encontram juntas, como de ordinário em noções-arquétipo, elas não poderiam ser fixadas em coleções se não fossem ligadas a palavras, que são como amarras que as impedem de se soltar. Se credes que os nomes vos

Ensaio sobre a origem dos conhecimentos humanos

são inúteis, apagai-os de vossa memória e tentai refletir sobre as leis civis e as morais, sobre as virtudes e os vícios, enfim sobre todas as ações humanas, e reconhecereis vosso engano. Se para cada combinação feita não houvesse signos para determinar o número de ideias simples ali recolhidas, dificilmente se reconheceria mais que um caos. Semelhante constrangimento seria o de alguém que quisesse calcular repetindo a palavra *um*, recusando-se, porém, a imaginar signos para cada coleção de unidades. Essa pessoa jamais poderia ter a ideia de uma vintena, pois nada garantiria que ele teria repetido com exatidão todas as unidades necessárias.

§9. Em suma, para termos ideias sobre as quais possamos refletir é preciso imaginar signos que sirvam como ligação entre as diferentes coleções de ideias simples, e nossas noções só são exatas na medida em que inventamos com ordem signos para fixá-las.

§10. Essa verdade mostra, a todos os que queiram refletir sobre si mesmos, que o número de palavras que temos na memória é muito superior ao número de ideias que se encontram nela. É natural que seja assim, pois, além de a reflexão, por vir depois da memória, nem sempre ser assídua na revisão das ideias a que deu signos, constatamos que há um grande intervalo entre o momento em que começamos a cultivar a memória de uma criança, gravando nela as palavras, e o momento em que ela se torna capaz de analisar suas noções e ter alguma consciência delas. Essa operação é de início lenta demais para acompanhar a memória, que, devido a um longo exercício, tornou-se pronta e rápida. Que trabalho não seria examinar todos os signos! Empregamo-los tais como se apresentam e nos contentamos, de ordinário, em apreendê-los em sentido aproximado. Por isso a análise de todas as operações é aquela cuja utilidade foi menos explorada. Quantos homens não a desconhecem completamente! A experiência confirma que seu uso é tanto menor quanto maior é o da imaginação e da memória. Repito: todo aquele que se voltar para si mesmo encontrará um grande número de signos aos quais ligou ideias imperfeitas e muitos outros aos quais não se encontra atrelada ideia alguma. Daí o caos que reina nas ciências abstratas, e que os filósofos não conseguem desfazer, pois nenhum deles chegou a conhecer sua causa. Locke é a única exceção.*

§11. Isso mostra como são simples e admiráveis as fontes do nosso conhecimento. Eis a alma do homem com suas sensações e operações: como irá utilizar esses materiais? Gestos, sons, cifras, letras, é com esses instrumentos, tão alheios a nossas ideias, que faremos que trabalhem, para elevarmo-nos aos mais sublimes conhecimentos. Os materiais são os mesmos, em todos os homens; a destreza com que cada um se serve de signos varia: daí a desigualdade que se encontra entre eles.

Negai a um espírito superior o uso de caracteres: quantos conhecimentos não lhe serão interditados, aos quais um espírito medíocre facilmente ascenderia? Privai-o do uso da fala: a sorte dos mudos vos mostra em que estreitos limites ele será confinado. Desprovido de signos, incapaz de realizar até um gesto para exprimir pensamentos ordinários, esse homem torna-se um parvo.

§12. Seria desejável que aqueles que se encarregam da educação das crianças não ignorassem os recursos fundamentais do espírito humano. Se um preceptor perfeitamente ciente da

---

* Ver Locke, *Ensaio sobre o entendimento humano*, IV, 21, 4. (N. T.)

Ensaio sobre a origem dos conhecimentos humanos

origem e do progresso de nossas ideias só ensinasse ao seu pupilo as coisas mais diretamente relacionadas com suas necessidades e sua idade, se tivesse destreza suficiente para colocá-lo nas circunstâncias mais próprias para que aprendesse a criar ideias precisas e fixá-las com signos constantes, se não empregasse nunca, em seu discurso, senão palavras com sentido exatamente determinado – que lucidez, que alcance não teria o espírito de seu aluno! Mas onde se encontram tutores como esse, para a educação das crianças? Ainda mais raros são os que contribuem para ampliar suas vistas. É muito útil conhecer tudo o que possa contribuir para uma boa educação, pois, se nem sempre é possível realizá-la, pode-se ao menos evitar o seu contrário. Não se deve jamais, por exemplo, sobrecarregar o espírito das crianças com paralogismos, sofismas e outros maus raciocínios. Permitindo-se tais futilidades, corre-se o risco de tornar o espírito confuso e mesmo falso. Apenas quando o seu entendimento tiver adquirido suficiente lucidez e justeza é que se pode, para exercitar sua sagacidade, propor raciocínios capciosos. O ideal é que se tomem todas as precauções possíveis para evitar esses inconvenientes. Tais reflexões, porém, afastam-me de meu objeto. No capítulo a seguir, confirmarei com fatos o que creio ter demonstrado neste, e aproveitarei para expor minha opinião a respeito.

Capítulo 2
Em que se confirma com fatos o que foi provado no capítulo precedente

§13. "Em Chartres, um jovem de cerca de 23 anos, filho de um artesão, surdo e mudo de nascença, começou de repente a falar, para grande espanto de todos na vila. Quatro meses antes, escutara o som de sinos e surpreendera-se com a nova e desconhecida sensação. Logo depois, um líquido escorreu de seu ouvido esquerdo e ele começou a escutar perfeitamente com ambos os ouvidos. Escutou por três ou quatro meses, acostumando-se a repetir baixinho as palavras que compreendia e fortalecendo a pronunciação e a ligação das ideias às palavras. Por fim, considerou-se em condição de romper o silêncio e começou a falar, embora imperfeitamente. Interrogando-o sobre seu passado, os teólogos lhe fizeram questões sobre Deus, a alma, a bondade ou malevolência nas ações humanas. Seu pensamento, ao que parece, não chegara a esse ponto. Embora fosse filho de pais católicos, assistisse à missa, soubesse fazer o sinal da cruz e se prostrasse com as mãos juntas, como quem reza, nunca unira a essas coisas a menor intenção ou tampouco compreendera qual seria a intenção dos outros. Não sabia ao certo o que é a morte e não pensava nela. Levava uma vida puramente animal, ocupado com objetos sensíveis presentes e com as poucas ideias que recebia pelos olhos. Não extraía da comparação de suas ideias o que poderia ser extraído. Não era desprovido de espírito, mas o espírito de um homem privado de contato com outros é tão pouco exercitado e cultivado que ele realmente só pensa quando é forçado por objetos exteriores. A maior reserva de ideias dos homens se encontra no contato recíproco entre eles."[24]

§14. Seria desejável que esse homem tivesse sido indagado a respeito das poucas ideias que tinha quando não falava, das

---

24 *Mémoires de l'Académie des Sciences*, 1703, p.18. [Comentado por Buffon, *Traité de l'homme*, anexo: "Do sentido da audição". (N. T.)]

primeiras que adquiriu quando começou a escutar, do auxílio que recebeu, para realizar novas reflexões, dos objetos exteriores, do que entendia da fala dos outros ou de sua própria reflexão, em suma, de tudo o que seu espírito poderia formar para si mesmo. A experiência começa a atuar sobre nós tão cedo que não surpreende que, às vezes, a tomemos pela própria natureza. Nesse caso, ao contrário, ela começou tão tarde que a ilusão seria facilmente evitada. Mas os teólogos, ansiosos por saber o que vinha da natureza, não souberam reconhecer, apesar de toda a sua perícia, o que era da experiência e o que era da natureza. Por isso, o único recurso que nos resta é a conjectura.

§15. Imagino que esse jovem tenha permanecido por 23 anos no estado em que representei a alma quando, sem dispor ainda de sua própria atenção, ela presta atenção aos objetos não por escolha própria, mas conforme é levada pela força com que atuam sobre ela. É verdade que, por ter sido criado entre homens, esse jovem teria recebido auxílio suficiente para ligar a signos algumas de suas ideias. Sem dúvida saberia mostrar, por gestos, suas principais necessidades e as coisas que poderiam satisfazê-las. Mas, como careceria de nomes para designar outras coisas não tão diretamente relacionadas a si, como não lhe interessaria suprir essa carência por outros meios e como não poderia contar com auxílio externo, só pensaria nelas quando as percebesse em ato. Sua atenção, dedicada unicamente a sensações vivas, cessaria com estas. A contemplação não seria exercitada, menos ainda a memória.

§16. Nosso conhecimento é, às vezes, tão fraco e divide-se entre um número tão grande de percepções, que atuam sobre nós com força tão equivalente, que não nos resta lembrança de coisas que experimentamos. Custa-nos sentir nossa própria existência: dias se vão como instantes sem que diferenciemos entre eles, mil vezes a mesma percepção nos acomete sem nos darmos conta dela. Um homem que, com o uso dos signos, adquiriu muitas ideias e se familiarizou com elas, não suporta por muito tempo essa letargia. Conforme aumenta a provisão de suas ideias, ele desperta algumas, exercita a atenção, e sai da modorra. Ao contrário, se tal provisão não aumenta, menos ideias ele tem e permanece mergulhado em letargia. Que se julgue se a alma do jovem de Chartres, que durante 23 anos foi surdo e mudo, teria algum uso para atenção, reminiscência ou reflexão.

§17. Se o exercício dessas operações primeiras só pode ter sido muito limitado, mais limitado ainda deve ter sido o das demais. Incapaz de fixar e determinar exatamente as ideias que recebia pelos sentidos, esse jovem não poderia, ao compô-las ou ao decompô-las, criar noções por escolha própria. Como não teria signos convenientes para comparar as ideias mais familiares, raramente formaria juízos. É verossímil que durante esses 23 anos não tenha feito um único raciocínio. Raciocinar é formar juízos e ligá-los observando a dependência recíproca entre eles. Esse jovem era incapaz disso, pois não dispunha de conjunções ou partículas que exprimissem relações entre as diferentes partes do discurso. É natural, portanto, "que não extraísse da comparação de suas ideias tudo o que poderia ser extraído". Sua reflexão, que não teria por objeto senão sensações vivas ou novas, em nada influenciaria a maior parte de suas ações e mal influenciaria as restantes. Conduzir-se-ia exclusivamente por hábito e imitação, principalmente quanto ao que tivesse menos relação com suas necessidades. Cumprindo os ritos exigidos pela devoção de seus pais, jamais lhe ocorreria que tinham uma razão de ser. É possível mesmo que a imitação fosse tão mais exata por ser desprovida de reflexão; as distrações são menos frequentes num homem que mal sabe refletir.

§18. Para saber o que é a vida, não parece necessário mais que existir e sentir. E, no entanto, correndo o risco de ser paradoxal, ouso afirmar que esse jovem dificilmente poderia ter uma ideia do que é a vida. Para um ser que, como o homem, em certos momentos não reflete, mas restringe-se, por assim dizer, apesar de acordado, a vegetar, sensações não são mais que sensações, e só se tornam ideias quando a reflexão faz que sejam consideradas como imagens de alguma coisa. É verdade que as sensações guiam esse jovem na obtenção do que é útil à sua conservação e o afastam do que a ameaça: mas ele segue a impressão sem refletir sobre o que é conservar-se ou perecer. Prova disso é o fato de não saber ao certo o que é a morte. Se soubesse o que é a vida, não saberia também, tão distintamente quanto nós, que morte é a privação de vida?[25]

§19. Vemos nesse jovem alguns tênues traços de operações da alma. Excetuando-se percepção, consciência, atenção, reminiscência e imaginação (quando esta ainda não está sob o nosso controle), não encontraríamos vestígio de outras operações num homem que tivesse sido privado de todo contato com seus semelhantes e que, com órgãos sadios e bem constituídos, tivesse sido criado entre ursos, por exemplo. Quase sem remi-

---

25 *Morte* pode significar ainda a passagem desta vida a uma outra, mas não é esse o sentido que me interessa aqui. Pois, como o sr. Fontenelle disse que esse jovem não tinha nenhuma ideia de Deus nem de alma, é evidente que não poderia ter de morte como passagem desta vida a uma outra.

niscência, ele passaria muitas vezes pelo mesmo lugar sem reconhecer que estivera ali; desprovido de controle sobre a própria imaginação, suas percepções não despertariam senão ao acaso, conforme um objeto se apresentasse em circunstâncias ligadas a elas; por fim, sem reflexão, acataria impressões causadas pelas coisas em seus sentidos e as obedeceria instintivamente. Imitaria tudo o que os ursos fazem, teria um rugido parecido com o deles e se apoiaria sobre os pés e as mãos. Nosso pendor para a imitação é tão forte que talvez nem mesmo um Descartes, em seu lugar, conseguisse se manter sobre os dois pés.

§20. Mas não seria suficiente, diria o leitor, para desenvolver as operações da alma, a necessidade de suprir carências e satisfazer paixões? Respondo que não, pois, como esse homem viveria sem contato com outros homens, não teria oportunidade de ligar suas ideias a signos arbitrários, seria desprovido de memória e, por conseguinte, sua imaginação não estaria sob seu controle, do que resultaria ser ele totalmente incapaz de reflexão.

§21. Sua imaginação teria, entretanto, uma vantagem sobre a nossa: retraçaria as coisas de maneira muito mais viva. É-nos tão cômodo relembrar nossas ideias com o auxílio da memória que nossa imaginação raramente é exercitada. Nele, ao contrário, essa operação substituiria todas as outras, seu exercício seria tão frequente quanto suas necessidades e as percepções despertadas seriam muito mais fortes que em nós. É o que confirma o exemplo dos cegos, cujo tato é em geral mais fino que o nosso.

§22. Esse homem, porém, jamais disporia por si mesmo das operações de sua alma. Para compreender por quê, vejamos as circunstâncias em que elas poderiam ser exercidas.

Ensaio sobre a origem dos conhecimentos humanos

Suponhamos que uma fera que ele tenha visto devorar outros animais ou da qual tenha aprendido a fugir por instrução de seus semelhantes venha em sua direção: essa visão prende sua atenção, desperta sentimentos de medo ligados à ideia da fera e o põe em fuga. Ele escapa do predador, mas o frêmito que agita seu corpo mantém a ideia presente por algum tempo: eis a contemplação; pouco depois, o acaso o reconduz ao mesmo lugar, a ideia do lugar desperta a da fera, com a qual estava ligada: eis a imaginação; por fim, ele se reconhece como o mesmo ser que outrora se encontrou nesse lugar: eis a reminiscência. Isso mostra que o exercício dessas operações depende de certo concurso de circunstâncias que o afetam de maneira particular, e que deve, por conseguinte, cessar tão logo elas cessem. Dissipado o medo, se supusermos que ele não retorne ao lugar em questão ou só retorne quando a ideia não estiver mais ligada à da fera, não encontrará nada apropriado a lembrar o que ele uma vez viu. Só podemos despertar nossas ideias na medida em que estão ligadas a signos; as ideias desse homem só o estão nas circunstâncias em que surgiram e ele só poderá, portanto, lembrá-las, se se encontrar nas mesmas circunstâncias. Depende disso o exercício das operações de sua alma. Ele não tem o poder, repito, de conduzi-las por si mesmo, não pode senão obedecer a impressões realizadas por objetos, e não se deve esperar que emita sinais de razão.

§23. O que proponho aqui não é mera conjectura. Nas florestas da fronteira entre a Lituânia e a Rússia capturou-se, em 1694, um jovem de cerca de dez anos, que vivia em meio a ursos.* Não dava sinais de razão, andava apoiando-se sobre

---

* O mesmo relato é mencionado no *Tratado das sensações*, IV, 7. (N. T.)

as mãos e os pés, não tinha linguagem, formava sons que não pareciam humanos. Demorou algum tempo para que proferisse palavras, que pronunciou de maneira bárbara. Logo que aprendeu a falar, foi interrogado sobre seu estado anterior, do qual se lembrava tão bem como lembramos do que nos aconteceu em nossa primeira infância.[26]

§24. Esse fato prova perfeitamente a verdade do que eu disse sobre os progressos das operações da alma. É previsível que essa criança não se lembrasse de seu estado anterior. Ela poderia ter alguma lembrança do momento em que fora capturada; mas, produzida por uma atenção escassa e jamais fortificada pela reflexão, tal lembrança seria tão fraca que seus traços se apagariam no intervalo entre o momento em que a criança começou a ter ideias e aquele em que começou a elaborar questões. Mesmo supondo, para não excluirmos nenhuma hipótese, que se recordasse do tempo em que vivera nas florestas, só poderia representá-lo por percepções das quais tivesse lembrança. Essas percepções só poderiam ser exíguas, pois ela não se lembraria de outras que as teriam precedido, seguido-se a elas ou se intercalado a elas, e não teria como retraçar as partes sucessivas desse intervalo de tempo. Nem poderia, portanto, suspeitar que esse tempo tivera um início. Em suma, a lembrança confusa de seu estado anterior constrangeria essa criança a imaginar que ela teria existido desde sempre e a impediria de representar sua pretensa eternidade como mais que um instante. Não duvido, portanto, que ela tenha ficado bastante surpresa ao saber que sua existência tivera um início no tempo.

---

26 Connor, *Evangelium medici seu medicina mystica de suspensis naturae legibus sive de miraculis*, Londres, 1697.

Ensaio sobre a origem dos conhecimentos humanos

Incapaz de reflexão, não teria reparado em mudanças tão sensíveis como as que até então sofrera e teria sido naturalmente levada a crer que fora desde sempre tal como era no momento em que começara a refletir sobre si mesma.

§25. O ilustre secretário da Academia de Ciências observou que a principal fonte de ideias dos homens é o contato recíproco entre eles. O desenvolvimento dessa verdade confirmaria, de uma vez por todas, o que eu disse aqui.

Distingui três sortes de signos: acidentais, naturais e de instituição. Uma criança que cresceu entre os ursos só tem à disposição os primeiros. Não podemos recusar a ela gritos naturais para cada uma de suas paixões; mas como poderia ela suspeitar que tais gritos são próprios para significar os sentimentos que ela experimenta? Se vivesse em meio a outros homens, escutá-los-ia emitir gritos semelhantes aos seus, e com tanta frequência que cedo ou tarde ligaria tais gritos aos sentimentos que eles exprimem. Os ursos não oferecem uma oportunidade como essa, não chega a tanto a analogia entre seus mugidos e a voz humana. É verossímil que esses animais, por contato recíproco, atrelem a seus gritos percepções das quais estes são signos, o que a criança não chegaria a fazer. Para se conduzirem segundo impressões de gritos naturais, eles têm recursos de que ela não disporia, e tudo indica que utilizam mais do que ela a atenção, a reminiscência e a imaginação. Restringem-se a essas, porém, as operações de suas almas.[27]

---

27 Locke (*Ensaio sobre o entendimento humano*, II, 11, §10-1) observa, com razão, que animais não poderiam formar abstrações. Recusa a eles, por conseguinte, o poder de raciocinar sobre ideias gerais, mas considera evidente que raciocinam, fortuitamente, sobre ideias particulares. Se esse filósofo tivesse percebido que só podemos racio-

Ora, se os homens só podem criar signos se viverem juntos, segue-se que o estoque de suas ideias, quando seu espírito começa a se formar, depende exclusivamente do contato recíproco entre eles. Digo *quando seu espírito começa a se formar*, pois é evidente que, ao progredir, ele aprende a arte de criar signos e adquire ideias sem precisar de outro auxílio.

Se alguém disser que antes do contato recíproco entre os homens o espírito teria ideias, pois teria percepções, eu responderei que percepções que nunca se tornaram objeto de reflexão não são propriamente ideias. São impressões feitas na alma às quais falta, para serem ideias, serem consideradas como imagens.*

§26. Parece-me inútil acrescentar o que seja a esses exemplos e explicações: eles confirmam sensivelmente que as operações do espírito se desenvolvem proporcionalmente ao uso dos signos.

Há, no entanto, uma dificuldade: se o nosso espírito só fixa suas ideias por signos, nossos raciocínios correm o risco de muitas vezes se desenrolarem sobre meras palavras, o que necessariamente nos lançaria em muitos erros.

A certeza das matemáticas anula, porém, essa dificuldade. Para determinarmos tão exatamente quanto possível as ideias

---

cinar se utilizarmos signos de instituição, teria reconhecido que os animais são totalmente incapazes de raciocínio, e, por conseguinte, que suas ações que parecem racionais são efeito da imaginação, da qual dependem inteiramente.

* Diferença decisiva em relação a Locke, que definira como ideia *tudo* o que se encontra no entendimento quando este pensa. *Ensaio sobre o entendimento humano*, I, 1, §8. (N. T.)

simples atreladas a cada signo, é preciso analisar: e não nos enganaremos aqui, não mais que os matemáticos com suas cifras. Na verdade, essa objeção mostra que é preciso se conduzir com muita precaução para não se embaraçar, como muitos filósofos, em disputas de palavras e questões vãs e pueris. O que apenas confirma o que notei.

§27. Lentamente é que o espírito chega até o conhecimento da verdade. Locke é um bom exemplo disso.

Embora não lhe tenha escapado a necessidade de signos para ideias de números, parece não estar ciente do que isso implica. Diz ele que, sem signos para distinguirmos cada coleção de unidades, *dificilmente* poderíamos utilizar números, sobretudo em combinações muito complexas.[28]

Ele percebeu que nomes são necessários a ideias-arquétipo, mas não apreendeu a verdadeira razão disso. "Como é o espírito que introduz uma ligação entre as partes separadas de tais ideias complexas, essa união, por não ter fundamento algum na natureza, deixaria de existir se não fosse algo a mantê-la."[29] Esse raciocínio impede-o de ver a necessidade de signos para noções de substância, pois, como essas noções têm fundamento na natureza, para ele é como se a reunião das ideias simples que as compõem se conservasse no espírito sem o recurso a palavras.

Não é preciso muito para refrear os grandes gênios em seu progresso: é suficiente, como nesse caso, um pequeno deslize,

---

28 Locke, *Ensaio sobre o entendimento humano*, II, 16, §5. [Ver de Condillac *A língua dos cálculos* (1798), I, 4. (N. T.)]

29 Ibid., III, 5, §10.

do qual não se apercebam, na própria defesa da verdade. Eis o que impediu Locke de perceber quão necessários são os signos ao exercício das operações da alma. Ele supõe que o espírito realiza proposições mentais em que reúne ou separa ideias sem a intervenção de palavras.[30] Chega a afirmar que a melhor via para obter conhecimentos é considerar as ideias em si. Acrescenta, porém, que isso é muito raro, por causa da prevalência, entre nós, do costume de empregar sons para ideias.[31] Após tudo o que eu disse, é desnecessário mostrar a imprecisão dessa teoria.

O sr. Wolff observa que dificilmente a razão poderia ser exercida por um homem que não utilizasse signos de instituição.[32] Oferece como exemplo os dois fatos que relatei, sem, no entanto, explicá-los. De resto, não chega a compreender a necessidade dos signos ou a maneira como eles contribuem para o progresso das operações da alma.

Quanto aos cartesianos e aos malebranchistas, eles nem sequer vislumbram essa descoberta. Como suspeitar que os signos seriam necessários quando se pensa, como Descartes, que as ideias são inatas, ou, como Malebranche, que vemos todas as coisas em Deus?

---

30 Ibid., IV, 5, §3-5.

31 Ibid., IV, 6, §1.

32 Wolff, *Psychologia rationalis*, §461. ["Da dependência do uso da razão em relação ao uso da linguagem": "O uso da razão é facilitado e ampliado pelo uso do discurso; sem o uso do discurso, o uso da razão mal se reconhece... O que mostra suficientemente quão grande é a necessidade das palavras ou de outros signos equivalentes para a produção de operações mentais". (N. T.)]

Ensaio sobre a origem dos conhecimentos humanos

Seção V
Das abstrações

§1. Vimos que as noções abstratas se formam quando se deixa de pensar nas propriedades pelas quais as coisas são distinguidas para pensar somente nas qualidades que têm em comum. Deixemos de considerar o que determina uma extensão a ser tal como é, um todo a ser tal como é, e teremos as ideias abstratas de extensão e de todo.[33]

Ideias dessa espécie são, assim, meras denominações que damos às coisas quando as abordamos por aspectos que as tornam semelhantes entre si, razão pela qual chamamos essas ideias de *gerais*. Mas não é suficiente conhecer sua origem, há ainda considerações importantes a fazer acerca de sua necessidade e dos vícios que as acompanham.

§2. Não há dúvida de que as ideias abstratas são necessárias. Por serem os homens obrigados a falar das coisas segundo elas difiram ou convirjam entre si, é necessário que possam relacioná-las a classes, distinguidas por signos. Esse recurso permite-lhes agregar, numa única palavra, o que não poderia, sem confusão, entrar em discursos mais longos. Vemos um exemplo sensível disso no uso que se costuma fazer de termos como *substância, espírito, corpo, animal*. Se não se quer falar das coisas a não ser representando-se em cada uma delas um objeto como suporte de suas propriedades e modos, a palavra *substância* é o suficiente. Se o que se tem em vista é comunicar em particular a espécie das propriedades ou dos modos, é possível servir-se da palavra *espírito* ou da palavra *corpo*. Se, reunindo-se

---

33 Locke, *Ensaio sobre o entendimento humano*, III, 3, 7.

essas duas ideias, o que se quer é falar de um todo dotado de vida, que se move por si mesmo e instintivamente, recorre-se à palavra *animal*. Por fim, caso se acrescente a esta última noção as ideias que distinguem as diferentes espécies de animais, o uso ordinário fornece os termos apropriados para que o pensamento seja traduzido de maneira abreviada.

§3. Observe-se, contudo, que não é tanto por referência à natureza das coisas quanto à maneira como conhecemos que determinamos os gêneros e as espécies, ou, para falar numa linguagem mais familiar, distribuímo-los em classes subordinadas umas às outras. Se a nossa visão fosse suficientemente aguda para descobrir nos objetos um número de propriedades maior do que conhecemos, logo perceberíamos diferenças mesmo entre os que nos parecem mais conformes e poderíamos, por conseguinte, subdividi-los em novas classes. Por mais que diferentes porções de um mesmo metal, por exemplo, se assemelhem entre si pelas qualidades que conhecemos, não se segue que seja o caso também para aquelas que nos resta conhecer. Se pudéssemos analisá-los em última instância, provavelmente encontraríamos entre elas uma diferença tão grande como a que encontramos hoje entre metais de espécie diferente.

§4. O que torna as ideias gerais tão necessárias é a limitação de nosso espírito. Deus simplesmente não precisa delas; o conhecimento infinito compreende todos os indivíduos, e para Deus é tão fácil pensar em todos ao mesmo tempo quanto em somente um. Já a capacidade de nosso espírito vê-se esgotada não somente quando pensamos num único objeto, mas também quando o consideramos sob um único aspecto. Assim, para introduzir ordem em nossos pensamentos, somos obrigados a distribuir as coisas em classes distintas.

Ensaio sobre a origem dos conhecimentos humanos

§5. Noções com uma origem como essa só poderiam ser defeituosas, e, se não tomarmos as devidas precauções, o risco de nos servirmos delas é real. Quanto a isso, os filósofos incorreram num erro que tem grandes consequências: efetivaram todas as suas abstrações, considerando-as como seres dotados de uma existência real independente das coisas.[34] Foi essa, ao que me parece, a ocasião para que surgisse uma opinião tão absurda.

§6. Nossas primeiras ideias são todas particulares, como certas sensações de luz, cor etc. ou certas operações da alma. Ora, todas as ideias apresentam uma realidade de fato, pois são todas, propriamente dizendo, diferentes modificações do nosso ser. Não teríamos como perceber nada em nós mesmos se não o considerássemos como dizendo respeito a nosso ser, como pertencente a ele, ou como sendo o nosso próprio ser, de tal ou tal modo, vale dizer, sentindo, vendo etc. Assim são todas as nossas ideias, em sua origem.

Nosso espírito é demasiadamente limitado para refletir simultaneamente sobre todas as modificações que possa vir a

---

34 No início do século XII, os peripatéticos dividiram-se em duas seitas, a dos nominalistas e a dos realistas. Estes últimos sustentavam que as noções gerais que a escola chama de *natureza universal, relações, formalidades* e outras são realidades distintas das coisas. Os primeiros, ao contrário, pensavam que elas são meros nomes, pelos quais exprimem-se diferentes maneiras de conceber, e apoiavam-se sobre o princípio *a natureza nada faz em vão*. Sustentavam assim uma boa tese, mas por uma má razão, pois isso equivalia a conceber que tais realidades seriam possíveis, e que, para que existissem, seria preciso apenas encontrar alguma utilidade para elas. Chamavam a esse princípio de *navalha dos nominais* [ou *navalha de Ockham*]. A disputa entre essas seitas foi tão viva que Luís XI foi obrigado a proibir a leitura dos livros dos nominalistas.

sofrer, e por isso é obrigado a distingui-las, a fim de tomá-las umas após as outras. O fundamento dessa distinção é a mudança e sucessão contínua de tais modificações em seu ser, espécie de pano de fundo que permanece inalterado.

É certo que, se essas modificações forem separadas do ser que é o seu objeto, elas perderão toda a realidade. No entanto, o espírito não pode refletir sobre um nada, o que seria o mesmo que não refletir. Como então tais modificações, tomadas em abstrato, ou separadas do ser a que pertencem e que não converge com elas a não ser na medida em que as contém, tornar-se-iam objeto do espírito? É que este continua a considerá-las como seres. Acostumado, todas as vezes em que considera que se refiram a ele, a percebê-las juntamente com a realidade de seu ser, no qual elas são indistintas, ele as conserva, na medida do possível, com essa mesma realidade, ao mesmo tempo que as distingue. Ele se contradiz. Por um lado, aborda essas modificações sem nenhuma relação com seu próprio ser, e elas não são nada; por outro, como o nada não se deixa apreender, ele as considera como uma coisa qualquer, e continua a atribuir a elas a mesma realidade com que primeiro foram percebidas, por mais que não convenha mais a elas. Em suma, essas abstrações, que não eram mais do que ideias particulares, ligam-se com a ideia de ser, e essa ligação subsiste.

Por viciosa que pareça essa contradição, mesmo assim ela é necessária, pois, como o espírito é demasiadamente limitado para abarcar de uma só vez o seu ser e as suas modificações, é bom que as distinga, formando delas ideias abstratas; embora assim as modificações percam toda a realidade que tinham, ele deve supor que esta é mantida, pois, do contrário, não poderia tomá-las como objeto de reflexão.

Ensaio sobre a origem dos conhecimentos humanos

Essa necessidade explica por que muitos filósofos nunca chegaram a suspeitar que a realidade das ideias abstratas é obra da imaginação. Viram que consideramos resolutamente essas ideias como algo real, e não foram além; e, sem remontar à causa pela qual as percebemos sob essa falsa aparência, concluíram que eram efetivamente seres reais.

E assim essas noções ganharam realidade, conforme a maior ou menor realidade aparente das coisas de que elas são ideias parciais. Ideias de modificações têm uma participação menor nessa atribuição de realidade do que as de substância, e as de substâncias finitas têm uma participação menor que as do ser infinito.[35]

§7. Essas ideias, uma vez que adquirem o estatuto de realidade, mostram-se de uma fecundidade maravilhosa. É a elas que devemos a feliz descoberta das qualidades ocultas, das formas substanciais, das espécies intencionais; ou, para não falar senão do que é moderno, é a elas que devemos os gêneros, as espécies, as essências e diferenças, seres que se instalam em cada substância para fazer dela aquilo que ela é. Pois, quando os filósofos se servem de palavras como *ser, substância, essência, gênero, espécie*, não se deve imaginar que entendam por elas meras coleções de ideias simples que nos ocorrem pela sensação e pela reflexão; eles querem penetrar a fundo, e ver em cada uma delas realidades específicas.

Uma prova de que eles consideram essas palavras como signos de uma realidade qualquer é que, quando da alteração de uma substância, não deixam de indagar se ela continuaria a pertencer à mesma espécie a que era antes referida; questão que se tornaria supérflua se separassem as noções de substâncias

---

35 O próprio Descartes raciocina assim, na meditação terceira.

e as de suas espécies em diferentes coleções de ideias simples. Quando indagam se o gelo e a neve são água, se um feto deformado é um homem, se Deus, os espíritos, os corpos ou mesmo o vácuo são substâncias, é evidente que não se trata de saber se essas coisas convêm às ideias simples reunidas sob as palavras *água, homem, substância* etc., pois tal questão se resolveria por si mesma. Trata-se de saber se tais coisas contêm certas essências, certas realidades supostamente significadas pelas palavras *água, homem, substância* etc.

§8. Movidos por esse preconceito, os filósofos pensaram que era necessário definir as substâncias pela diferença mais próxima e supostamente mais apropriada para explicar a sua natureza. Mas continuam sem nos oferecer um exemplo acabado dessas espécies de definição. Elas serão sempre defeituosas, pois é impossível conhecer as essências. Mas, sem se dar conta disso, eles continuam a atribuir realidade a suas ideias abstratas, que depois tomam pela essência mesma das coisas.

§9. Esse verdadeiro abuso das noções abstratas mostra-se visivelmente também quando os filósofos, não contentes em explicar à sua maneira a natureza do que é, querem ainda explicar a natureza do que não é. Falam de criaturas puramente possíveis como se elas existissem, e dão realidade a tudo, até ao nada do qual elas saíram. Onde estavam essas criaturas antes de Deus criá-las?, perguntam-se eles. A resposta é fácil, pois a pergunta indaga onde elas estavam antes de existir, ao que me parece suficiente responder que não estavam em parte alguma.

A ideia de criaturas possíveis é uma abstração que formamos quando deixamos de pensar na existência das coisas para pensar em outras qualidades delas que conhecemos. Pensamos na extensão, na figura, no movimento e no repouso dos corpos, e deixamos de pensar em sua existência. Assim, chegamos à ideia de corpos possíveis, ideia que os priva de toda realidade, pois os supõe no nada, e que, por uma contradição evidente, conserva essa mesma realidade, pois representa-os para nós como extensos, figurados etc.

Por não perceberem essa contradição, os filósofos tomaram essa ideia sob este último aspecto e, como consequência, deram realidade ao que não tem nenhuma; alguns chegaram mesmo a acreditar que teriam resolvido de maneira patente as questões mais espinhosas relativas à criação.

§10. "Receio", diz Locke, "que a maneira como se fala em faculdades da alma deu a muitas pessoas uma ideia confusa, de diferentes agentes que existiriam distintamente em nós, dotados de diferentes funções e diferentes poderes, que comandam, obedecem e executam diversas coisas, como tantos seres distintos. Isso produziu um sem-número de disputas vãs, de discursos obscuros e repletos de incerteza, sobre questões que se referem aos diferentes poderes da alma."*

Esse receio é digno de um filósofo sábio. Por que teriam importância questões como estas — se o juízo pertence ao entendimento ou à vontade, se ambos são igualmente ativos e livres, se a vontade é capaz de conhecimento ou é uma faculdade cega, se enfim ela comanda o entendimento ou é este que a guia e a determina... Se por entendimento e vontade os filósofos não querem exprimir senão a alma, abordada em relação a certos atos que ela produz ou pode produzir, é evidente que o juízo, a atividade e a liberdade pertenceriam ao entendimento ou não lhe caberiam em absoluto, dependendo de como se conside-

---

* Locke, *Ensaio sobre o entendimento humano*, II, 21, §6. (N. T.)

rem tais ou tais atos por referência a essa faculdade. O mesmo para a vontade. É suficiente, em casos como esses, explicar os termos, determinando, com análises exatas, as noções que se tem das coisas. Mas como os filósofos se viram obrigados a representar a alma por meio de abstrações, eles multiplicaram o seu ser, e o entendimento e a vontade conheceram a mesma sorte que todas as noções abstratas. Mesmo aqueles que, como os cartesianos, observaram expressamente que não se trata em absoluto da existência de seres distintos na alma, colocaram as questões a que me referi. Deram assim realidade a essas noções abstratas, contra a sua própria intenção e sem perceber que o faziam. Por ignorarem a maneira de analisá-las, foram incapazes de conhecer os seus defeitos e, por conseguinte, também de servir-se delas com a precaução necessária.

§11. Essa espécie de abstração contribuiu enormemente para obscurecer tudo o que até aqui se escreveu sobre a liberdade, questão a que muitas plumas parecem ter se dedicado com o único intuito de torná-la ainda mais obscura. O entendimento, dizem alguns filósofos, é uma faculdade que recebe as ideias, e a vontade é uma faculdade em si mesma cega, que não se determina senão como consequência das ideias que o entendimento lhe apresenta. Não depende do entendimento perceber ou não as ideias e as relações de verdade ou probabilidade que existem entre elas. Ele não é livre nem ativo, pois não produz as ideias do branco ou do preto, mas vê necessariamente que uma não é a outra. A vontade age, é verdade, mas, por ser cega, ela segue o ditame do entendimento, vale dizer, determina-se segundo o que lhe é prescrito, como causa necessária. Portanto, ela também é necessária. Ora, se o homem fosse livre, seria graças a uma dessas faculdades. Logo, o homem não é livre.

Ensaio sobre a origem dos conhecimentos humanos

Para refutar inteiramente esse raciocínio, é suficiente observar que esses filósofos tomam o entendimento e a vontade como fantasmas, que só se encontram em sua imaginação. Se essas faculdades fossem tais como eles as representam para si mesmos, sem dúvida a liberdade não teria lugar. Convido-os a entrarem dentro de si, e afirmo que, se renunciarem a essas realidades abstratas e analisarem os próprios pensamentos, verão as coisas de maneira bem diferente. Não é verdade, em absoluto, por exemplo, que o entendimento não seja nem livre nem ativo; as análises que fizemos a seu respeito demonstram o contrário. Mas é preciso convir que isso põe uma dificuldade imensa, se não insolúvel, admitindo-se a hipótese das ideias inatas.

§12. Dito isso, não estou certo de que seria possível, enfim, abandonar todas as abstrações que adquirem estatuto de realidade. Muitas razões levam-me a crer no contrário. Peço ao leitor que se lembre do que dissemos:[36] os nomes de substâncias ocupam em nosso espírito o lugar que os objetos ocupam fora de nós, são o elo e suporte das ideias simples, como os objetos fora de nós são das qualidades. Por isso somos sempre tentados a referi-los a esses objetos, e imaginarmos que eles exprimiriam a própria realidade.

Em segundo lugar, observei também[37] que não podemos conhecer todas as ideias simples de que as noções-arquétipo são formadas. Ora, sendo a essência de uma coisa, segundo os filósofos, aquilo que constitui o que ela é, segue-se que em tais ocasiões podemos ter ideias de essências, as quais recebem

---

36 Na seção IV.
37 Na seção III.

igualmente nomes. Por exemplo, o nome *justiça* significa a essência do justo, *sabedoria* significa a essência do sábio etc. Talvez seja essa uma das razões de por que os escolásticos acreditaram que para ter nomes que exprimissem as essências das coisas bastaria seguir a analogia da linguagem. Criaram assim palavras como *corporeidade*, *animalidade* e *humanidade*, para designar as essências do *corpo*, do *animal* e do *homem*. Uma vez familiarizados com esses termos, dificilmente se poderia persuadi-los de que são desprovidos de sentido.

Em terceiro lugar, há somente dois meios pelos quais é possível se servir das palavras: após ter fixado no espírito todas as ideias simples que elas devem significar ou então após tê-las suposto como signos da realidade mesma das coisas. O primeiro costuma ser embaraçoso, pois o uso nem sempre está decidido. Os homens veem as coisas diferentemente, conforme a experiência que adquiriram, e dificilmente concordam sobre o número e a qualidade das ideias de muitos nomes. De resto, mesmo quando se chega a um acordo, não é fácil apreender, em sua justa extensão, o sentido de um termo. Para tanto, seria necessário tempo, experiência e reflexão, mas é muito mais cômodo supor nas coisas uma realidade cujos verdadeiros signos são as palavras, e entender pelos nomes *homem*, *animal* etc. uma entidade que determina e distingue essas coisas, do que prestar atenção a todas as ideias simples que podem pertencer a tais nomes. Essa via satisfaz ao mesmo tempo a nossa impaciência e a nossa curiosidade. Provavelmente há poucas pessoas, mesmo entre as que mais se empenharam em se desfazer de seus preconceitos, que não sintam um pendor para referir os nomes de substâncias a realidades desconhecidas. Isso é evidente mesmo nos casos em que é fácil evitar o erro, pois sabemos bem que as

Ensaio sobre a origem dos conhecimentos humanos

ideias a que damos realidade não são seres verdadeiros. Refiro-me aos seres morais, tais como a glória, a guerra, a reputação, aos quais só demos a denominação de seres porque tanto nos discursos mais sérios quanto nas conversações familiares os imaginamos sob essa ideia.

§13. Tal é, sem dúvida, uma das fontes mais extensas de nossos erros. É suficiente ter suposto que as palavras correspondem à realidade das coisas para confundi-las com estas e concluir que explicam perfeitamente a sua natureza. Eis por que alguém que questiona ou indaga o que é tal ou tal corpo acredita, como observa Locke, que está inquirindo acerca de algo mais do que um nome, e aquele que lhe responde "é o ferro" acredita também, por seu turno, que está a ensinar qualquer coisa além de uma palavra.* Com esse jargão, não há hipótese, por ininteligível que pareça, que não se sustente. Não admira a voga das diferentes seitas.

§14. Portanto, é de suma importância que não se dê realidade a nossas abstrações. Para evitar esse inconveniente, não conheço senão um meio: saber desenvolver adequadamente a origem e a geração de todas as nossas noções abstratas. Esse meio, porém, é ignorado pelos filósofos, que em vão tentaram supri-lo pelas definições. A causa de sua ignorância a respeito é o preconceito, desde sempre o seu, de que é preciso começar pelas ideias gerais, pois alegam que, quando se começa pelas ideias particulares, é impossível explicar as mais abstratas que se originam delas. Como neste exemplo.

Após ter definido o impossível como algo que implica contradição, o possível como o que não a implica, e o ser como

---

* Locke, *Ensaio sobre o entendimento humano*, II, 32, §7. (N. T.)

o que pode existir, não se pôde encontrar outra definição de existência além desta: é o complemento da possibilidade.* Mas pergunto se essa definição apresenta alguma ideia e se não poderíamos lançar sobre ela o mesmo ridículo que destinamos a certas definições de Aristóteles.

Se o possível é o que não implica contradição, a possibilidade é a não implicação de contradição. A existência é então o complemento da não implicação de contradição. Que linguagem! Observando-se melhor a ordem natural das ideias, ter-se-ia visto que a noção da possibilidade só se forma após a da existência.

Em minha opinião, se definições dessa espécie chegam a ser adotadas, é unicamente porque, conhecendo-se de antemão a coisa definida, não se a considera tão de perto. O espírito que é dotado de alguma clareza atribui essa qualidade a elas e não percebe que são ininteligíveis. Esse exemplo mostra bem como é importante que se siga o meu método, qual seja, sempre substituir as definições dos filósofos por análises. Acredito mesmo que esse escrúpulo deveria levar a que se evite o uso das expressões que são mais caras a eles. O abuso destas tornou-se tão familiar que é difícil, por mais cuidado que se tenha, que elas não perturbem a apreensão de um pensamento pelo leitor comum. Locke é um exemplo disso. É verdade que ele costuma ser bastante cioso na aplicação de tais expressões, mas teria sido mais claro, em certas passagens, se as tivesse banido por completo de seu estilo. Digo isso julgando-o pela tradução.

---

* Wolff, *Philosophia prima, sive ontologia methodo scientifico pertracta*, I, 2, 1. (N. T.)

Ensaio sobre a origem dos conhecimentos humanos

Esses detalhes mostram a influência das ideias abstratas. Se seus defeitos, por serem ignorados, obscureceram consideravelmente a metafísica como um todo, hoje que os conhecemos não podemos senão remediá-los.

Seção VI
De certos juízos, atribuídos à alma de maneira infundada, ou solução de um problema metafísico

§1. Creio não ter, até aqui, atribuído à alma nenhuma operação que cada um não possa perceber em si. Mas os filósofos, para explicar os fenômenos da visão, supuseram que formamos certos juízos de que não temos consciência alguma. Essa opinião é de tal modo aceita que mesmo Locke, o mais circunspecto dentre eles, parece tê-la adotado. Eis como ele a explica.

Uma observação a ser feita a propósito da percepção, é que as ideias que entram por via de sensação são muitas vezes alteradas pelo juízo que o espírito das pessoas faz, sem que elas percebam. Assim, quando colocamos diante de nossos olhos um corpo redondo de cor uniforme, um pedaço de ouro, por exemplo, de alabastro ou de azeviche, é certo que a ideia que se imprime em nosso espírito, quando da visão desse globo, representa um círculo sem profundidade, sombreado diversamente, com diferentes graus de luz que atingem nossos olhos. Mas como o uso nos acostumou a distinguir que espécie de imagens os corpos convexos de ordinário produzem em nós, e quais alterações ocorrem na reflexão da luz, segundo a diferença sensível entre os corpos, imediatamente introduzimos, no lugar do que se mostra a nós, a causa mesma da imagem que vemos, e isso em virtude de um juízo que o costume torna habitual, de sorte que, unindo à visão um juízo que confundimos com ela, formamos a ideia de uma figura convexa de cor uniforme, embora na realidade nossos olhos não representem senão um plano sombreado e diversamente colorido, como é óbvio na pintura. Insiro aqui, a propósito, o problema do douto Dr. Molyneux: "Suponha um cego de nascença que tenha alcançado a idade adulta, que tenha sido ensinado a distinguir pelo tato um cubo de um globo, feitos do mesmo metal e quase do mesmo tamanho, de sorte que quando os toca ele é capaz de dizer qual é o cubo e qual é o globo. Suponha agora que o cubo e o globo sejam dispostos sobre uma mesa e que esse cego venha a recuperar a visão; perguntamos: ao vê-los, sem tocá-los, poderia discerni-los e dizer qual é o cubo, qual o globo?". O penetrante e judicioso autor dessa questão responde que não, pois, acrescenta ele, "por mais que esse cego tenha aprendido por experiência de que maneira o globo e o cubo afetam seu tato, ele ainda não sabe, contudo, identificar o que afeta seu toque de tal e tal maneira com o que atinge seus olhos de tal ou tal maneira, nem que o ângulo proeminente de um cubo, que pressiona sua mão de maneira desigual, deve parecer a seus olhos tal como aparece no cubo". Tendo a concordar com a opinião desse hábil homem. Acredito que o cego em questão não seria capaz de dizer, à primeira vista, com certeza, qual seria o globo, qual o cubo, se se contentasse em observá-los, por mais que ao tocá-los pudesse nomeá-los e distingui-los com segurança pela diferença entre as figuras que perceberia pelo tato.[38]

---

38 Locke, *Ensaio sobre o entendimento humano*, II, 1, 9.

Ensaio sobre a origem dos conhecimentos humanos

§2. Esse raciocínio como um todo supõe que a imagem que se traça no olho quando da visão de um globo é de um círculo plano, diferentemente iluminado e colorido; o que é verdade. Mas ele supõe ainda, e eis o que me parece falso, que a impressão que se realiza na alma em consequência não nos oferece senão a percepção desse círculo, e que, se vemos o globo como uma figura convexa, é porque, tendo adquirido, pela experiência do tato, a ideia dessa figura, e aprendendo que espécie de imagem ela produz em nós através da vista, acostumamo-nos a julgá-la convexa, a despeito da referência em contrário. Tal juízo, para me servir da expressão que Locke utiliza pouco depois dessa passagem, altera a ideia da sensação e a representa para nós como diferente do que ela é em si mesma.

§3. Em meio a essas suposições, Locke defende, sem no entanto provar, que a sensação da alma nada representa além da imagem que se traça no olho. Mas, quando observo um globo, vejo algo diferente de um círculo plano, experiência à qual me parece inteiramente natural que eu me refira. Existem de resto boas razões para rejeitar os juízos a que esse filósofo recorre. Para começar, ele supõe que sabemos que espécie de imagem os corpos convexos produzem em nós e quais alterações ocorrem na reflexão da luz, segundo as diferentes figuras sensíveis dos corpos, quando sabemos que a grande maioria dos homens simplesmente não têm tais imagens, por mais que vejam as figuras da mesma maneira que os filósofos. Em segundo lugar, podemos acrescentar tais juízos à visão tanto quanto quisermos, sem jamais os confundirmos com ela, pois, contrariamente ao que Locke supõe, veríamos de um modo e julgaríamos de outro.

Vejo um baixo-relevo; eu sei, sem dúvida alguma, que ele é pintado sobre uma superfície plana; toquei-o: no entanto, esse conhecimento, reiterada a experiência, e apesar de todo juízo que eu faça, não impede que eu veja figuras convexas. Por que essa aparência persiste? Por que um juízo que tem a virtude de me mostrar as coisas diferentemente do que elas são na ideia que as sensações me dão não tem a virtude de mostrá-las conformes a essa ideia? O mesmo raciocínio vale para a aparência circular com que se afigura a nós um edifício que sabemos ser quadrado e julgamos enquanto tal, bem como para mil outros exemplos similares a esse.

§4. Em terceiro lugar, uma razão que por si só desmente essa opinião de Locke é que é impossível para nós ter consciência dessa espécie de juízo. É vão respaldar-se na alegação de que na alma parecem se passar muitas coisas de que não tomamos conhecimento. Pelo que eu disse em outra parte, é verdade que bem poderíamos esquecer esses juízos um momento depois de os termos formado. Mas, logo que os tomássemos como objeto de nossa reflexão, a consciência deles seria tão viva que não poderíamos mais colocá-los em dúvida.

§5. Se fôssemos extrair do sentimento de Locke todas as suas consequências, seria preciso raciocinar sobre as distâncias, as posições, as grandezas e a extensão tal como se raciocina sobre as figuras. Assim, dir-se-ia:

> Quando observamos um vasto prado, é certo que a ideia que se imprime em nosso espírito com essa visão representa uma superfície plana, diversamente sombreada e colorida, com diferentes graus de luz que atingem os nossos olhos. Mas como nos acostumamos, pelo uso, a distinguir qual espécie de imagem os corpos diferentemente localizados, a certas distâncias, com seu respectivo tamanho e extensão produzem de ordinário em nós, e

Ensaio sobre a origem dos conhecimentos humanos

a identificar as mudanças que ocorrem na reflexão da luz, segundo as diferenças de distância, localização, grandeza e extensão, não hesitamos em pôr, no lugar daquilo que nos aparece, a causa mesma das imagens que vemos, e isso em virtude de um juízo que pelo costume se tornou habitual; de tal sorte que, reunindo à visão um juízo que confundimos com ela, formamos ideias das diferentes localizações, distâncias, grandezas e extensões, embora no fundo nossos olhos as imagens não nos representem mais do que um plano diversamente sombreado e colorido.[39]

Essa aplicação do raciocínio de Locke é tão mais justa pelo fato de as ideias de posição, distância, grandeza e extensão que nos são dadas pela visão de um prado se encontrarem todas diminuídas na percepção das diferentes partes de um globo. Todavia, esse filósofo não extraiu delas as consequências mais corretas. Ao postular em sua formulação do problema que o globo e o cubo teriam quase o mesmo tamanho, ele subentende que a visão poderia, sem o auxílio de qualquer juízo, propiciar diferentes ideias de grandeza. Mas isso é contraditório, pois não se concebe como poderia haver ideias de grandezas sem que houvesse ideias de figuras.

§6. Outros não encontraram dificuldade para admitir essas consequências. O sr. Voltaire, autor célebre por numerosas obras, relata e aprova a opinião do dr. Berkeley, que assegura que nem posição, nem distâncias, nem figuras seriam discernidas por um cego de nascença cujos olhos recebessem de repente a luz.[40]

---

39 Locke, *Ensaio sobre o entendimento humano*, II, 1, 9.
40 Voltaire, *Éléments de la philosophie de Newton*, VI. [Ver Berkeley, *Ensaio de uma teoria da visão*, 1709. (N. T.)]

§7. Observo ao longe, diz ele, através de um pequeno buraco, um homem sentado num telhado. A distância da cena e a escassez dos raios não me impedem de distinguir que se trata de um homem. O objeto parece-me bastante pequeno, sua estatura, creio ver, é de no máximo dois pés. O objeto mexe-se, julgo que é um homem, e a partir desse instante ele me parece ter a grandeza normal.

§8. Posso admitir, se se quiser, esse juízo, e o efeito que é atribuído a ele. Mas isso está longe de provar a tese do dr. Berkeley. Há uma passagem súbita do primeiro juízo a um segundo, inteiramente oposto a ele. Isso leva a que se fixe o objeto com mais atenção, a fim de nele encontrar o talhe ordinário de um homem. Essa atenção violenta produz, é verossímil supor, alguma mudança no cérebro, e do cérebro para os olhos, o que faz que se veja um homem com cerca de cinco pés. É um caso particular, e o juízo que ele leva a emitir é tal que não se pode negar que se tem consciência disso. Por que então não se daria o mesmo em toda outra ocasião, se formamos sempre, como se supõe, juízos similares?

Se um homem que se encontrasse a quatro pés de distância em relação a mim se afastasse mais quatro pés, sua imagem, tal como traçada no fundo de minha retina, se reduziria pela metade; por que então eu continuo a vê-lo quase com o mesmo tamanho? Alguém poderia responder que eu o percebo com metade de sua grandeza, mas a ligação que a experiência introduziu em meu cérebro entre a ideia de um homem e a da altura de cinco ou seis pés me constrange a imaginar, por um juízo repentino, um homem com tal altura e a ver em efeito essa altura. Mas isso é algo que eu não poderia confirmar por experiência própria. Poderia uma primeira percepção ser tão prontamente

Ensaio sobre a origem dos conhecimentos humanos

eclipsada e um juízo substituí-la tão rapidamente que não se poderia notar a passagem de uma a outro, por maior que fosse a atenção? De resto, que esse homem se afaste 16 passos, 32, 64 e assim por diante, por que ele me parece diminuir aos poucos, até que por fim eu deixe por completo de vê-lo? Se a percepção da visão é o efeito de um juízo pelo qual eu ligo a ideia de um homem à da altura de cinco ou seis pés, esse homem deveria simplesmente desaparecer diante de meus olhos, ou então, qualquer que fosse a sua distância em relação a mim, eu deveria vê-lo sempre com o mesmo tamanho. Por que ele diminuiria mais rapidamente aos meus olhos do que aos de um outro, embora tenhamos a mesma experiência? Por fim, que se designe a que ponto de distância esse juízo deve começar a perder sua força.

§9. Aqueles que eu contesto comparam o sentido da visão ao da audição, e concluem de um para o outro. Pelos sons, dizem eles, o ouvido é atingido; escutam-se tons, e nada mais. Pela visão, o olho é perturbado; veem-se cores, e nada mais. Quem pela primeira vez em sua vida ouvisse o ruído de um canhão não poderia julgar se este estaria a um ou a trinta passos de distância. Apenas a experiência poderia acostumá-lo a julgar a distância entre ele e o lugar a partir do qual o ruído é emitido. O mesmo vale, precisamente, com relação aos raios de luz que partem de um objeto: eles simplesmente não nos instruem a respeito de onde está esse objeto.

§10. A audição em si não é feita para nos dar a ideia de distância, e mesmo que se acrescentasse a ela o auxílio da experiência, a ideia que fornece permaneceria sendo muito imperfeita. Há ocasiões em que ocorre o mesmo com a visão. Se observo através de um buraco um objeto afastado, sem perceber aqueles que me separam dele, só conheço a distância de modo muito imperfeito. Então me lembro dos conhecimentos que devo à experiência e julgo esse objeto mais ou menos distante segundo ele me pareça mais ou menos abaixo de sua grandeza ordinária. Eis um caso em que é necessário acrescentar um juízo ao sentido da visão, como se fez em relação ao da audição. Observai, porém, que temos consciência dele, e que depois, tal como antes, só conhecemos as distâncias de maneira muito imperfeita.

Abro minha janela e percebo um homem na outra extremidade da rua. Vejo, antes de ter formado qualquer juízo, que ele está longe de mim. Não são os raios de luz que partem dele que me instruem a respeito de sua distância em relação a mim, mas sim os que partem dos objetos que estão entre ele e mim. É natural que a visão desses objetos me dê alguma ideia da distância em que estou em relação a esse homem, e é mesmo impossível que eu não tenha essa ideia todas as vezes que os perceba.

§11. Estais enganado, dir-me-ão. Os juízos súbitos, quase uniformes, que vossa alma, a uma certa idade, emite a respeito de distâncias, grandezas e posições, levam a pensar que bastaria abrir os olhos para ver da maneira como vedes. Mas não é assim, pois para tanto é preciso o auxílio de outros sentidos. Se não tivésseis nenhum sentido além da visão, não teríeis nenhum outro meio para conhecer a extensão.

§12. O que eu perceberia então? Um ponto matemático? Não, sem dúvida. Eu veria certamente a luz e as cores. Mas a luz e as cores não traçam, necessariamente, diferentes distâncias, grandezas, posições? Observo à minha frente, no alto, embaixo, à direita, à esquerda: vejo uma luz que se espalha em todas as direções, e diversas cores que certamente não estão concentradas num ponto. Não vejo mais do que isso. Encontro

Ensaio sobre a origem dos conhecimentos humanos

aí, independentemente de todo juízo, sem o auxílio dos outros sentidos, a ideia de extensão com todas as suas dimensões.

Suponho um olho animado; que essa suposição me seja permitida, por bizarra que possa parecer. Na opinião do dr. Berkeley, esse olho veria uma luz colorida, mas não perceberia nem extensão, nem grandeza, nem distância, nem figura. Ele se acostumaria assim a julgar que a natureza inteira não é senão um ponto matemático. Que ele seja unido a um corpo humano, após sua alma ter contraído, por muito tempo, o hábito de formar esse juízo, e crer-se-ia sem dúvida que essa alma não teria senão que se servir dos sentidos que ela adquiriu para fazer ideias de grandezas, distâncias, posições e figuras. De modo algum: os juízos habituais, súbitos e uniformes que ela venha a formar ao longo do tempo irão alterar as ideias dessas novas sensações, de sorte que ela tocará os corpos e estará segura de que eles têm extensão, posição, grandeza ou figura.

§13. Seria curioso descobrir as leis que Deus seguiu quando nos enriqueceu com as diferentes sensações da visão, que não somente nos advertem melhor do que todas as outras a respeito das relações entre as coisas e as nossas necessidades e à conservação de nosso ser como um todo, como também anunciam, de maneira ainda mais impressionante, a ordem, a beleza e a imponência do universo. Por importante que seja essa pesquisa, deixo-a a outros. É suficiente para mim que os que estejam dispostos a abrir os olhos reconheçam que percebem a luz, as cores, a extensão, as grandezas etc. Não remonto a uma instância mais alta porque é nesta que começo a ter um conhecimento evidente.

§14. Examinemos por nosso turno o que aconteceria a um cego de nascença a quem fosse dado o sentido da visão.

Étienne Bonnot de Condillac

Esse cego formou ideias de extensão, de grandezas etc. refletindo sobre as diferentes sensações que experimenta quando toca um corpo. Toma uma bastão e percebe que cada uma de suas partes tem uma mesma determinação; daí ele tira a ideia de uma linha reta. Toca outro, cujas partes têm diferentes determinações, de sorte que, se elas fossem continuadas, chegariam a diferentes pontos; daí ele tira a ideia de uma linha curva. Dessas ideias ele passa às de ângulo, cubo, globo e toda espécie de figura. Tal é a origem de suas ideias de extensão. Mas não se deve acreditar que, no momento em que ele abra os olhos, passe a desfrutar do espetáculo que produz na natureza essa admirável mistura de luz e cor. É um tesouro que se esconde nas novas sensações que ele experimenta; somente a reflexão pode descobri-lo, e permitir seu verdadeiro desfrute. Quando fixamos os olhos num quadro de composição complexa, por mais que o vejamos em sua inteireza, não formamos a seu respeito nenhuma ideia determinada. Para vê-lo como se deve, somos obrigados a considerar todas as suas partes, uma após a outra. Que quadro, que universo, para olhos que se abrem à luz pela primeira vez!

Passo agora ao momento em que esse homem se encontra em condição de refletir sobre o que atinge a sua vista. Certamente, nem tudo se encontra diante dele como um ponto. Ele percebe extensão, comprimento, largura e profundidade. Que ele analise essa extensão, e fará ideias de superfície, linha, ponto e todas as espécies de figura, ideias que serão similares às que adquiriu pelo tato, pois qualquer que seja o sentido pelo qual a ideia de extensão venha ao nosso conhecimento, ela não pode ser representada de duas maneiras diferentes. Que eu veja ou toque um círculo e uma régua, a ideia de um não pode ofe-

Ensaio sobre a origem dos conhecimentos humanos

recer senão uma linha curva; a da outra, uma linha reta. Esse cego de nascença distinguirá então, através da visão, o globo do cubo, pois reconhecerá as mesmas ideias que havia formado por meio do tato.

Seria possível, contudo, convencê-lo a suspender seu juízo colocando-lhe a seguinte dificuldade. Esse corpo, dir-se-ia, parece-vos um globo, através da visão; este outro parece-vos um cubo; mas como assegurar-se de que o primeiro é o mesmo que vos deu ao tato a ideia do globo e o segundo o mesmo que vos deu a ideia do cubo? Quem disse que esses corpos devem ter para o tato a mesma figura que têm para a visão? Acaso sabeis se o que parece ser um globo para vossos olhos não seria um cubo, quando o tomardes em vossas mãos? Quem poderia responder-vos que há ali qualquer coisa semelhante ao corpo que reconheceis através do tato como um cubo e como um globo? O argumento seria comprometedor, e não vejo senão a experiência como capaz de responder a ele. Mas tal não é a tese de Locke, nem a do dr. Berkeley.

§15. Estou ciente de que me resta uma dificuldade, e que ela não é pequena. Trata-se de uma experiência que, sob todos os aspectos, parece contrária à opinião que acabo de estabelecer. Ei-la tal como relatada pelo sr. Voltaire – perderíamos muito se a exprimíssemos em outros termos:

> Em 1729, o sr. Chiselden, um desses famosos cirurgiões que reúnem a destreza das mãos às luzes do espírito, imaginou que seria possível restituir a visão a um cego de nascença removendo as suas cataratas, que ele supunha terem sido formadas em seus olhos quase no momento de seu nascimento, e propôs assim operá-las. Após muita resistência, o cego consentiu. Não conseguia

conceber que o sentido da visão pudesse aumentar ainda mais os seus prazeres. Se não fosse o desejo, nele incutido, de aprender a ler e a escrever, jamais desejaria ver... Em todo caso, a operação foi realizada, com êxito. Esse jovem rapaz, de cerca de catorze anos, viu a luz pela primeira vez. Sua experiência confirmou tudo o que Locke e Berkeley haviam previsto tão bem. Por um longo tempo, ele não distinguiu grandezas, distâncias, posições, nem mesmo figuras. Um objeto de uma polegada que escondia dele uma casa parecia-lhe tão grande quanto a própria casa. Tudo o que ele viu pareceu-lhe de início estar sob seus olhos e tocá-los como os objetos do tato tocam a pele. Não distinguia o que com suas mãos havia julgado ser redondo do que julgara ser angular, nem discernia com os olhos se o que suas mãos haviam percebido no alto ou embaixo estava com efeito no alto ou embaixo. Tão longe ele estava de conhecer as grandezas que, após ter por fim concebido através da visão que sua casa era maior do que seu aposento, não concebia como a visão poderia lhe dar essa ideia. Não foi senão após dois meses de experiência que ele pôde perceber que quadros representavam corpos sólidos. E quando, após esse longo tatear de seu novo sentido, ele percebeu que corpos e não apenas superfícies eram pintados nos quadros, pôs as mãos neles e ficou impressionado ao não encontrar com suas mãos os corpos sólidos cuja representação ele começava a adquirir. Perguntou-se quem o enganava, se o sentido do tato ou se o da visão.[41]

§16. Algumas reflexões acerca do que se passa no olho quando da presença da luz poderão explicar essa experiência.

---

41 Voltaire, *Éléments de la philosophie de Newton*, VII.

Ensaio sobre a origem dos conhecimentos humanos

Embora estejamos bem longe de conhecer por inteiro o mecanismo do olho, sabemos que a córnea é mais ou menos convexa, que, à proporção que os objetos reflitam uma quantidade maior ou menor de luz, a pupila se contrai ou se dilata, para dar passagem a menos raios ou para receber mais raios, e suspeita-se que o reservatório de humor aquoso adquire sucessivamente diferentes formas. É certo que o cristalino se projeta ou recua a fim de que os raios de luz convirjam na retina,[42] que as fibras delicadas da retina são agitadas e perturbadas com uma variação impressionante, que essa perturbação se comunica, pelo cérebro, a outras partes mais delicadas, cujas molas devem ser ainda mais admiráveis. Por fim, os músculos que permitem que se volte os olhos para os objetos que se quer fixar comprimem o globo ocular como um todo, e com essa pressão alteram mais ou menos a forma deste.

Não somente o olho e todas as partes devem se prestar a todos esses movimentos, a todas essas formas e a mil alterações que não conhecemos, com uma prontidão que é impossível imaginar, como é preciso ainda que essas revoluções ocorram em perfeita harmonia, a fim de que tudo concorra para produzir o mesmo efeito. Se, por exemplo, a córnea estivesse mais ou menos convexa em relação à posição e à forma das outras partes do olho, todos os objetos nos pareceriam confusos, invertidos, e não discerniríamos se o que nossas mãos perceberam no alto ou embaixo está mesmo no alto ou embaixo. Para se convencer disso, basta utilizar uma luneta cuja forma não se adapte à do olho.

---

42 Ou talvez sobre a coroide, pois não sabemos ao certo se é pelas fibras da retina ou pelas da coroide que a impressão da luz é transmitida à alma.

Étienne Bonnot de Condillac

Se para obedecer à ação da luz as partes do olho modificam-se incessantemente com tão grande variedade e vivacidade, isso só pode se dever a um longo exercício, que tornou suas molas mais elásticas e flexíveis. Não é o caso do jovem que teve as cataratas removidas. Seus olhos, após catorze anos, cresceram e foram nutridos, sem que os utilizasse, e resistiam à ação dos objetos. A córnea estava mais ou menos convexa em relação às demais partes. O cristalino, como que imobilizado, reunia mesmo assim os raios, aquém ou além da retina, ou então, se mudava de posição, não era nunca para encontrar o ponto em que deveria estar. Foi necessário um exercício ao longo de muitos dias para que molas enferrujadas pelo tempo pudessem operar juntas. Eis por que esse jovem rapaz tateou durante dois meses. Se deveu algo ao auxílio do tato, é que os esforços que realizava para ver nos objetos as ideias que deles formava lhe permitiram que exercesse ainda mais o sentido da visão. Supondo-se que ele deixasse de se servir de suas mãos a cada vez que abrisse os olhos à luz, não resta dúvida de que adquiriria pela visão as mesmas ideias, embora, a bem da verdade, bem mais lentamente.

Os que observaram esse cego de nascença no momento em que teve removidas as suas cataratas esperavam ver confirmada uma opinião que já haviam adotado. Quando se deram conta de que ele percebia os objetos de maneira tão imperfeita, não suspeitaram que se poderiam alegar outras razões que não as imaginadas por Locke e pelo dr. Berkeley. Para eles, constitui uma decisão irrevogável que os olhos, sem o auxílio de outros sentidos, são pouco apropriados a fornecer ideias de extensão, figura, posição etc. O que ocasionou essa opinião, que sem dúvida há de parecer extraordinária a muitos leitores, foi por

Ensaio sobre a origem dos conhecimentos humanos

um lado o desejo que temos de encontrar uma razão para tudo, e por outro a insuficiência das regras da óptica. Por mais que se meçam os ângulos que os raios de luz formam no fundo do olho, não se constata que sejam proporcionais à maneira como vemos os objetos. Mas não creio que isso autorize a que se recorra a juízos de que ninguém poderia ter consciência. Pensei que, numa obra em que proponho expor os materiais de nossos conhecimentos, deveria adotar como lei nada estabelecer que não seja incontestável e que cada um não possa, com um mínimo de reflexão, perceber por si mesmo.

Parte II
Da linguagem e do método

Seção I
Da origem e dos progressos da linguagem

Adão e Eva não extraíram da experiência o exercício das operações de sua alma; saídos diretamente das mãos de Deus, encontraram-se, extraordinariamente, em condição de refletir e comunicar seus pensamentos. Minha suposição é que, algum tempo após o dilúvio, duas crianças, um menino e uma menina, foram abandonados num deserto antes de conhecerem o uso de qualquer signo. Quem sabe se algum povo não deve sua origem a um evento como esse? Se me permitirem a suposição, a questão é saber como essa nação que nascia criou uma língua para si.[43]

---

43 "A julgar apenas pela natureza das coisas", diz o sr. Warburton (*Ensaio sobre os hieróglifos*, 1744, p.48 [*The Divine Legation of Moses*, Londres, 1737-1738]), "e independentemente da revelação, que é um guia mais seguro, seríamos levados a adotar a opinião de Diodoro Sícolo e de Vitrúvio segundo a qual os primeiros homens viveram, durante algum tempo, nas cavernas e florestas, à maneira de feras, articulan-

Étienne Bonnot de Condillac

Capítulo 1
Da linguagem de ação e da linguagem de sons articulados, consideradas em suas origens

§1. Enquanto as crianças de que falo vivessem separadas uma da outra, o exercício das operações de suas almas se limitaria à percepção e à consciência, que não cessa quando dormimos; à atenção, que ocorre todas as vezes em que uma percepção nos afeta de maneira particular; à reminiscência, quando circunstâncias que nos impressionam se apresentam antes que as liga-

---

do não mais que alguns sons confusos e indeterminados, até que, associando-se entre si para se prestarem mútuo auxílio, chegaram, gradualmente, a formar sons distintos, por meio de signos e marcas arbitrárias convencionadas para que o falante pudesse exprimir ideias que fosse necessário comunicar a outros. É isso o que ocasionou as diferentes línguas, pois todos estão de acordo que a linguagem não é inata. Essa linguagem é tão natural que alguns chegaram a querer estabelecê-la. Mas deveriam ter se informado melhor, pois, como atesta a Sagrada Escritura, a origem da linguagem é outra. Essa obra nos mostra que Deus ensinou a religião ao primeiro homem, o que não deixa dúvida de que o ensinou, ao mesmo tempo, a falar." Com efeito, o conhecimento da religião pressupõe muitas ideias e um extenso exercício das operações da alma, o que só pode acontecer com o recurso a signos: é o que mostrei na primeira parte desta obra. "Mas", acrescenta Warburton um pouco mais à frente, "não é razoável supor que a linguagem que Deus ensinou aos homens se estendesse para além de suas necessidades presentes. Assim, a primeira linguagem foi, necessariamente, estéril e limitada." Tudo isso me parece bastante exato. Se suponho duas crianças que precisam imaginar a linguagem desde os primeiros signos, é porque penso que não é suficiente, para um filósofo, afirmar que uma coisa foi feita por meio de vias extraordinárias; ele tem o dever de explicar como ela poderia ter sido feita por meios naturais.

Ensaio sobre a origem dos conhecimentos humanos

ções formadas sejam rompidas; e ao exercício da imaginação, ainda que restrito. A percepção de uma necessidade se ligaria, por exemplo, à do objeto que tivesse servido para precipitá-la. Mas ligações como essas, formadas ao acaso e sem o auxílio da reflexão, não poderiam subsistir por muito tempo. Um dia, o sentimento da fome lembraria uma árvore cheia de frutos que uma delas havia visto; no outro, essa árvore teria sido esquecida, e o mesmo sentimento lembraria outro objeto. Portanto, o exercício da imaginação não se encontraria ao alcance delas, pois seria mero efeito das circunstâncias em que se encontrassem.[44]

§2. Quando as crianças começassem a conviver, surgiriam oportunidades para que exercessem as primeiras operações, e o contato recíproco entre elas as levaria a ligar aos gritos de cada paixão as percepções de que eles são os signos naturais. Tais gritos seriam de ordinário acompanhados de algum movimento, gesto ou ação cuja expressão fosse ainda mais sensível. Por exemplo, se uma delas sofresse com a privação de um objeto que suas necessidades haviam tornado necessário, não recorreria a gritos, mas se esforçaria antes para obter o objeto, agitaria a cabeça, os braços e todas as partes do corpo. A outra, comovida com o espetáculo, fixaria os olhos no mesmo objeto e, sentindo passar pela alma um sentimento que ainda não seria capaz de explicar, sentiria o sofrimento de sua companheira. A partir desse momento, teria interesse em aliviá-lo, e obedeceria, na medida do possível, a essa impressão. Pelo mero instinto, elas pediriam e prestariam socorro uma à outra. Digo "pelo

---

44 O que digo aqui sobre as operações da alma dessas crianças não tem nada de duvidoso, após o que ficou provado neste *Ensaio*, I, 2, 1-5, e I, 4.

mero instinto", pois a reflexão não poderia ainda participar. Uma delas não diria: "Preciso me agitar desta maneira para lhe dar a conhecer o que é necessário a mim e para convencê-la a me ajudar"; nem a outra diria: "Vejo, por seus movimentos, que ela quer tal coisa, vou satisfazê-la"; agiriam ambas em consequência de uma necessidade premente.

§3. Com a repetição das mesmas circunstâncias, elas se acostumariam a atrelar, aos gritos de paixão e às diferentes ações do corpo, as percepções ali exprimidas de maneira tão sensível. Quanto mais se tornassem familiares com esses signos, mais os lembrariam voluntariamente. Sua memória começaria a se exercitar, disporiam de sua própria imaginação, e chegariam, insensivelmente, a fazer com a reflexão o que não faziam com o instinto.[45] De início, cada uma delas adquiriria o hábito de conhecer com esses signos os sentimentos experimentados pela outra num dado instante; depois se serviriam desses signos para comunicar entre si os sentimentos experimentados por cada uma delas. Aquela que, por exemplo, reencontrasse um lugar em que sentira medo, imitaria os gritos emitidos e os movimentos realizados, signos desse sentimento que advertiriam a outra para que não se expusesse ao mesmo perigo.

§4. O uso desses signos ampliaria aos poucos o exercício das operações da alma, que, por seu turno, com o exercício, aperfeiçoariam os signos e tornariam mais familiar o seu uso. Nossa experiência prova que essas duas coisas se auxiliam mutuamente. Antes que se encontrem os signos algébricos, as operações da alma precisam de muito exercício para inventá-

---

45 Isso responde à dificuldade que identifiquei na primeira parte desta obra, II, 5.

Ensaio sobre a origem dos conhecimentos humanos

-los: é só com o uso desses signos que elas se exercitam o suficiente para levar as matemáticas ao ponto de perfeição em que as encontramos.

§5. Vemos, assim, como os gritos de paixão teriam contribuído para o desenvolvimento das operações da alma ao ocasionarem naturalmente a linguagem de ação que, em seus começos, para ser proporcional à escassa inteligência de nosso casal, não poderia consistir, verossimilmente, em mais do que contorções e agitações violentas.

§6. Entrementes, com o hábito de ligar ideias a signos arbitrários, tomariam os gritos naturais como modelo para criar uma nova linguagem. Articulariam novos sons, e, repetindo-os muitas vezes, acompanhando-os de algum gesto que indicasse o objeto que quisessem fazer notar, acostumar-se-iam a dar nomes às coisas. Os primeiros progressos dessa linguagem, no entanto, seriam muito lentos. O órgão da fala seria tão inflexível que só teria facilidade para articular sons muito simples. Obstáculos à pronúncia de outros sons chegariam a impedir que se suspeitasse que a voz é apropriada para outras variações além do pequeno número de palavras até então imaginadas.

§7. O casal gera um filho; e este, pressionado por necessidades que dificilmente poderia dar a conhecer, agita todas as partes de seu corpo. Sua língua, bastante flexível, enrola-se de maneira inusitada e pronuncia uma palavra inteiramente nova. A repetição dessa mesma necessidade dá lugar ao mesmo efeito, a criança agita a língua como da primeira vez e articula o mesmo som. Os pais, surpresos, tendo enfim adivinhado o que a criança queria, tentam, dando-lhe o objeto, repetir a mesma palavra. A dificuldade de pronunciá-la lhes mostra que, por si mesmos, não poderiam ter inventado essa palavra.

Étienne Bonnot de Condillac

Com esse expediente, a linguagem não se tornaria muito rica. Na falta de exercício, o órgão logo perderia, na criança, a flexibilidade. Seus pais a ensinariam a dar a conhecer os pensamentos por meio de ações, maneira de expressão cujas imagens sensíveis estão mais ao seu alcance que sons articulados. Ao acaso se deveria o nascimento de uma palavra nova; e para aumentar, por essa via, o número de palavras, seria preciso, sem dúvida, muitas gerações. A linguagem de ação, tão natural, seria um grande obstáculo a vencer. Por que trocá-la por outra, cujas vantagens ainda não eram conhecidas e cuja dificuldade era bem sensível?

§8. À medida que a linguagem de sons articulados se tornasse mais abundante, mais apropriada ela se tornaria ao exercício do órgão da voz, preservando sua flexibilidade original. Pareceria tão conveniente quanto a linguagem de ação: os homens se serviriam tanto de uma quanto de outra: e o uso de sons articulados se tornaria tão fácil que terminaria por prevalecer.

§9. Teria havido, portanto, um tempo em que a conversação era sustentada por um discurso entremesclado de palavras e de ações. Diz o sr. Warburton,[46]

O uso e o costume na linguagem como em tudo na vida, transformam em ornamento o que se deve à necessidade. A prática sobrevive ao desaparecimento da necessidade, como se vê entre os orientais, cujo caráter se acomoda naturalmente a uma forma de conversação que, pelo movimento, preserva a vivacidade que lhes é própria, contendo-a firmemente, ao mesmo tempo, com a perpétua representação de imagens sensíveis.

---

46 Warburton, *Ensaio sobre os hieróglifos*, §8-9.

Ensaio sobre a origem dos conhecimentos humanos

A Sagrada Escritura nos fornece um sem-número de exemplos dessa sorte de conversação. Eis alguns: o falso profeta que agita cornos de ferro para declarar a completa derrota dos sírios;[47] Jeremias, que por ordem de Deus esconde seu cinto de linho numa toca às margens do Eufrates,[48] quebra um vaso de terra diante do povo,[49] amarra-se a si mesmo com nós e jugos,[50] atira um livro no rio;[51] Ezequiel, que por ordem de Deus desenha numa parede o cerco de Jerusalém,[52] pesa nos pratos de uma balança um tufo de seus cabelos e um de sua barba,[53] retira os móveis de sua casa,[54] junta dois bastões, um para Judá, outro para Israel.[55] Com essas ações, os profetas instruem o povo quanto à vontade do Senhor e conversam em signos.

Algumas pessoas, por não saberem que a linguagem de ação era para os judeus uma maneira familiar e comum de conversar, ousaram considerar absurdas e fanáticas essas ações dos profetas. O sr. Warburton refutou completamente essa acusação. Diz ele:

O absurdo de uma ação consiste em ser ela bizarra e sem significado. Ora, o uso e o costume tornam sábias e sensatas as

---

47 Reis, III, XXII, 11.
48 Ibid., 13.
49 Ibid., 19.
50 Ibid., 28.
51 Ibid., 51.
52 Ibid., 4.
53 Ibid., 5.
54 Ibid., 12.
55 Ibid., 38, 16.

ações dos profetas. Quanto ao fanatismo de uma ação, é indicado por aquele pendor que leva um homem ao gosto pelo inusitado e a servir-se de uma linguagem extraordinária. Semelhante fanatismo não pode, porém, ser atribuído aos profetas, pois é claro que suas ações eram ordinárias e seus discursos, conformes ao idioma de seu país.[56]

Não é apenas na história sagrada que encontramos exemplos de discursos exprimidos por ações. A Antiguidade profana está repleta deles... Os primeiros oráculos pronunciavam-se dessa maneira, como percebemos neste dito de Heráclito: "o rei [Apolo], cujo oráculo está em Delfos, não fala, exprime-se por signos". Prova certa de que nessa época era comum se fazer entender substituindo palavras por ações.[57]

§10. Essa linguagem teria sido conservada principalmente com o intuito de instruir o povo a respeito das coisas que mais lhe interessam, como a política e a religião. Atuando sobre a imaginação com mais vivacidade, ela realiza uma impressão mais duradoura. Sua expressão tem algo de forte e grande, a que as línguas, ainda escassas, não poderiam almejar. Os antigos chamavam essa linguagem de *dança*: eis por que se diz que Davi *dançava* em frente ao pórtico.

§11. Os homens, ao aprimorarem seu próprio gosto, teriam dado a essa *dança* mais variedade, mais graça e mais expressão. Não somente submeteriam a regras os movimentos dos membros e as posturas do corpo, como marcariam os passos que os pés teriam que dar. Com isso, a dança dividir-se-ia natural-

---

56 Warburton, *Ensaio sobre os hieróglifos*, §9.
57 Ibid., §10.

mente em duas artes, que lhe eram subordinadas: uma delas, na expressão dos antigos, é a *dança de gestos*, conservada para auxiliar na comunicação de pensamentos dos homens; a outra é a *dança de passos*, que serve para exprimir estados de espírito, em especial a alegria, e é empregada em situações de júbilo. Seu principal objetivo é o prazer.

A dança de passos provém daquela de gestos, e conserva o caráter desta. Entre os italianos, que têm uma gesticulação mais viva e mais variada, ela é *pantomima*. Entre nós, ao contrário, ela é mais grave e mais simples. Se esta é uma vantagem, parece-me ser também a causa de a linguagem de nossa dança ser menos rica e menos extensiva. Por exemplo, um dançarino que não tenha outro objetivo além de dar graça a seus movimentos e nobreza a suas posturas, poderia, figurando ao lado de outros numa coreografia, ser tão bem-sucedido como quando dança sozinho? Não seria preferível que sua dança, por força de ser simples, fosse tão limitada na expressão a ponto de não fornecer signos suficientes para a linguagem de uma dança figurada? Quanto mais simples essa arte, mais limitada sua expressividade.

§12. Há diferentes gêneros de dança, do mais simples ao menos simples. Todos são bons, contanto que exprimam algo, e são tão mais perfeitos quanto mais variada e extensiva seja sua expressão. O que pinta as graças e a nobreza é bom; o que forma uma espécie de conversação ou diálogo parece melhor ainda. Menos perfeito é o que só requer força, destreza e agilidade, pois seu objeto não é tão interessante; mas não é desprezível, pois é agradavelmente surpreendente. O defeito dos franceses é limitar as artes por força de querer torná-las simples. Com o intuito de conservar o que é bom, privam-se às vezes do que há de melhor: a música é um bom exemplo disso.

Capítulo 2
Da prosódia das primeiras línguas

§13. A fala, ao suceder a linguagem de ação, teria conservado o caráter desta. Essa nova maneira de comunicar nossos pensamentos só poderia ter sido imaginada a partir da primeira, tomada como modelo. Para ocupar o lugar das violentas agitações do corpo, a voz subiria e desceria em intervalos bastante sensíveis.

Essas linguagens não se sucederiam bruscamente, permaneceriam, por muito tempo, entremescladas, e só mais tarde é que a fala viria a prevalecer. Cada um pode experimentar por si mesmo como é natural que a voz varie suas inflexões à medida que os gestos também o façam. Outras razões confirmam essa conjectura.

Em *primeiro* lugar, quando os homens começassem a articular sons, órgãos rudimentares não lhes permitiriam fazer inflexões tênues como as nossas.

Em *segundo* lugar, note-se que as inflexões são tão necessárias que temos alguma dificuldade para compreender um texto que se lê para nós sem variação de tom. Se é suficiente que a voz varie ligeiramente, é porque nosso espírito já se exercitou com o grande número de ideias que adquirimos e com o hábito que temos de ligá-las a sons. Eis o que faltaria aos primeiros homens que falaram. Seu espírito se encontraria mergulhado na grosseria. As noções hoje mais comuns seriam como novidades. Não teriam, assim, como se entender, a não ser conduzindo a voz através de graus distintos. Quando alguém se dirige a nós numa língua com a qual não estamos familiarizados, sentimos a necessidade de nos apoiar sobre as sílabas e distingui-las de maneira sensível.

Em *terceiro* lugar, na origem das línguas, os homens encontrariam muitos obstáculos para imaginar novas palavras, e por

Ensaio sobre a origem dos conhecimentos humanos

muito tempo, para exprimir os sentimentos da alma, não teriam mais do que signos naturais, aos quais dariam o caráter de signos de instituição. Ora, os gritos naturais introduziriam, necessariamente, o uso de inflexões violentas, pois diferentes sentimentos têm como signo o mesmo som, variado em diferentes tons. Por exemplo, dependendo de como se pronuncie *ah*, essa partícula pode exprimir admiração, dor, prazer, tristeza, alegria, medo, desgosto, em suma, quase todos os sentimentos da alma.

Por fim, eu poderia acrescentar que é verossímil que os primeiros nomes dos animais tenham sido imitações de seus gritos, e o mesmo vale para nomes dados a ventos, rios e a tudo que emita algum ruído. É evidente que uma imitação como essa pressupõe que os sons se sucedam em intervalos muito bem demarcados.

§14. Poder-se-ia, inapropriadamente, dar o nome de canto a essa pronunciação, como se costuma fazer com todas as pronunciações compostas de muitas entonações. Evitarei, no entanto, essa denominação, e utilizarei a palavra *canto* em sentido próprio. Pois não é suficiente, para haver canto, que os sons se sucedam em graus distintos, é preciso ainda que estes sejam sustentados, para que se escutem os seus harmônicos e os seus intervalos sejam apreciáveis. No nascimento das línguas, é impossível que esse caráter tenha sido de ordinário aquele dos sons pelos quais a voz variava, mas tampouco estaria muito longe de convir a eles. Por menor que seja a relação entre dois sons em sucessão imediata, é suficiente descer ou subir um dos dois de maneira tênue para encontrar um intervalo como o exigido pela harmonia. Na origem das línguas, a pronunciação admitiria inflexões de voz tão distintas que um músico poderia anotá-las, com ligeiras alterações. Pode-se dizer assim que a pronunciação seria parte do canto.

§15. Essa prosódia teria sido tão natural para os primeiros homens, que a alguns deles pareceria mais fácil exprimir diferentes ideias com uma mesma palavra, pronunciada em diferentes tons, do que multiplicar palavras na mesma proporção que as ideias. Uma linguagem como essa foi conservada entre os chineses. Eles têm 328 monossílabos, que variam em cinco tons, o que corresponde a 1.640 signos. Nossas línguas não são mais tão abundantes. Outros povos, sem dúvida dotados de uma imaginação mais fecunda, têm gosto pela invenção de novas palavras. A prosódia de suas línguas distancia-se progressivamente do canto, à medida que as razões que os levaram a ela deixem de existir. Foi preciso um tempo considerável para que a nossa prosódia se tornasse tão simples como é hoje. Usos estabelecidos subsistem, uma vez que desapareçam as necessidades que os engendraram. Se eu dissesse que a prosódia dos gregos e dos romanos manteve-se como parte do canto, poder-se-ia indagar qual a base para semelhante conjectura. As razões que a sustentam me parecem, no entanto, simples e convincentes: expô-las-ei no próximo capítulo.

Capítulo 3
Da prosódia das línguas grega e latina; e, a propósito, da declamação dos antigos

§16. Consta que os gregos e os romanos anotavam suas declamações e faziam acompanhá-las por um instrumento;[58]

---

58 Não preciso dar prova disso: encontra-se no terceiro volume das *Reflexões críticas sobre a pintura e a poesia*. Recomendo essa obra para a confirmação da maioria dos fatos aqui relatados. O abade Dubos é

Ensaio sobre a origem dos conhecimentos humanos

eram, portanto, um verdadeiro canto. Essa consequência é evidente para todos os que tenham algum conhecimento dos princípios de harmonia e não ignorem que: 1º) só podemos anotar um som se pudermos tê-lo apreciado; 2º) em harmonia nada é apreciável a não ser pela ressonância dos corpos sonoros; 3º) essa ressonância não fornece outros sons ou intervalos além dos que entram no canto.

Consta ainda que, para os antigos, essa declamação cantante não tinha nada de excepcional. Em parte alguma se diz que a reprovassem como pouco natural, a não ser em casos particulares, como também fazemos quando, por exemplo, a representação do ator parece-nos exagerada. Acreditavam, ao contrário, que o canto é essencial à poesia. A versificação dos melhores poetas líricos, diz Cícero,[59] não parece mais que simples prosa quando não é sustentada pelo canto. Não teríamos aqui uma prova de que a pronunciação, então natural no discurso coloquial, entrava no canto com tanta força que teria sido inconcebível uma declamação como a nossa?

Nosso único objetivo quando declamamos é traduzir nossos pensamentos de uma maneira mais sensível, sem nos afastarmos, ao mesmo tempo, daquela que julgamos ser a mais natural. Se a pronunciação dos antigos tivesse sido semelhante à nossa, eles teriam se contentado, como nós, com a simples

---

uma fonte fidedigna: sua erudição é célebre. [*Réfléxions critiques sur la peinture et sur la poésie*, 1713; 2.ed., 1734. (N. T.)]

59 Cícero, *Bruto*, X, 40. ["O próprio Homero não teria atribuído a Ulisses e a Nestor um talento tão grande com as palavras, doces neste, fortes naquele, se já na época da guerra de Troia a eloquência não fosse prestigiada. E o próprio poeta, em seu estilo, não teria se mostrado um tão brilhante e consumado orador." (N. T.)]

declamação. Mas ela deve ter sido muito diferente, pois só conseguiam intensificar a expressão com o auxílio da harmonia.

§17. Sabe-se, além disso, que no grego e no latim havia *acentos** que, independentemente da significação de uma pa-

---

* O termo *acento* traduz o francês *accent*. A acepção geral é a mesma em francês e em português. Segundo o *Houaiss*, acento é o "destaque, relevo; realce que uma sílaba ou uma palavra têm em comparação com outras na mesma frase, seja pela maior intensidade com que é pronunciada (acento de intensidade), seja pela maior altura (acento tonal), seja pela maior duração (acento de quantidade)". Não se confunde, portanto, com acento gráfico, "sinal com que se indica como deve ser pronunciada uma vogal quanto à tonicidade ou quanto ao timbre". No *Robert de la langue française* encontraremos definições equivalentes. Ora, é evidente que a língua francesa tem acento, assim como toda outra língua. Se Condillac a priva dessa qualidade (no que é seguido por Rousseau, *Ensaio sobre a origem das línguas*, VII), não é por excentricidade, mas por se referir a uma acepção ausente dos dicionários modernos. No verbete "Accent" da *Encyclopédie* (1751), Dumarsais esclarece que o termo se refere ao tom das sílabas (grave, agudo ou circunflexo), ao tempo de sua pronúncia (longas, breves), à aspiração, à variedade patética (surpresa, admiração, interrogação etc.) e aos intervalos (incisos, parênteses etc.). Essa classificação fora estabelecida, conforme o enciclopedista, por d'Olivet, *Traité de la prosodie française* (1736). Condillac privilegia a quarta acepção, que d'Olivet denomina "acento oratório" (*accent oratoire*), presente no grego e no latim, ausente em línguas modernas. Como explica Dumarsais, "a elevação e a depressão da voz eram muito mais sensíveis entre os antigos do que entre nós, pois sua pronunciação era mais sustentada e mais cantante. Temos tantas elevações e depressões de voz em nossa maneira de falar quanto eles, mas são independentes das outras palavras da frase, de sorte que as sílabas de nossas palavras se elevam ou se abaixam segundo o acento prosódico ou tônico, independentemente do patético, ou seja, independentemente do tom que a paixão e o sentimento imprimem à frase como um todo". Acrescenta Dumarsais que os

Ensaio sobre a origem dos conhecimentos humanos

lavra ou do sentido de uma frase inteira, determinavam que a voz se abaixasse em certas sílabas e se elevasse em outras. Para compreender como tais acentos não entravam em contradição com a expressão do discurso, só há uma explicação. É absolutamente necessário supor que, na pronunciação dos antigos, as inflexões que traduziam o pensamento seriam tão variadas e sensíveis que não poderiam ser contrariadas pelas inflexões exigidas pelos acentos.

§18. De resto, quem se puser no lugar de gregos e romanos não se surpreenderá que sua declamação tenha sido um verdadeiro canto. Se julgamos o canto pouco natural, não é porque os sons se sucedem nele conforme as proporções exigidas pela harmonia, mas porque as mais tênues inflexões nos parecem suficientes para exprimir nossos pensamentos. Povos acostumados a conduzir a voz através de intervalos demarcados con-

---

acentos gráficos inexistiam nos textos gregos e foram inventados para ensinar os romanos a pronunciar corretamente essa língua. O hábito adquiriu força de regra, incidindo na estrutura das línguas. Segundo Condillac, nas línguas modernas o acento gráfico modula e constrange a prosódia, represando o influxo de sentimento na elocução, que se torna, assim, mais monótona ou indeferente. Por essa razão, ele cunha na *Gramática* o termo "acento natural", tomando a prosódia clássica como modelo para compreender as ditas "linguagens naturais" (I, 1; II, 2). Condillac poderia, portanto, ser responsabilizado pela "confusão" entre *acento tônico* e *acento oratório*, que o dicionário *Littré* atribui a Rousseau. Com o adendo de que não há confusão alguma. Entre a linguística do século XVIII e a nossa há, isso sim, uma diferença essencial. O caráter oratório do acento é absorvido pela cláusula que no verbete do *Houaiss* diz "em comparação com outras palavras na mesma frase"; falta mencionar o sentimento da ligação entre os signos, sem o que, para Condillac, não há linguagem. (N. T.)

siderariam nossa pronunciação como sendo de uma monotonia sem alma; mas, em sua opinião, um canto que só modificasse os intervalos na medida do necessário para apreciar os sons aumentaria a expressividade do discurso, e não pareceria ter nada de extraordinário.

§19. Na falta de um conhecimento direto do caráter da pronunciação do grego e do latim, leiamos o que se escreveu sobre seus espetáculos; como neste exemplo, citado pelo abade Dubos:

"Se a tragédia pode subsistir sem versos", diz um comentador da *Poética* de Aristóteles,[60] "ela poderia igualmente subsistir sem música. Se ainda não compreendemos a parte que a música poderia ter na tragédia, é porque, se há algo no mundo que parece estranho e contrário à ação trágica, tal é o canto, tão caro aos inventores de tragédias musicais, esses poemas ridículos e novidadeiros que jamais poderiam ser aceitos se houvesse algum gosto pelo verdadeiro teatro e se não fosse o poder de sedução de um dos maiores músicos que jamais existiu. Pois as óperas, ouso dizer, são os grotescos da poesia, tão mais insuportáveis por quererem passar por obras regulares. Portanto, seríamos gratos a Aristóteles, se ele nos mostrasse como a música pôde ser julgada necessária à tragédia. Em vez disso, contenta-se em dizer que a força da música é bem conhecida, o que só mostra que todos estavam convencidos de que ela era necessária e sentiam os maravilhosos efeitos que o canto produzia em poemas aos quais era intercalado. Eu mesmo tentei, em vão, compreender as razões que teriam levado homens hábeis e delicados como os atenienses

---

60 Dacier, *Poética de Aristóteles*, [Paris, 1692,] p.82.

Ensaio sobre a origem dos conhecimentos humanos

a associar música e dança a ações trágicas. Após ter investigado a razão de por que lhes teria parecido natural e verossímil que um coro, que representava espectadores de uma ação, dançasse e cantasse sobre eventos tão extraordinários, tudo o que descobri é que tentaram assim amenizar a superstição, que era parte de sua natureza. Pois os gregos eram os homens mais supersticiosos do mundo, e os mais afeitos à dança e à música. A educação fortificou essa inclinação natural."

Parece-me muito duvidoso que esse raciocínio justifique o gosto dos atenienses, como se a música e a dança, que os autores antigos concordam em declarar como absolutamente necessárias à representação trágica, fossem similares à nossa música e à nossa dança. Ao contrário, essa música não era mais que simples declamação, e essa dança não era mais que gestual estudado e controlado.*

Mas ambas as explicações parecem-me igualmente falsas. Dacier representa a pronunciação dos gregos a partir da maneira dos franceses e a música de sua tragédia como a música de nossa ópera, e, assim, só pode ser natural que lhe surpreenda o gosto dos atenienses. Mas ele faz mal de se prender a Aristóteles. Esse filósofo, que não anteviu que alterações ocorreriam na pronunciação e na música, esperava ser tão bem compreendido pela posteridade quanto por seus contemporâneos. Se ele nos parece obscuro, não nos aferremos a nossos hábitos de julgar os usos da Antiguidade pelos nossos.

O erro do abade Dubos tem o mesmo princípio. Por não aceitar que os antigos pudessem ter introduzido em seus tea-

---

* Dubos, *Reflexões críticas sobre a pintura e a poesia*, III, 5. (N. T.)

tros, como uso mais natural, uma música similar à de nossa ópera, tomou o partido de dizer que não se tratava de música, mas de simples declamação anotada.

§20. Para começar, parece-me que, assim, ele violenta muitas passagens dos antigos, como vemos na dificuldade que tem para esclarecer tudo o que concerne aos coros. Em segundo lugar, se o sábio abade tivesse conhecimento dos princípios da geração harmônica, teria visto que uma simples declamação anotada é algo manifestamente impossível. Para destruir esse sistema, é suficiente mostrar a maneira como ele tenta estabelecê-lo. Diz ele:

> Perguntei a muitos músicos se seria difícil inventar caracteres com os quais se pudesse transcrever em notas a declamação utilizada em nosso teatro... Esses músicos me responderam que isso é possível, e que para transcrever a declamação em notas pode-se recorrer à escala de nossa música, desde que não se deem às notas senão a metade da entonação usual. Por exemplo, notas que na música têm um semitom de entonação não teriam na declamação senão um quarto. Assim, notar-se-iam as menores elevações sensíveis da voz para nossos ouvidos.
>
> Nossos versos não trazem consigo seu próprio metro, contrariamente à métrica dos gregos e romanos. Mas disseram-me que se poderia utilizá-los na declamação para assinalar tanto o valor das notas quanto sua entonação. Uma mínima teria valor de semínima, uma semínima de colcheia, as outras notas seriam avaliadas segundo essa mesma escala.
>
> Sei bem que de início não se encontrariam pessoas capazes de ler essa espécie de música e de entoar corretamente suas notas; mas jovens de quinze anos que durante seis meses estudassem

Ensaio sobre a origem dos conhecimentos humanos

essa anotação chegariam a isso. Seus órgãos se adaptariam à entonação, à pronunciação de notas sem o canto, assim como se adaptam à entonação de nossa música atual. O exercício, e o hábito que a ele se segue, estão para a voz como a palheta e a mão do instrumentista estão para o violão. Seria tão difícil uma entonação como essa? Bastaria acostumar a voz a fazer metodicamente o que ela faz todos os dias na conversação. Ali, às vezes fala-se rápido, às vezes devagar; empregam-se toda sorte de tons e realizam-se progressões subindo a voz ou descendo-a por todos os intervalos possíveis. A declamação anotada não seria outra coisa que os tons e os movimentos da pronunciação transcritos em notas. Certamente, a dificuldade que se encontraria para executar semelhante notação não se aproximaria da que existe para ler pela primeira vez palavras que nunca antes se leu e cantá-las acompanhando-as com o cravo numa chave que nunca antes se estudou. No entanto, o exercício ensina a realizar as três operações ao mesmo tempo.

Quanto ao meio de transcrever em notas a declamação, seja ele como indicamos, seja outro qualquer, reduzi-lo a regras certas e colocar em prática o seu método não seria mais difícil do que encontrar a arte de transcrever em notas os passos e as figuras da abertura de um balé dançado por oito pessoas, principalmente com os passos tão variados e as figuras tão entrelaçadas como no balé atual. Feuillée conseguiu chegar a essa arte, e sua notação chega a instruir os bailarinos de como devem mexer os braços.*

§21. Eis um exemplo claro dos erros em que se incorre e dos raciocínios vagos que se tornam inevitáveis quando se fala

---

* Dubos, *Reflexões críticas sobre a pintura e a poesia*, III, 9. (N. T.)

de uma arte da qual se ignoram os princípios. Poder-se-ia, a justo título, criticar essa passagem do começo ao fim. Citei-a por inteiro a fim de que os equívocos de escritor tão valoroso como o abade Dubos nos alertem para o risco que corremos em nossas conjecturas toda vez que falamos a partir de ideias pouco exatas.

Alguém que conhecesse a geração de sons e o artifício pelo qual sua entonação se torna natural jamais suporia que poderiam ser divididos em quatro tons e que sua escala seria tão familiar quanto aquela de que nos servimos na música. Os músicos em cuja autoridade o abade Dubos se apoia podem ser excelentes praticantes, mas parecem ignorar a teoria de uma arte da qual o sr. Rameau foi o primeiro a dar os verdadeiros princípios.

§22. Demonstra-se, no *Tratado de geração harmônica* que:[61] 1º) só se pode apreciar um som se ele for suficientemente suspenso para que se escutem seus harmônicos; 2º) a voz só pode entoar muitos sons em sequência, estabelecendo intervalos determinados, se for guiada por um baixo fundamental; 3º) nenhum baixo fundamental pode dar uma sucessão por quartos de tons. Ora, em nossa declamação, os sons, em sua maioria, são pouco suspensos, e sucedem-se por quartos de tons ou por intervalos ainda menores. O projeto de anotá-los é, assim, impraticável.

§23. É verdade que a sucessão fundamental por terceiras dá o semitom menor, um quarto de tom abaixo do semitom maior. Mas isso só acontece nas mudanças de modos, e jamais poderia gerar uma escala por quartos de tons. De resto, esse semitom

---

61 Rameau, *Génération harmonique ou traité de musique théorique et pratique*, Paris, 1737.

Ensaio sobre a origem dos conhecimentos humanos

menor não é natural, e o ouvido é tão apto a apreciá-lo que no cravo não distinguimos o semitom maior, pois o mesmo toque forma ambos.[62] Os antigos conheciam, sem dúvida, a diferença entre esses dois semitons, o que levou o abade Dubos e outros a crer que teriam dividido a escala em quartos de tons.

§24. Não se devem realizar induções a partir da coreografia, que é a arte de transcrever em notas os passos e figuras da abertura de um balé. Feuillée teve apenas que imaginar signos, pois na dança todos os passos e movimentos, ao que ele pôde observar, são apreciáveis. Em nossa declamação, a maioria dos sons não é apreciável: são como certas expressões de balé, que a coreografia não consegue transcrever.

Consigno a uma nota a explicação das passagens que o abade Dubos extraiu dos antigos para sustentar sua opinião.[63]

---

62 Ver no *Tratado de Geração Harmônica*, 14, §1, o artifício graças ao qual a voz passa ao semitom menor.

63 O abade Dubos alega [*Reflexões críticas sobre a pintura e a poesia*, III, 10] que quando os antigos falam de sua pronunciação ordinária, referem--se a ela como sendo simples e tendo um som contínuo. Mas deveria ter prestado atenção ao fato de que falam assim por comparação à música, e que sua prosódia não era simples. Com efeito, quando a consideram em si mesma, notam nela acentos prosódicos de que a nossa música carece inteiramente. Um homem da Gasconha, que não conhece nenhuma pronunciação mais simples que a sua, não veria nela mais que um som contínuo se a comparasse aos cantos da música. Os antigos se encontravam na mesma situação. Crasso diz em Cícero que, quando escuta Lélia, crê ouvir recitadas as peças de Plauto e de Névia, pois ela pronuncia uniformemente, sem afetar acentos prosódicos de línguas estrangeiras. Ora, diz o abade Dubos, Lélia não cantava em casa. É verdade, mas, no tempo de Plauto e de Névia, a pronunciação dos latinos era parte do canto, pois a declamação das peças desses poetas era anotada. Se a

pronunciação de Lélia parecia uniforme, é unicamente porque ela não se servia de novos acentos prosódicos, introduzidos pela moda. Os que atuam em comédias, diz Quintiliano, não se afastam tanto da pronunciação natural a ponto de esta se tornar irreconhecível, mas destacam, na medida do que permite a arte, a maneira ordinária de pronunciar. Seria isso cantar, pergunta o abade Dubos? Sim, supondo que a pronunciação que Quintiliano chama de natural fosse tão carregada de acentos prosódicos e se aproximasse do canto a ponto de ser anotada sem ser sensivelmente alterada. Essa verdade vale, sobretudo, para a época em que esse crítico escreveu, quando os acentos prosódicos haviam se multiplicado no latim.

Há um fato que, à primeira vista, parece bastante favorável à opinião do abade Dubos. Em Atenas, as leis eram compostas em declamação e eram publicadas com o acompanhamento de um instrumento. Seria mesmo verossímil que os atenienses cantassem suas leis? Respondo que jamais sonhariam em estabelecer semelhante uso se a sua pronunciação fosse como a nossa, pois o canto mais simples se tornaria obscuro. É preciso colocar-se no lugar deles. Sua língua tinha ainda mais acentos prosódicos que a dos romanos; e uma declamação cujo canto fosse pouco carregado poderia realçar as inflexões da voz sem que parecesse se afastar da pronunciação ordinária. Portanto, conclui o abade Dubos, é evidente que o canto das peças dramáticas recitadas nos teatros antigos não tinha nem passagens nem colocações de voz cadenciadas, nem suspensões de trinados, nem outras características de nosso canto musical.

Ou muito me engano ou esse autor não tem uma ideia nítida do que é o canto. Parece julgá-lo a partir de nossa ópera. Citando a queixa de Quintiliano de que alguns oradores se portavam no púlpito como se estivessem no palco, ele opina que tais oradores cantavam assim como se canta em nossas óperas! Mas a sucessão de tons que forma o canto pode ser muito mais simples que em nossa ópera, e não é necessário que tenha as mesmas passagens, as mesmas colocações de voz ou os mesmos trinados de nossas óperas.

De resto, encontram-se nos antigos muitas passagens que provam que sua pronunciação não era um som contínuo. "Tal é", diz Cícero em seu tratado sobre o orador, "a maravilhosa virtude da

Ensaio sobre a origem dos conhecimentos humanos

voz, que, a partir de três tons, o agudo, o grave, e o médio, forma toda a variedade, toda a doçura e toda a harmonia do canto. Pois a pronunciação contém, como se sabe, uma espécie de canto, não um canto musical como o que os oradores frígios ou cários utilizam em suas perorações, mas um canto pouco marcado, tal como o de um Demóstenes ou de um Ésquino quando se censuravam reciprocamente por suas respectivas inflexões de voz. Demóstenes, mais irônico, dizia que seu adversário falara em tom doce, claro e ponderado." Cito a tradução do abade Colin. [*Traduction du traité de l'orateur*, 1737.]

Quintiliano observa que as censuras que Demóstenes e Ésquino dirigem um ao outro não deve levar a que se condene tais inflexões de voz, pois mostra, ao contrário, que ambos as utilizavam.

"Os grandes atores", diz o abade Dubos, "quando se levantavam pela manhã não pronunciavam sequer uma palavra antes de treinar metodicamente sua voz, soltando-a aos poucos, dando-lhe vazão gradual a fim de não danificar seu órgão, liberando-a bruscamente e com violência. Mantinham-se deitados durante esse exercício. Após o treino, sentavam-se, e nessa postura recuperavam, por assim dizer, o órgão da voz, respirando no tom mais alto em que eram capazes de declamar e a seguir sucessivamente nos demais tons até chegarem ao mais baixo que podiam." Se a declamação não fosse um canto em que entrassem todos os tons, os atores teriam a precaução de todos os dias exercitar sua voz na escala completa dos tons que ela pudesse percorrer.

Por fim, como diz o mesmo abade Dubos, "os escritos dos antigos estão repletos de fatos que provam que sua atenção a tudo o que pudesse servir para fortalecer ou embelezar a voz beirava a superstição. Pode-se ver, no terceiro capítulo de Quintiliano, que, em relação a todo gênero de eloquência, os antigos realizaram profundas reflexões sobre a natureza da voz humana e sobre as práticas apropriadas para fortalecê-la e revigorá-la. A arte de ensinar a fortalecer e administrar a voz tornou-se mesmo uma profissão à parte". Uma declamação como essa, efeito de tanto cuidado e de tantas reflexões, poderia mesmo ser tão simples quanto a nossa?

§25. As mesmas causas pelas quais a voz varia em intervalos bastante distintos levam-na necessariamente a demarcar os tempos que emprega para articular os sons. Não poderia ser natural, portanto, que homens cuja prosódia fosse parte do canto observassem durações iguais para cada sílaba: essa pronunciação não imitaria suficientemente o caráter da linguagem de ação. Os sons, no nascimento das línguas, teriam se sucedido com rapidez extrema ou com grande vagareza. Daí a origem do que os gramáticos chamam *quantidade*, que é a diferença sensível entre sílabas longas e sílabas breves. A quantidade e a pronunciação em intervalos distintos teriam subsistido juntas, e teriam se alterado paulatinamente, em proporções equivalentes. A prosódia dos romanos permaneceu próxima do canto e suas palavras eram compostas de sílabas bastante desiguais. Em nossa língua, a quantidade só se conservou porque as tênues inflexões de nossa voz as tornam necessárias.

§26. Inflexões por meio de intervalos sensíveis teriam levado ao uso de uma declamação cantante; a forte desigualdade entre as sílabas acrescentaria a ela a diferença de tempo e compasso. A declamação dos antigos absorveu assim as duas características do canto, a saber, modulação e movimento.

O movimento é a alma da música: os antigos julgavam-no absolutamente necessário à declamação. Havia em seus teatros um homem que marcava o movimento com o bater dos pés, e o ator era tão constrangido pelo metro quanto o músico e o dançarino em nossos dias. É evidente que semelhante declamação está muito distante de nossa pronunciação para que nos pareça natural. Longe de exigirmos que um ator siga um movimento certo, nós o proibimos de sentir o metro de nossos versos ou mesmo pedimos que o interrompa e pareça se exprimir em

Ensaio sobre a origem dos conhecimentos humanos

prosa. Portanto, tudo confirma que a pronunciação dos antigos, no discurso familiar, estava tão próxima do canto que sua declamação era ela mesma um canto.

§27. Pode-se observar em nossos espetáculos que os cantores têm dificuldade para fazer que suas palavras sejam ouvidas distintamente. Alguém poderia perguntar-me se a declamação dos antigos estava sujeita ao mesmo inconveniente. Respondo que não, e encontro a razão disso em sua prosódia.

Como a nossa língua tem pouca quantidade, damo-nos por satisfeitos com o músico se ele tornar breves as sílabas breves, e longas as sílabas longas. Observada essa relação, poderá prolongá-las ou abreviá-las à vontade, e fazer, por exemplo, que uma mesma sílaba dure um, dois ou três compassos. A falta de acento permite uma licença ainda maior. Ele pode decidir por conta própria se abaixará ou elevará a voz sobre um mesmo som: seu gosto é a única regra. Disso naturalmente resulta alguma confusão nas palavras, quando transpostas em canto.

Em Roma, o músico que compunha a declamação de peças dramáticas era obrigado a se conformar inteiramente à prosódia. Não era livre para alongar uma sílaba breve para além de um tempo, nem uma longa para além de dois; caso o fizesse, a plateia vaiava. O acento determinava se deveria passar a um som mais alto ou a um mais grave; não havia escolha. Por fim, tinha o dever de conformar o movimento do canto ao metro do verso, não ao pensamento exprimido. É assim que a declamação, conformando-se a uma prosódia com regras mais rígidas do que a nossa, concorria, apesar de cantante, para que as palavras fossem ouvidas distintamente.

§28. Não é lícito representar a declamação dos antigos segundo nossa recitação; seu canto não era tão musical. Quanto a nossas recitações, não as sobrecarregamos com música, por mais simples que seja, pois isso não nos pareceria natural. Ao querermos introduzir o canto em nossos teatros e mantê-lo a alguma distância de nossa pronunciação ordinária, terminamos por acusá-lo de algo que ele deve não à natureza e sim a um hábito que tomamos por ela. Os italianos têm uma recitação menos musical que a nossa. Acostumados a acompanhar seus discursos com muito mais movimento do que nós, e a uma pronunciação que busca por acentos prosódicos tanto quanto a nossa os evita, uma música pouco composta lhes parece algo perfeitamente natural, isso porque a empregam, de preferência, em peças que exigem declamação. Nossos recitais perderiam muito, caso se tornassem mais simples, pois haveria neles menos suavidade, sem que com isso nos parecessem mais naturais. E os recitais italianos também perderiam muito, caso se tornassem menos simples, pois não ganhariam, do lado da suavidade, o que perderiam do lado da natureza, ou melhor, do que lhes parece natural. Pode-se concluir que os italianos e os franceses fariam bem em se contentar com suas respectivas maneiras, pois elas, em si mesmas, não têm por que serem criticadas.

§29. Encontro ainda na prosódia dos antigos a razão de um fato que, ao que eu saiba, ainda não foi devidamente explicado. Trata-se de saber como os oradores romanos, que discursavam em assembleias públicas, conseguiam se fazer ouvir pelo povo como um todo.

Os sons de nossa voz chegam facilmente às extremidades de lugares muito amplos; mais difícil é impedir que se tornem confusos. Essa dificuldade é proporcionalmente menor quanto mais sensivelmente sejam distinguidas, segundo o caráter

Ensaio sobre a origem dos conhecimentos humanos

da língua, as sílabas de cada palavra. No latim, as sílabas diferenciam-se entre si pela qualidade do som, pelo acento, que, independentemente do sentido, exige que a voz se eleve ou se abaixe, e pela quantidade. A nós faltam esses acentos, nossa língua quase não tem quantidade e muitas de nossas sílabas são mudas. Por isso um romano se fazia ouvir distintamente num lugar em que um francês dificilmente ou de modo algum poderia ser ouvido.

Capítulo 4
Dos progressos realizados pelos antigos na arte dos gestos

§30. Todos estão cientes, em nossos dias, dos progressos realizados pelos antigos, especialmente os romanos, na arte dos gestos. O abade Dubos coletou o que de mais curioso se conservou a esse respeito;* falta, porém, dar a razão desses progressos. Os espetáculos dos antigos parecem-nos maravilhas inexplicáveis, o que os torna alvo daquele ridículo que dedicamos a tudo o que contraria nossos usos. O abade Dubos, querendo defendê-los, nota que os gregos e os romanos se empenhavam enormemente na representação de suas peças dramáticas e destaca os progressos realizados por eles na poesia, na oratória, na pintura, na escultura e na arquitetura. Conclui que se deve julgá-los favoravelmente nas artes de que não restam vestígios, e, a crer nele, dedicaríamos às peças dramáticas dos antigos os mesmos elogios que às suas edificações ou aos seus escritos. Penso que, para apreciar essa espécie de representação, seria necessário que nos adaptássemos a costumes

---

* Dubos, *Reflexões críticas sobre a pintura e a poesia*, III, 13-4. (N. T.)

muito diferentes dos nossos; uma vez feito isso, aplaudiríamos tais espetáculos e chegaríamos mesmo a considerá-los superiores aos nossos. É o que tentarei explicar neste capítulo e no subsequente.

§31. Se, como eu disse, é natural que a voz varie suas inflexões conforme variam os gestos, igualmente natural é que homens que falam uma língua cuja pronunciação está muito próxima do canto tenham uma gesticulação mais variada: as duas coisas vão juntas. Com efeito, se notamos na prosódia dos gregos e romanos alguns vestígios do caráter da linguagem de ação, tanto mais razão haveria para encontrá-los também nos movimentos com que acompanhavam seus discursos. Veríamos que seus gestos eram bem demarcados, para poderem ser devidamente apreciados, e compreenderíamos sem dificuldade que prescreviam regras aos gestos e conheciam o segredo de transcrevê-los em notas. Hoje, essa parte da declamação se tornou tão simples quanto as demais. Prezamos um ator que com a tênue variação de seus gestos domina a arte de exprimir todos os estados da alma, e parece-nos afetado outro que se afasta demais de nossa gesticulação ordinária. Por isso não temos princípios para regrar as atitudes e os movimentos que entram na declamação, e nossas observações a respeito restringem-se a casos particulares.

§32. Uma vez reduzidos a uma arte e transcritos, os gestos podem facilmente ser submetidos ao movimento e ao metro da declamação: foi o que fizeram gregos e romanos. Eles foram além: partilharam o gesto e o canto entre dois atores diferentes.* Por mais extraordinário que esse uso possa parecer, um

---

* Dubos, *Reflexões críticas sobre a pintura e a poesia*, III, 11. (N. T.)

Ensaio sobre a origem dos conhecimentos humanos

ator, através de um movimento comedido, poderia variar suas posições propositadamente, sincronizando-as com o recital de seu parceiro que declamava. Um gesto fora do metro era tão chocante quanto é para nós um bailarino que dança fora do ritmo.

§33. A maneira como se introduziu a partilha de canto e gestos entre dois atores prova que os romanos apreciavam muito uma gesticulação que nos pareceria exagerada. Diz-se que o poeta Lívio Andrônico, que atuava em suas próprias peças, ficou rouco de tanto repetir os versos que agradavam ao público; ele recrutou então um escravo, que recitava os versos enquanto ele gesticulava. Sua ação tornou-se muito mais viva do que se tivesse que dividir suas forças e, como a encenação continuasse a ser aplaudida, o uso terminou por prevalecer nos monólogos em geral. Apenas nas cenas dialogadas o ator continuava a gesticular e a recitar. Fica a pergunta: movimentos que exigissem a força máxima de um homem seriam aplaudidos em nossos teatros?

§34. O uso de partilhar a declamação conduziria naturalmente à descoberta da arte das pantomimas.* Para tanto, não restava senão um passo. Bastaria que o ator encarregado dos gestos desse a estes tanta expressão que o papel do cantor parecesse inútil. E assim aconteceu. Os mais antigos escritores a falar de pantomimas nos informam que as primeiras surgiram de monólogos compostos de cenas em que a declamação era partilhada. Viram-se nascer tais atores sob Augusto, e logo se encontraram em condição de executar peças inteiras. Sua arte estaria para a nossa gesticulação assim como o canto de peças

---

* Ibid., III, 16. (N. T.)

recitadas estaria para a nossa declamação. E assim, por um longo circuito, podemos imaginar a invenção daquela que foi a primeira linguagem dos homens, com a diferença de que a pantomima é própria para expressar um número maior de ideias.

§35. A arte das pantomimas jamais poderia ter nascido num povo como o nosso. A ação com que acompanhamos nossos discursos está longe de ser tão enfática quanto os animados, variados e característicos movimentos dos atores desse gênero. Entre os romanos, tais movimentos eram parte da linguagem, especialmente dos que costumavam frequentar o teatro. Havia três repertórios de gestos: um para a tragédia, outro para a comédia, um terceiro para as peças dramáticas, ditas *sátiras*. Foi de lá que Pilado e Bátilo, os primeiros mímicos surgidos em Roma, retiraram os gestos próprios à sua arte. Se os inventassem de novo em nossos dias, o fariam, sem dúvida, segundo a analogia dos gestos conhecidos por nós.

§36. O nascimento das pantomimas, como resultado natural dos progressos dos atores na arte; os gestos, distribuídos em repertórios destinados a tragédias, a comédias e sátiras; a íntima relação entre uma gesticulação fortemente característica e inflexões de voz variadas de maneira sensível – tudo isso confirma o que eu disse acerca da declamação dos antigos. Se lembrarmos ainda que os mímicos não podiam recorrer a expressões da face, pois, como os demais atores, atuavam mascarados, julgaremos quão animados não seriam os seus gestos e concluiremos que era cantante a declamação das peças de que estes foram extraídos.

§37. Os desafios de Cícero a Róscio mostram-nos a que grau chegara a expressão dos gestos, mesmo antes do estabelecimento das pantomimas. O orador pronunciava um período que acabara de compor e o comediante traduzia o sentido por meio de uma encenação muda. Cícero em seguida alterava a ordem ou a locução* das palavras, de maneira que o sentido não fosse tão enervado e Róscio igualmente o exprimia por meio de novos gestos. Pergunto se semelhantes gestos poderiam ser conjugados a uma declamação simples como a nossa.

§38. A arte da pantomima desde o início encantou os romanos; foi transmitida às mais distantes províncias e sobreviveu enquanto durou o império. Chorava-se nessas representações como nas de outros atores, mas elas tinham a vantagem de ser ainda mais prazerosas, pois a imaginação é mais vivamente afetada por uma linguagem que é pura ação. A paixão por esse gênero de espetáculo chegou a ponto de o Senado, nos primeiros anos de Tibério, ser obrigado a adotar uma regra que proibia seus membros de frequentar as escolas dos mímicos, e os cavaleiros de escoltá-los pelas ruas de Roma. Diz Dubos:

> A arte da pantomima teria enfrentado grandes dificuldades para prosperar nas nações setentrionais da Europa, em que a ação natural não é tão eloquente nem tão enfática que seja facilmente reconhecida quando vista sem que se ouça o discurso que ela naturalmente acompanha... Conversações de toda espécie são mais repletas de exposições, falam mais aos olhos, se me permitem o uso da expressão, na Itália do que em nossas paragens. Um romano que queira dispensar a gravidade de uma postura calculada

---

* *Locução* traduz aqui o francês *tours*, que significa, literalmente, *torneamento*. Em português, o sentido gramatical de *locução* é perfeitamente equivalente ao que lhe dá Condillac, pois se aplica a todas as partes do discurso, desde as palavras até os períodos. (N. T.)

e dar vazão a sua vivacidade natural torna-se fértil em gestos e fecundo em exposições que significam quase tanto quanto frases inteiras. Sua ação torna inteligíveis coisas que nossa ação não deixaria entrever, seus gestos são tão enfáticos que é fácil reconhecê-los quando os vemos de novo. Um romano que queira falar com outro em segredo sobre um assunto importante não se contenta em se colocar à distância mínima para que possa ser ouvido: tem ainda a precaução de se furtar à vista dos outros, evitando assim, com razão, que seus gestos e suas expressões faciais não denunciem o que ele está prestes a dizer.

Pode-se notar que a mesma vivacidade de espírito, a mesma chama da imaginação que produz, por um movimento natural, gestos animados, variados, expressivos e característicos, permite também que se compreenda facilmente a sua significação quando o que está em questão é o sentido dos gestos dos outros. Entende-se facilmente a sua linguagem... Se acrescentarmos, por fim, esta outra observação, de resto trivial, de que há nações naturalmente mais sensíveis que outras, compreenderemos sem dificuldade que atores que não falam em cena possam tocar infinitamente os gregos e os romanos cujas ações eles imitam.[64]

§39. Os detalhes deste capítulo e do precedente demonstram que a declamação dos antigos diferia da nossa de duas maneiras: pelo canto, que fazia que o ator fosse escutado pelos membros mais distantes da plateia, e pelos gestos, que, por serem mais variados e mais animados, eram distinguidos a distância. Por isso construíram-se teatros tão vastos para que o povo assistisse aos espetáculos. À distância em que se

---

64 Dubos, *Reflexões críticas sobre a pintura e a poesia*, III, 16.

Ensaio sobre a origem dos conhecimentos humanos

encontrava a maior parte dos espectadores, o rosto dos atores não poderia ser visto distintamente, o que impedia que a cena fosse tão iluminada quanto é hoje. Adotava-se, além disso, o uso de máscaras. De início, isso aconteceu provavelmente para esconder erros e caretas dos atores, mas posteriormente serviu para que se aumentasse a força da voz e para que se desse a cada personagem a fisionomia exigida por seu caráter. As máscaras mostraram-se vantajosas; seu único inconveniente era privar o rosto de expressão, mas, como esta dizia respeito a uma ínfima parte do público, isso não chegava a ser um transtorno.

Hoje a declamação se tornou mais simples, e o ator não consegue se fazer ouvir a distância. Também os gestos são menos variados e menos característicos. É no rosto, é nos olhos que o bom ator se esmera em exprimir os sentimentos da alma. É preciso, portanto, que seja visto de perto e sem máscara. Nossas salas de espetáculos são menores e mais bem iluminadas do que os teatros antigos. A prosódia, ao adquirir um novo caráter, ocasionou alterações mesmo em coisas que, à primeira vista, não têm nada a ver com ela.

§40. Da diferença que se constata entre nossa maneira de declamar e aquela dos antigos deve-se concluir que hoje é muito mais difícil do que outrora atingir a excelência nessa arte. Quanto menos permitimos à voz e aos gestos, mais fineza exigimos na encenação. Asseguram-me que os bons atores são muito mais comuns na Itália que na França. Provavelmente seja verdade, mas essa afirmação depende do gosto de cada uma dessas nações. Para os romanos, Baron seria frio; para nós, Róscio seria um tresloucado.

§41. O amor pela declamação constituía o grande gosto dos romanos, e boa parte dos cidadãos, diz o abade Dubos, tornava-se declamador.[65] A causa desse fenômeno é clara, sobretudo nos tempos da república. O talento da eloquência era o mais caro ao cidadão, pois abria caminho às maiores fortunas. O cultivo da declamação não era desdenhado, ao contrário, era parte essencial da eloquência. Tal arte, um dos principais objetos da educação, era ensinada desde a infância, tendo suas regras fixadas tal como hoje as têm a dança e a música. Essa é uma das principais causas da paixão dos antigos pelos espetáculos teatrais.

O bom gosto da declamação era transmitido ao povo que assistia às representações de peças teatrais. Acostumavam-se facilmente a uma maneira de recitar que não diferia da que lhes parecia natural senão por seguir as regras que intensificavam a expressão. E assim chegavam, no conhecimento de sua própria língua, a uma delicadeza de que hoje não se encontra exemplo entre os mundanos.*

§42. Em consequência das alterações sofridas pela prosódia, a declamação tornou-se tão simples que não admite outras regras. É quase uma questão de instinto ou de gosto. Não é parte de nossa educação; é tão negligenciada que temos oradores que parecem crer que ela não seria uma parte essencial de sua arte, o que pareceria tão incompreensível para os antigos quanto nos parece incompreensível o que eles fizeram de mais estonteante nessa arte. Como não cultivamos a declamação como deveríamos, não acudimos aos espetáculos com a mesma ânsia que eles, e a eloquência tem menos poder sobre nós. Os

---

65 Dubos, *Reflexões críticas sobre a pintura e a poesia*, III, 15.

* Isto é, os membros da corte. Cf. os §64-5, e *Arte de escrever*, IV, 5, §37-8, neste volume. (N. T.)

Ensaio sobre a origem dos conhecimentos humanos

discursos de oratória que eles nos legaram conservam apenas uma fração de sua expressividade. Não conhecemos nem o tom nem o gestual de que eram acompanhados, e que certamente agiam com potência considerável sobre a alma dos ouvintes.[66] Sentimos atenuadas a força dos rompantes de Demóstenes e a harmonia dos períodos de Cícero.

Capítulo 5
Da música

Até aqui, fui obrigado a supor que os antigos conheciam a música. É preciso agora dar a história dessa arte, na medida em que ela faz parte da linguagem.

§43. Na origem das línguas, como a prosódia teria sido muito variada, todas as inflexões de voz seriam naturais. O acaso não poderia deixar de acrescentar passagens do agrado

---

66 "Quantas vezes não vimos", diz Cícero no tratado *Do orador* (III, 61), "certos homens ganharem a honra e a palma da eloquência unicamente em razão da dignidade de sua ação, enquanto outros, proficientes em outros aspectos, passam por medíocres, por serem desprovidos das graças da pronunciação? Demóstenes estava certo, portanto, ao dar à ação o primeiro, o segundo e o terceiro lugar. Pois se a eloquência não é nada sem o talento, e se a ação, mesmo desprovida de eloquência, tem tanta força e eficácia, é preciso convir que ela é de extrema importância em discursos públicos." A maneira de declamar dos antigos deve ter sido bem mais forte que a nossa, para que Demóstenes e Cícero, excelentes em outras partes da oratória, tenham considerado que, sem a ação, a eloquência não é nada. Nossos oradores atuais não têm essa opinião, e mesmo o abade Colin diz que o pensamento de Demóstenes é exagerado. Mas, se isso fosse verdade, por que Cícero o mencionaria sem restrição?

do ouvido. Seriam notadas, e ter-se-ia o hábito de repeti-las: tal seria a primeira ideia de harmonia.

§44. A ordem diatônica, em que os sons se sucedem por tons e semitons, parece tão natural que cremos ter sido a primeira. Mas, se encontramos sons cuja recíproca relação é ainda mais sensível, teremos direito de concluir que a sua sucessão foi notada antes.

Está demonstrado que a progressão por terça, quinta e oitava depende diretamente do princípio em que se origina a harmonia, qual seja, a ressonância dos corpos sonoros, e que a ordem diatônica se engendra dessa progressão. Segue-se que as relações entre sons devem ser muito mais sensíveis na sucessão harmônica do que na ordem diatônica. Esta, afastando-se do princípio da harmonia, só conserva relações entre sons na medida em que sejam transmitidos pela sucessão que os engendra. Por exemplo, *ré*, na ordem diatônica, está ligado a *dó*, pois *dó* e *ré* são produzidos pela progressão *dó, sol*, e a ligação entre eles tem seu princípio na harmonia dos corpos sonoros de que são parte. O ouvido confirma esse raciocínio, pois sente melhor a relação entre os sons *dó, mi, sol, dó*, que entre os sons *dó, ré, mi, fá*. Os intervalos harmônicos teriam sido, portanto, os primeiros a ser notados.

Há outros progressos a observar. Sons harmônicos formam intervalos mais ou menos fáceis de entoar e suas relações recíprocas são mais ou menos sensíveis, e não é natural que sejam percebidos uns antes de outros. Mais verossímil é que a progressão *si, mi, sol, si* só tivesse sido obtida após muitas experiências. Uma vez conhecida, outras seriam feitas sobre o mesmo modelo, tais como *sol, si, ré, sol*. Quanto à ordem diatônica, teria sido descoberta após muitos tateios, pois sua geração apenas recentemente foi demonstrada.[67]

§45. Os primeiros progressos dessa arte teriam sido, portanto, fruto de uma longa experiência. Seus princípios permaneceriam múltiplos enquanto não se obtivesse conhecimento dos verdadeiros. O sr. Rameau foi o primeiro a encontrar a origem de toda a harmonia na ressonância dos corpos sonoros e a remeter a teoria dessa arte a um único princípio. Os gregos, de cuja música tanto se fala, nada sabiam da composição com partes múltiplas, não mais do que os romanos; e embora seja verossímil que tenham adquirido a prática de alguns acordes, não se sabe como chegaram a eles, se por terem notado o encontro de duas vozes ou por terem sentido harmonia na vibração conjunta de duas cordas de um mesmo instrumento.

§46. Os progressos da música são vagarosos, e deve ter se passado um tempo considerável antes que se tentasse separar a música das palavras, pois, de outro modo, ela teria soado inteiramente inexpressiva. De início, como a prosódia se apoderaria de todos os tons que a voz pode formar e propiciaria que se notasse harmonia entre eles, o natural é que não se considerasse a música senão como uma arte que podia, eventualmente, tornar mais agradável ou mais forte o discurso. Eis a origem do preconceito dos antigos, que não aceitavam uma música separada das palavras. Ela se tornara, para aqueles entre os quais nasceu, o que a declamação é para nós: ensinava a regrar a voz, antes conduzida ao acaso. Parecer-lhes-ia tão ridículo separar o canto das palavras quanto para nós seria separar os versos dos sons da declamação.

---

67 Ver o *Tratado de Geração Harmônica*, do Sr. Rameau.

§47. Aos poucos, a música se aperfeiçoaria, igualaria as palavras e expressão, e tentaria superá-las. Então, perceber-se-ia que é suscetível, por si mesma, de uma expressividade considerável. E não mais pareceria ridículo querer separá-la das palavras. A expressividade dos sons na prosódia, que era parte do canto, e na declamação, que era cantada, teria predisposto a que se tornassem expressivos quando ouvidos por si mesmos. Duas razões garantiriam o êxito dos que, com um mínimo de talento, se arriscassem nesse novo gênero de música. A primeira é que, sem dúvida, escolheriam passagens que, por serem utilizadas na declamação, estariam atreladas a uma expressão igual ou similar à desta última. A segunda é a admiração que, pela novidade, essa música não poderia deixar de produzir. Quanto mais surpreendente fosse, mais profunda seria a impressão causada. Mesmo os que dificilmente se comovem se renderiam à força dos sons, deixando-se levar da alegria à tristeza e desta ao furor. Outros, igualmente impassíveis, também se renderiam à vista desse fenômeno. Os efeitos dessa música seriam comentados por todos e a imaginação se aqueceria com o mero relato de seus supostos efeitos. Nasceria em todos o desejo de julgá-la por si mesmos, e os homens, que em geral gostam de ver confirmadas as coisas extraordinárias, se poriam a ouvir essa música com a mais favorável das disposições. E assim ela realizaria, mais uma vez, os mesmos prodígios.

§48. Nossa prosódia e declamação atuais estão longe de predispor aos efeitos esperados de nossa música. O canto, para nós, não é uma linguagem tão familiar quanto era para os antigos, e a música, separada das palavras, perdeu o ar de novidade que tanto fascínio exerce sobre a imaginação. A partir do momento em que começa a ser executada, o sangue-frio nos

Ensaio sobre a origem dos conhecimentos humanos

domina, não permitimos que o músico tente nos retirar desse estado e os sentimentos que experimentamos nascem unicamente da ação dos sons sobre o ouvido. Mas os sentimentos da alma costumam ser tão tênues quando a imaginação não atua sobre os sentidos, que não admira que nossa música não produza efeitos similares aos da música dos antigos. Para termos uma ideia do poder desta, lembremos que era executada para homens dotados de muita imaginação, que se encantavam com a novidade, e que a prosódia de sua declamação cantada era parte do canto.

§49. Nosso canto, feito para as palavras, é tão diferente de nossa pronunciação ordinária e de nossa declamação que a imaginação tem grande dificuldade de se entregar à ilusão de nossas tragédias musicadas. Mas os gregos eram mais sensíveis do que nós e sua imaginação era mais viva. Ademais, os músicos escolhiam os momentos mais favoráveis para comovê-los. Conta o sr. Burette[68] que certa vez Alexandre se encontrava à mesa e, incensado pelos vapores do vinho, escutou música própria a inspirar furor: seus braços foram paralisados. Não duvido que alguns de nossos soldados façam o mesmo, ao rufar dos tambores no campo de batalha. Não julguemos, portanto, a música dos antigos pelos efeitos que lhe são atribuídos; julguemo-la, isso sim, pelos instrumentos que eles utilizavam: concluiremos que ela era inferior à nossa.

§50. Observe-se que a música, separada das palavras, aprimorou-se entre os gregos através de progressos similares graças aos quais os romanos obtiveram a arte da pantomima. Essas duas artes, ao nascerem, causaram a mesma surpresa entre os

---

68 *Histoire de l'Académie des Belles-Lettres*, tomo 5, [1741].

dois povos e produziram efeitos igualmente surpreendentes. Essa paridade parece-me curiosa, e apta a confirmar minhas conjecturas.

§51. Eu afirmei, na esteira de outros que se dedicaram a essa matéria, que os gregos tinham uma imaginação mais viva do que a nossa. Não sei, porém, se a verdadeira razão dessa diferença é conhecida. Parece-me um erro atribuí-la ao clima. Supondo que o clima da Grécia permanecesse o mesmo, a imaginação de seus habitantes deveria, aos poucos, enfraquecer. Veremos que a verdadeira causa da diferença em questão é um efeito natural das alterações sofridas pela linguagem.

Observei alhures[69] que a imaginação atua com muito mais vivacidade em homens que não alcançaram o uso dos signos de instituição, e que, por conseguinte, a linguagem de ação, como obra imediata dessa imaginação, é mais cálida. Com efeito, para os familiarizados com ela, um único gesto muitas vezes equivale a uma longa frase. Pela mesma razão, as línguas calcadas no modelo dessa linguagem devem ser mais vivas, enquanto outras devem perder vivacidade, à medida que se distanciem desse modelo e menos conservem do seu caráter. O que eu disse sobre a prosódia mostra que, nesse plano, a língua grega sente, mais que qualquer outra, a influência da linguagem de ação, e o que direi mais à frente sobre inversões provará que essa influência não se restringe a isso.* A língua grega era apropriada ao exercício da imaginação. A nossa língua, ao contrário, é tão simples em sua construção e prosódia que praticamente não exige mais do que o exercício da memória. Contentamo-nos, ao

---

69 Ver neste ensaio, I, 2, 9, §§ 75-7.

* Ver cap. 12 mais adiante. (N. T.)

falar das coisas, em referi-las a signos, e raramente as referimos a ideias. A imaginação, por ser menos mobilizada, torna-se naturalmente mais difícil de comover. Só poderíamos, portanto, tê-la menos viva que os gregos.

§52. A prevenção incutida pelo costume foi sempre, em todos os tempos, um obstáculo aos progressos das artes, e a música sobretudo ressentiu-se disso. Seiscentos anos antes de Jesus Cristo, Timóteo foi banido de Esparta por um decreto dos Éforos por ter, em prejuízo da antiga música, acrescentado três cordas à lira, ou seja, por querer adaptá-la à execução de cantos mais variados e extensos. Tais eram os preconceitos da época. Também temos os nossos preconceitos, mas jamais nos passaria pela cabeça julgá-los ridículos. Lulli, que hoje se considera tão simples e tão natural, parecia extravagante em seu tempo. Dizia-se que, com seus balés, ele estava corrompendo os dançarinos e iria reduzi-los a saltimbancos. "Durante muito tempo", observa o abade Dubos, "os cantos compostos na França não foram mais que uma série de longas notas, e durante mais tempo ainda os movimentos dos balés foram pesados, e o seu canto, se me permitem a expressão, arrastava-se pesadamente mesmo quando era alegre."* Eis a música defendida pelos que condenaram Lulli.

§53. A música é uma arte que todos se creem no direito de julgar, e por isso é grande o número dos que a julgam mal. Há sem dúvida, nessa arte como nas demais, um ponto de perfeição, que não pode ser ignorado. Eis o princípio: mas como é vago! Quem chegou a determiná-lo? E, se não foi determinado, quem poderia identificá-lo? Acaso seriam os ouvidos destreinados, que são mais numerosos? Houve um tempo em que se

---

* Dubos, *Reflexões críticas sobre a pintura e a poesia*, III, 10. (N. T.)

presumiu justo condenar a música de Lulli. Seriam os ouvidos dos conhecedores pouco numerosos? A música atual não é menos bela por ser diferente daquela de Lulli.

A música é criticada à medida que se aperfeiçoa, especialmente se os progressos realizados são consideráveis e súbitos, pois então deixa de se parecer com aquela a que se estava acostumado. Mas, tão logo se torne familiar, adquire-se gosto por ela, e a rejeição desaparece.

§54. Como não temos como saber qual o caráter da música instrumental antiga, restringir-me-ei a algumas conjecturas sobre o canto de sua declamação.

É verossímil que sua declamação tenha se distanciado, aos poucos, da pronunciação ordinária, assim como nossa declamação se afastou de nossa pronunciação, variando segundo o caráter das peças e cenas. Na comédia, deve ter permanecido tão simples quanto permitisse a prosódia. A pronunciação ordinária teria se alterado apenas para que os sons pudessem ser mais apreciados e a voz pudesse ser conduzida por intervalos certos.

Na tragédia, o canto era mais variado e extenso, principalmente nos monólogos chamados *cânticos*. São em geral as cenas mais passionais, pois é natural que o mesmo personagem que se controla diante dos outros dê vazão, quando está sozinho, à impetuosidade dos sentimentos que o acometem. Por isso, os poetas romanos pediam que os monólogos fossem musicados por instrumentistas. Permitia-se a estes, inclusive, que compusessem a declamação do restante da peça. Não era assim entre os gregos: os poetas eram músicos e faziam eles mesmos esse trabalho.

Nos coros, o canto era mais carregado do que em outras cenas. Neles, o poeta dava impulso ao seu gênio, e o músico

Ensaio sobre a origem dos conhecimentos humanos

sem dúvida seguia o seu exemplo. Essas conjecturas são confirmadas pelas diferentes espécies de instrumento, de maior ou menor amplitude, que acompanhavam a voz dos atores. Não há como comparar os coros dos antigos com os de nossas óperas. Sua música era diferente, eles não conheciam a composição com múltiplas partes. Ainda mais diferentes eram suas danças, comparadas a nossos balés. "É fácil conceber", diz o abade Dubos, "que tais danças eram meras gesticulações e exposições, realizadas pelas personagens dos coros para exprimir sentimentos através da fala ou do testemunho mudo. Essa declamação obrigava o coro a por vezes marchar sobre o palco, e como as evoluções que envolvem muitas pessoas ao mesmo tempo não podem ser feitas sem terem sido coreografadas, os antigos prescreviam certas regras aos passos do coro."[70] Em teatros tão grandes como os dos antigos, essas evoluções formariam *tableaux*,* apropriados para exprimir os sentimentos de que o coro estava imbuído.

§55. A arte de anotar a declamação e acompanhá-la de um instrumento era conhecida em Roma desde os primórdios da república. A declamação, de início, era bastante simples: o contato com os gregos trouxe mudanças. Os romanos não resistiram aos encantos da harmonia e expressão da língua grega. Essa nação polida tornou-se a escola em que se formou o gosto romano pelas letras, artes e ciências. O latim se conformou ao caráter do grego, na medida em que o seu gênio o permitiu.

---

70 Dubos, *Reflexões críticas sobre a pintura e a poesia*, III, 14.

* Seguimos a recomendação de Wolfgang Kayser, mantendo em francês esse termo que significa, a um só tempo, "quadro", "tela" e "cena". Cf. *Análise e interpretação da obra literária*, [s.d.], v.I, p.284 et seq. (N. T.)

Cícero informa que acentos prosódicos emprestados de línguas estrangeiras alteraram sensivelmente a pronunciação dos romanos. Semelhantes alterações também foram causadas, sem dúvida, como consequência, na música das peças dramáticas. Com efeito, além de Cícero também Horácio observa que os instrumentos empregados no teatro de seu tempo tinham uma amplitude bem maior que os de outrora; que o ator, para acompanhá-los, era obrigado a declamar sobre um número muito maior de tons; e que o canto se tornara tão petulante que a única maneira de lhe seguir o metro era com violentas agitações. Remeto o leitor a essas passagens, citadas pelo abade Dubos, para que julgue se o mesmo vale para a simples declamação.[71]

§56. Tal é a ideia possível da declamação cantada, das causas que a introduziram e a modificaram. Resta-nos investigar as circunstâncias que ocasionaram uma declamação simples como a nossa e espetáculos diferentes daqueles dos antigos.

O clima não teria permitido aos povos frios e fleumáticos do norte conservarem os acentos e a quantidade que a necessidade introduzira na prosódia das línguas nascentes. Quando esses bárbaros inundaram o Império Romano, conquistando toda a parte ocidental, o latim, misturado aos seus idiomas, descaracterizou-se. Eis a origem da falta de acento, que consideramos a principal beleza de nossa pronunciação, origem que não testemunha a favor desta. Sob o domínio desses povos grosseiros, as letras desmoronaram, os teatros foram destruídos, pereceram as artes da pantomima, da anotação da declamação e de partilhá-la entre dois atores, bem como as artes

---

71 Dubos, *Reflexões críticas sobre a pintura e a poesia*, III, 10.

Ensaio sobre a origem dos conhecimentos humanos

que contribuem para a decoração dos espetáculos, como a arquitetura, a pintura, a escultura e as que estão subordinadas à música. No renascimento das letras, o gênio das línguas estava tão alterado e as maneiras eram tão diferentes que o que os antigos diziam de seus espetáculos se tornou incompreensível. Para conceber a causa dessa revolução, basta lembrar o que eu disse sobre a influência da prosódia. A dos gregos e romanos era tão característica que tinha princípios fixos, e era tão bem conhecida por todos que o povo, mesmo sem ter estudado suas regras, chocava-se com os menores defeitos de pronunciação. Isso forneceu os meios para que se criasse uma arte da declamação e de sua anotação. Essa arte logo se tornou parte da educação.

A declamação assim aperfeiçoada produziu a arte de partilhar o canto e os gestos entre dois atores, a arte da pantomima e, estendendo sua influência até a forma e a dimensão dos teatros, tornou-os suficientemente amplos para abrigar uma parte considerável do povo.

Essa é a origem do gosto dos antigos pelos espetáculos, pelas decorações e por todas as artes subordinadas, como a arquitetura, a pintura, a escultura. Entre eles, praticamente não havia escassez de talentos, pois cada cidadão reconstruía, a cada instante, os objetos próprios ao exercício da imaginação.

Nossa língua é quase inteiramente desprovida de prosódia, nossa declamação não tem regras fixas e não conhecemos a arte de partilhá-la entre dois atores. Por isso a pantomima não tem, para nós, grandes atrativos e os espetáculos foram confinados a salas que o povo não pode frequentar. Daí a nossa lamentável falta de gosto na música, na arquitetura, na pintura e na escultura. Cremo-nos muito semelhantes aos antigos, mas, quanto a isso, os italianos são bem mais parecidos com eles. Em suma, se nossos espetáculos são tão diferentes daqueles dos gregos e dos romanos, é por efeito de alterações ocorridas na prosódia.

Capítulo 6
Comparação entre declamação cantada e declamação simples

§57. Nossa declamação admite, de tempos em tempos, intervalos tão distintos quanto os do canto. Se não fossem alterados a não ser na medida necessária para apreciá-los, não seriam menos naturais e poderíamos anotá-los. Creio mesmo que o gosto e o ouvido fazem que o bom ator prefira os sons harmônicos, desde que não contrariem em demasia nossa pronunciação ordinária. Foi sem dúvida para essa espécie de som que Molière imaginou suas notas.[72] Mas o projeto de anotar o restante da declamação é impossível: pois as inflexões da voz são tão fracas que, para apreciar seus tons, seria preciso alterar os intervalos a tal ponto que a declamação se tornaria chocante para o que chamamos de *natureza*.

§58. Por mais que nossa declamação não acomode, ao contrário do canto, uma sucessão de sons apreciáveis, ela traduz, no entanto, os sentimentos com tanta vivacidade, que comove todo aquele que tenha familiaridade com ela ou que fale uma língua cuja prosódia não seja muito variada ou animada. E, se produz esse efeito, é sem dúvida porque nela os sons conservam entre si quase as mesmas proporções que no canto. Se digo *quase* é porque não são apreciáveis e não admitem relações tão exatas.

---

72 Dubos, *Reflexões críticas sobre a pintura e a poesia*, III, 18.

Ensaio sobre a origem dos conhecimentos humanos

Portanto, nossa declamação é naturalmente menos expressiva que nossa música. Qual o som mais apropriado para traduzir um sentimento da alma? É o que imita o grito de que é o signo natural, e tal som é comum à declamação e à música. A seguir vêm os sons harmônicos desse primeiro som, por estarem estreitamente ligados a ele. Por fim, vêm todos os sons que possam ser engendrados dessa harmonia, variados e combinados no movimento que caracteriza cada paixão: pois cada sentimento da alma determina o tom e movimento do canto mais apropriado para exprimi-lo. Essas duas últimas espécies de som raramente se encontram em nossa declamação, que por isso não imita, ao contrário do canto, os movimentos da alma.

§59. Esse defeito de nossa declamação é suprido pela vantagem de ela nos parecer mais natural. Ela dá à expressão um ar de verdade, e se a sua atuação sobre os sentidos é mais tênue que a da música, na imaginação ela atua mais vivamente do que esta. Por isso, muitas vezes, uma peça bem declamada toca-nos mais do que uma bela recitação. Mas, como cada um pode observar por si mesmo, nos momentos em que não destrói a ilusão, a impressão causada pela música é muito mais forte que a da declamação.

§60. Embora nossa declamação não possa ser anotada, parece-me que poderia ser fixada. Bastaria para tanto um músico com gosto suficiente para observar estritamente, no canto, as mesmas proporções que a voz segue na declamação. Os que assim se tornassem familiares com o canto poderiam, com o ouvido, encontrar nele a declamação que serviu de modelo. Um conhecedor dos recitais de Lulli não declamaria as tragédias de Quinau como Lulli as teria declamado? Apenas, para facilitar as coisas, seria desejável que a melodia fosse extremamente simples e só se distinguissem as inflexões da voz na medida do necessário para apreciá-las. A declamação poderia ser mais facilmente encontrada nos recitais de Lulli se houvesse neles menos música. Esse recurso seria muito útil aos que praticam a declamação.

§61. Em cada língua, a prosódia afasta-se diferentemente do canto, busca mais ou menos acentos, multiplica-os desnecessariamente ou os evita por completo, pois a variedade de temperamento não permite que povos de climas diversos sintam da mesma maneira. Por isso, as línguas requerem, segundo o seu caráter, diferentes gêneros de declamação e de música. Diz-se que o tom que para os ingleses exprime a cólera é na Itália o da surpresa.

A amplidão dos teatros, o esmero com que gregos e romanos os ornavam, as máscaras que davam a cada personagem a fisionomia exigida por seu caráter, a declamação expressiva fixada por regras, tudo parece provar a superioridade dos espetáculos antigos. Nossa maneira de declamar, em compensação, se quiser ser tocante, dispõe de gracejos, expressões faciais e algumas finezas de gestual.

Capítulo 7
Qual a prosódia mais perfeita

§62. Cada um se inclinará, sem dúvida, em favor da prosódia de sua própria língua. Para evitar essa parcialidade, tratemos de obter ideias exatas.

A prosódia mais perfeita é aquela que, por sua harmonia, é mais própria a exprimir toda sorte de caráter. Três coisas concorrem para a harmonia: a qualidade dos sons, os intervalos pelos quais estes se sucedem e o movimento. É preciso, portanto, que uma língua tenha sons doces, sons menos doces e sons ásperos, é preciso, numa palavra, que os tenha de todas as espécies; é preciso ainda que tenha acentos prosódicos que determinem a voz a se elevar e se abaixar; é preciso, por fim, que, pela desigualdade entre sílabas, possa exprimir toda sorte de movimento.

Para produzir harmonia, as quedas não podem ser colocadas indiferentemente. Há momentos em que a voz deve permanecer suspensa, há outros em que deve terminar num repouso sensível. Por conseguinte, numa língua de prosódia perfeita, a sucessão deve estar subordinada à queda de cada período, de sorte que as cadências sejam mais ou menos precipitadas e o ouvido só encontre um repouso que não deixe nada a desejar quando o espírito estiver inteiramente satisfeito.

§63. Reconhecidamente, a prosódia dos romanos aproxima-se mais do que a nossa desse ponto de perfeição. Considere-se o espanto com que Cícero se refere aos efeitos do número oratório. Ele representa o povo extasiado de admiração pela queda dos períodos harmoniosos e, para mostrar que o número é a única causa disso, altera a ordem das palavras de um período que fora muito aplaudido, para mostrar que a harmonia desaparece. A nova construção não conserva, na mistura de longas e breves, tampouco nos acentos prosódicos, a ordem necessária para satisfazer o ouvido.[73] Nossa língua tem doçura e redondeza, mas falta-lhe algo para a harmonia. Nossos oradores, nas diferentes locuções que a língua autoriza, nunca encontraram algo similar às cadências que tão vivamente atingiam os romanos.

---

73 Cícero, *Do orador* [II, 32 et seq.; cf. também Quintiliano, *Instituição oratória*, IX, 5, 56].

§64. Outra razão que confirma a superioridade da prosa latina sobre a nossa é o gosto dos romanos pela harmonia e a delicadeza do povo a esse respeito. Os atores não podiam alongar ou encurtar sequer uma sílaba além do necessário sem que a plateia como um todo, composta pelo povo, se manifestasse contra a má pronunciação.

Não sem surpresa lemos os relatos de fatos como esse, pois nada em nossa experiência poderia confirmá-los. É que, hoje, a pronunciação dos mundanos é tão simples que os que a violam ligeiramente só podem ser censurados pelos poucos verdadeiramente familiarizados com ela. Entre os romanos, ela era tão característica, o número era tão sensível que os ouvidos menos finos se exercitavam e tudo o que alterasse a harmonia não podia deixar de ofendê-los.

§65. Segundo minhas conjecturas, se os romanos foram mais sensíveis à harmonia do que nós, os gregos devem tê-lo sido ainda mais, e os asiáticos mais ainda que os gregos, pois, quanto mais antiga a língua, mais próxima do canto está a sua prosódia. Reforça essa conjectura o fato de o latim ter tomado acentos prosódicos de empréstimo ao grego. Quanto aos asiáticos, buscavam a harmonia com uma afetação que os romanos consideravam excessiva. É o que dá a entender Cícero, que, após censurar aqueles que, para tornar mais cadenciado o discurso, estragam-no por força de transposição de termos, representa os oradores asiáticos como os que mais dependem do número. Pode ser que hoje ele constatasse que nossa língua nos faz cair no vício oposto. Se com isso obtemos algumas vantagens, veremos que não é sem danos.

O que eu disse no fim do capítulo 6 desta seção é prova clara da superioridade da prosódia dos antigos.

Capítulo 8
Da origem da poesia

§66. Se na origem das línguas a prosódia teria se aproximado do canto, o estilo, a fim de copiar as imagens sensíveis da linguagem de ação, adotaria toda sorte de figuras e metáforas, e seria a verdadeira pintura. Na linguagem de ação, para dar a ideia de um homem ferido, não haveria outro meio a não ser imitar seus gritos e contorções. Quando se quisesse comunicar essa ideia por via de sons articulados, recorrer-se-ia a todas as expressões que pudessem apresentá-la em detalhe. Uma palavra sozinha que nada pintasse seria muito fraca para suceder a linguagem de ação. Essa linguagem era tão bem-proporcionada à grosseria dos espíritos que sons articulados só poderiam suplementá-la na medida em que as expressões se acumulassem umas sobre as outras. A pobreza das línguas não permitiria que se falasse de outro jeito. Como dificilmente forneceriam o termo próprio, só seria possível adivinhar um pensamento à força de repetirem as ideias mais parecidas com ele. Tal é a origem do pleonasmo, defeito que se observa de modo mais conspícuo em línguas mais antigas. Há muitos exemplos dele no hebraico. Apenas lentamente se adquiriria o costume de ligar a uma só palavra ideias que antes se exprimiam por movimentos bastante compostos, e as expressões difusas só poderiam ser evitadas quando as línguas se tornassem mais abundantes e fornecessem termos apropriados para todas as ideias. A precisão do estilo foi adquirida muito antes pelos povos do norte. Em decorrência de seu temperamento frio e fleumático, tiveram mais facilidade de abandonar tudo o que lembrasse a linguagem de ação. A influência dessa maneira de comunicar os pensamentos se conserva por muito tempo. Até hoje, nas partes meridionais da Ásia, o pleonasmo é considerado elegante no discurso.

§67. O estilo teria sido originariamente poético, pintaria as ideias com as imagens mais sensíveis e seria extremamente comedido. Quando as línguas se tornassem mais abundantes, porém, a linguagem de ação seria aos poucos abolida, a voz variaria menos, o gosto por figuras e metáforas, por razões que explicarei, diminuiria gradualmente, e o estilo se aproximaria daquele de nossa prosa. Mas os autores continuariam a adotar a linguagem antiga como a mais viva e mais apta a ser gravada na memória, único meio de transmissão à posteridade. Dar-se-iam diferentes formas a essa linguagem, imaginar-se-iam regras para ampliar sua harmonia, criar-se-ia, para tanto, uma arte particular. A necessidade de se servir dessa arte levou a crer, durante muito tempo, que só seria possível compor em versos. Enquanto os homens não tiveram caracteres para escrever seus pensamentos, essa opinião foi respaldada pelo fato de que os versos se aprendem e retêm-se com mais facilidade do que a prosa. O preconceito fez que ela subsistisse, mesmo depois de desaparecida a razão que a respaldava. Um filósofo que não se submeteu às regras da poesia foi o primeiro a escrever em prosa.[74]

§68. Contrariamente ao metro, às figuras e às metáforas, a rima não surgiu com o nascimento das línguas. Os frios e fleumáticos povos do norte não poderiam conservar uma prosódia tão comedida como a de outros povos, pois a necessidade que a introduzira junto a estes não se verificava entre eles. Para suprimir tal carência, seriam obrigados a inventar a rima.

---

74 Féricides, da ilha de Scyros, foi, ao que se saiba, o primeiro a ter escrito em prosa.

Ensaio sobre a origem dos conhecimentos humanos

§69. Não é difícil imaginar através de quais progressos a poesia veio a ser uma arte. Os homens, observando as quedas uniformes e regulares que o acaso introduzira nos discursos, os diferentes movimentos produzidos pela desigualdade entre sílabas e a agradável impressão de certas inflexões de voz, tomá--los-iam como modelos de número e harmonia, e neles fariam repousar, gradualmente, todas as regras da versificação. A música e a poesia teriam nascido naturalmente juntas.

§70. Essas duas artes se associaram àquela arte do gesto, mais antiga do que elas, a que damos o nome de *dança*. Isso pode explicar por que em todos os tempos e em todos os povos observa-se alguma espécie de dança, de música e de poesia. Os romanos nos informam que os gauleses e os germanos tinham seus músicos e poetas;* observamos, em nossos dias, a mesma coisa a respeito dos negros, dos caraíbas e dos iroqueses. Encontra-se entre os bárbaros o germe das artes que se formaram em nações polidas e que hoje, destinadas a alimentar o luxo em nossas cidades, parecem tão distantes de sua origem que temos dificuldade para reconhecê-las.

§71. A estreita vinculação de nascença entre essas artes é a verdadeira razão de os antigos terem-nas confundido sob um nome geral. Para eles, o termo *música* compreendia não somente a arte que em nossa língua é designado por ele, como também a gesticulação, a dança, a poesia e a declamação. A essas artes, em conjunto, deve-se remeter boa parte dos efeitos de sua música, que assim não parecerão mais tão surpreendentes.[75]

---

* Ver Tácito, *Germânia*, II, 19; César, *Guerra da Gália*, VI, 11. (N. T.)

75 Diz-se que a música de Terpandre apaziguou uma revolta. Mas essa música não era simples canto, eram versos que o poeta declamava.

§72. Vê-se claramente qual teria sido o objeto dos primeiros poemas. Quando as sociedades foram estabelecidas, os homens não poderiam se dedicar às coisas por puro agrado, e as necessidades que os obrigaram a se reunir os teriam confinado à vista do útil ou do necessário. A poesia e a música só seriam cultivadas para propagar o conhecimento da religião e das leis e para conservar a lembrança dos grandes homens e dos serviços que prestaram à sociedade. Não havia nada mais apropriado, ou melhor, tal seria o único meio de que poderiam se servir, pois ainda não conheciam a escrita. Todos os monumentos da Antiguidade provam que essas artes, quando nasceram, eram destinadas à instrução dos povos. Os gauleses e os germanos serviram-se delas para conservar sua história e suas leis; entre os egípcios e os hebreus, elas faziam parte da religião. Por isso os antigos concebiam que a educação teria como objeto principal o estudo da *música*: é preciso tomar esse termo em toda a extensão que lhe davam. Os romanos julgavam a música necessária a todas as idades, constataram que ensinava o que as crianças devem aprender e o que as pessoas feitas devem saber. Quanto aos gregos, parecia-lhes tão vergonhoso ignorar a música que um músico e um sábio eram a mesma coisa, e um ignorante era designado em sua língua pelo nome de alguém que não sabe música. Esse povo estava convencido de que essa arte não era invenção de homens: acreditavam ter recebido dos deuses os instrumentos que os encantavam. Tinham mais imaginação do que nós, e por isso eram mais sensíveis à harmonia. Sua veneração pelas leis, pela religião e pelos grandes homens, celebrados em seus cantos, era transmitida por meio da música, que assim conservava suas tradições.*

---

* Dubos, *Reflexões críticas sobre a pintura e a poesia*, III, I. (N. T.)

Ensaio sobre a origem dos conhecimentos humanos

§73. Quando a prosódia e o estilo se tornassem mais simples, a prosa se afastaria cada vez mais da poesia. De outro lado, o espírito faria progressos e novas imagens surgiriam na poesia. Por esse meio, teria se afastado da linguagem ordinária, furtando-se ao alcance do povo e se tornando menos apropriada para a instrução.

Além disso, os fatos, as leis e todas as coisas que os homens precisam conhecer se multiplicariam tanto que a memória se mostraria fraca para carregar um fardo como esse. As sociedades cresceriam a ponto de as leis promulgadas dificilmente poderem ser transmitidas aos cidadãos. Portanto, teria sido necessário, para instruir o povo, recorrer a outra via. É então que a escrita teria sido imaginada; exporei mais adiante[76] quais teriam sido os seus progressos.

Com o nascimento dessa nova arte, a poesia e a música mudariam de objeto: se dividiriam entre o útil e o agradável, até se restringirem a coisas de puro agrado. Quanto menos elas se tornassem necessárias, mais realizariam, ambas, progressos consideráveis.

A música e a poesia, até então inseparáveis, se dividiriam gradualmente, à medida que se aperfeiçoassem, em duas artes diferentes. Os que primeiro as separaram foram denunciados como ímpios. Os efeitos que poderiam produzir sem se auxiliar mutuamente ainda não eram sensíveis; não se sabia ao certo o que poderia acontecer com elas; e esse uso era inteiramente contrário ao costume. Apelou-se, como faríamos nós, à Antiguidade, que jamais empregara uma sem a outra, e concluiu-se que árias sem palavras e versos que não foram feitos para can-

---

76 Capítulo 13 desta seção.

tar são algo tão bizarro que não poderiam subsistir por muito tempo. Mas, quando a experiência provou o contrário, os filósofos passaram a acreditar que tais artes debilitam as maneiras. Opuseram-se ao seu progresso e citaram a Antiguidade, que jamais fizera uso de tais coisas para o puro agrado. Portanto, é com muitos obstáculos a suplantar que a música e a poesia teriam se separado em duas artes.

§74. É tentador crer que o preconceito que infunde o respeito pela Antiguidade teria surgido na segunda geração de homens. Quanto maior a nossa ignorância, mais precisamos de guias e mais somos levados a crer que os que vieram antes de nós fizeram bem tudo o que fizeram e só nos resta imitá-los. Muitos séculos de experiência deveriam ter-nos alertado contra esse preconceito.

Mas o que a razão não consegue, o tempo e as circunstâncias ocasionam, ainda que com frequência para que se incorra nos preconceitos opostos. É o que se observa a respeito da poesia e da música. Quando a nossa prosódia se tornou simples, como é hoje, a separação entre essas duas artes seria tão grande que o projeto de reuni-las no palco teria parecido ridículo a todos, e pareceria bizarro mesmo para aqueles que o aplaudiriam, se o vissem executado.

§75. O objeto dos primeiros poemas indica qual o seu caráter. É verossímil que não cantassem a religião, as leis e os heróis a não ser para despertar nos cidadãos sentimentos de amor, admiração ou emulação. Eram salmos, cânticos, odes e canções. Quanto aos poemas épicos e dramáticos, só mais tarde é que foram conhecidos. Sua invenção deve-se aos gregos; sua história foi contada tantas vezes que ninguém a ignora.

§76. Pode-se julgar o estilo das primeiras poesias pelo gênio das primeiras línguas.

Ensaio sobre a origem dos conhecimentos humanos

Em primeiro lugar, o uso de deixar palavras subentendidas era muito frequente. O hebraico é a prova disso. A razão desse uso é a seguinte:

O costume, introduzido pela necessidade, de misturar a linguagem de ação e a de sons articulados teria subsistido por muito tempo após cessada a necessidade, sobretudo entre povos dotados de uma imaginação mais viva, como os orientais. Quando uma palavra nova era introduzida, podia-se compreendê-la bem, fosse ela mencionada ou não. Teria sido comum omiti-la, para exprimir vivamente o pensamento ou respeitar o metro de um verso. E essa licença teria sido tolerada, pois, como a poesia era feita para ser cantada e não era nem poderia ser redigida, o tom e o gesto supririam a palavra omitida. Quando, graças ao hábito, um nome se tornasse o signo mais natural de uma ideia, não seria fácil supri-lo. Eis por que, ao descermos das línguas mais antigas para as mais modernas, percebemos que o uso de deixar palavras subentendidas é cada vez menos aceito. Nossa língua o rejeita com tanta convicção que se poderia dizer que ela menospreza a nossa inteligência.

§77. Em segundo lugar, os primeiros poetas não poderiam estar cientes da exatidão e da precisão. Para preencher o metro do verso, inseririam palavras inúteis ou repetiriam a mesma coisa de diversas maneiras; eis outra razão para os frequentes pleonasmos em línguas mais antigas.

§78. Por fim, a poesia teria sido extremamente figurada e metafórica. Diz-se que nas línguas orientais a prosa mesma tolera figuras que a poesia dos latinos só raramente emprega. Nos poetas orientais, o entusiasmo produz as maiores desordens, e as paixões exibem-se em cores que nos parecem exageradas. Mas não sei ao certo se temos o direito de censurá-los. Eles não sentem as coisas como nós, e por isso não poderiam exprimi-las da mesma maneira. Para apreciar suas obras, é preciso considerar o temperamento das nações para as quais foram escritas. Fala-se muito da bela natureza;* não há povo polido que não pretenda imitá-la, mas cada um acredita encontrar o modelo em sua própria maneira de sentir. Mas não admira que tenhamos tanta dificuldade para reconhecê-la, se ela muda de aparência com muita frequência, ou ao menos tem ares diferentes em cada país. Não sei mesmo se o meu jeito de falar não se ressente um pouco do tom adquirido por ela, após algum tempo, na França.

§79. O estilo poético e a linguagem ordinária se afastariam um do outro e deixariam uma brecha em que a eloquência teria origem, razão pela qual ela se aproxima um pouco do tom da poesia e um pouco do tom da conversação. Difere desta última por rejeitar todas as expressões que não sejam suficientemente nobres, e da primeira por não se submeter ao mesmo metro e não admitir, segundo o caráter das línguas, certas figuras e locuções toleradas na poesia. Eloquência e poesia às vezes se confundem tanto que é impossível distingui-las.

Capítulo 9
Das palavras

Eu não poderia prosseguir sem antes ter examinado as artes dos gestos, da dança, da prosódia, da declamação, da música

---

* "La belle nature", isto é, do produto da imitação da natureza a partir de regras gerais do procedimento desta na formação de seus produtos. É o preceito do classicismo. Ver neste livro II, seção 2, cap.4, §45. (N. T.)

Ensaio sobre a origem dos conhecimentos humanos

e da poesia, tão próximas estão umas das outras e da linguagem de ação, que é o seu princípio. Investigarei agora através de quais progressos a linguagem de sons articulados pôde se aperfeiçoar e tornar-se a mais conveniente de todas.

§80. Para compreender como os homens teriam combinado entre si o sentido das primeiras palavras que quisessem pôr em uso, é suficiente observar que as pronunciariam em circunstâncias tais que cada um seria obrigado a referi-las às mesmas percepções. Por esse meio, fixariam com mais exatidão a significação conforme a repetição das mesmas circunstâncias acostumasse o espírito a ligar as mesmas ideias aos mesmos signos. A linguagem de ação revogaria as ambiguidades e os equívocos, de início tão frequentes.

§81. Objetos destinados a aliviar nossas necessidades podem às vezes escapar à nossa atenção, mas dificilmente deixamos de notar os que são apropriados para produzir sentimentos de medo ou dor. Ora, como os homens cedo ou tarde precisariam nomear as coisas que lhes chamassem a atenção, é verossímil, por exemplo, que os animais que os atacassem fossem nomeados antes de frutas nutritivas. Quanto aos outros objetos, imaginariam palavras para designá-los conforme os considerassem apropriados para aliviar necessidades mais prementes das quais recebessem impressões mais vivas.

§82. A língua permaneceria por muito tempo sem outras palavras além de nomes dados aos objetos sensíveis, como *árvore, fruta, água, fogo* e outros que se empregassem com mais frequência. Como as noções complexas de substâncias seriam as primeiras a ser conhecidas, pois atingem diretamente os sentidos, seriam também as primeiras a receber nomes. À medida que se adquirisse a capacidade de analisar essas noções, refletindo-se sobre as diferentes percepções que elas encerram, imaginar-se-iam signos para ideias mais simples. Por exemplo, a partir da noção de *árvore*, criar-se-iam as de *tronco, galho, folha, verdura* etc. Distinguir-se-iam depois, aos poucos, as diferentes qualidades sensíveis dos objetos, notar-se-iam as circunstâncias em que eram encontrados e criar-se-iam palavras para exprimir essas coisas: tais palavras são os *adjetivos* e os *advérbios*. Haveria, porém, grande dificuldade para dar nomes às operações da alma, pois o homem tem, por natureza, uma propensão pequena de refletir sobre si mesmo. Durante muito tempo, não haveria outro meio para traduzir ideias como *eu vejo, eu escuto, eu quero*, além de pronunciar o nome das coisas num tom particular e denotar com uma ação a situação do falante em relação a elas. De fato, é assim que as crianças, que só aprendem essas palavras quando já sabem denominar os objetos que têm mais relação com elas, dão a conhecer o que se passa em sua alma.

§83. Habituando-se a comunicar essas espécies de ideias por meio de ações, os homens se acostumariam a determiná-las e começariam a ter facilidade para atrelá-las a outros signos. Os nomes que escolheriam para esse efeito são os *verbos*. Os primeiros verbos seriam imaginados para exprimir unicamente o estado da alma quando atua ou padece. A partir desse modelo, criar-se-iam modelos para exprimir o estado de cada coisa. Os verbos têm em comum com os adjetivos a designação do estado de um ser, mas denotam-no como *ação* ou *paixão*. *Sentir, mover-se*, são verbos; *grande, pequeno*, são adjetivos; quanto aos advérbios, dão a conhecer circunstâncias que os adjetivos não exprimem.

§84. Quando os verbos não estavam ainda em uso, o nome que se queria pronunciar seria dito no mesmo instante em que uma ação indicasse o estado da alma. Tal seria o meio mais

Ensaio sobre a origem dos conhecimentos humanos

apropriado para se fazer entender. Mas, tão logo se começasse a complementar a ação com sons articulados, o nome da coisa se apresentaria naturalmente em primeiro, por ser o signo mais familiar. Essa maneira de enunciar seria a mais cômoda para quem falasse e para quem ouvisse. Para quem falasse, porque o faria começar pela ideia mais fácil de ser comunicada; para quem ouvisse, porque, ao fixar sua atenção no objeto que lhe era comunicado, predispô-lo-ia a compreender mais facilmente termos inusitados de significação menos sensível. A ordem mais natural das ideias ditaria que se coloque o complemento antes do verbo: dir-se-ia, por exemplo, *fruta querer*.

Uma reflexão muito simples confirma esse fato. Como apenas a linguagem de ação poderia servir de modelo à linguagem de sons articulados, esta última, em seu início, conservaria as ideias na mesma ordem que o uso da primeira havia tornado a mais natural. Ora, com a linguagem de ação só seria possível dar a conhecer um estado da alma exibindo-se o objeto relacionado a ele. Os movimentos que exprimissem necessidade não iriam além da indicação, com um gesto, do que fosse apropriado para aliviá-la. Ao contrário, se tais movimentos precedessem o objeto, seriam desperdiçados e teriam que ser repetidos. Pois aqueles a quem se dirigissem não teriam ainda exercício suficiente para lembrá-los com o intuito de interpretar o seu sentido. Mas a atenção, que sem esforço seria dada ao objeto indicado, facilitaria a inteligência da ação. Parece-me mesmo que hoje em dia tal é a maneira mais natural de se servir dessa linguagem.

Se o verbo vem após o seu complemento o nome que o regesse, ou seja, o nominativo, não poderia ser colocado entre eles, pois obscureceria a sua relação. Tampouco poderia iniciar a frase, pois sua relação com o complemento se tornaria assim menos sensível. Seu lugar seria após o verbo. Por esse meio, as palavras se construiriam na mesma ordem em que são regidas, pois é o único meio de facilitar sua inteligibilidade. Dir-se-ia *fruta quer Pedro*, em lugar de *Pedro quer fruta* e a primeira construção pareceria tão natural quanto hoje nos parece a segunda. Isso é provado pelo latim, em que ambas as construções são igualmente admitidas. Parece-me que essa língua está a meio-termo entre as mais antigas e as mais modernas, e compartilha do caráter destas bem como do daquelas.

§85. Em sua origem, os verbos não exprimiriam o estado das coisas senão de maneira indeterminada, como nos infinitivos *ir*, *agir*. A ação que os acompanhasse supriria o resto, vale dizer, o tempo, os modos, números e pessoas. Ao dizer-se *árvore ver*, dar-se-ia a conhecer, por um gesto qualquer, se se estava falando de si mesmo ou de um outro, de um ou de muitos, do passado, do presente ou do futuro, de maneira incondicional ou condicional.

§86. O costume de ligar ideias a signos facilitaria os meios de conectá-los a sons, e inventar-se-iam, para esse efeito, palavras que só seriam colocadas no discurso após os verbos, pela mesma razão que estes só seriam colocados após nomes. Dispor-se-iam as ideias numa ordem como esta, *fruta comer no futuro eu*, para dizer, *eu comerei fruta*.

§87. Sons que determinassem a significação do verbo seriam constantemente acrescentados a ele, e logo comporiam com o verbo uma única palavra, cuja terminação variaria conforme as diferentes acepções. O verbo passaria a ser considerado como um nome, que, embora fosse indefinido na origem, tornara-se, pela variação de tempos e modos, apropriado para exprimir, de maneira determinada, o estado de ação ou paixão de cada coisa. A sorte levaria os homens, imperceptivelmente, a imaginar conjugações.

§88. Quando as palavras se tornassem os signos mais naturais de nossas ideias, a necessidade de dispô-las numa ordem inteiramente contrária à que hoje adotamos deixaria de ser tão férrea. Mas isso continuaria a ser feito, pois o caráter das línguas, formado por essa necessidade, não permitiria que se alterasse o seu uso. Uma maneira de concepção como a nossa só se esboçou após a sucessão de muitos idiomas. Tais mudanças são muito lentas, as línguas mais recentes conservam sempre algo do gênio das que as precederam. Encontra-se no latim um vestígio bastante sensível de línguas mais antigas, e vestígios do latim são encontrados em nossas conjugações. Quando dizemos *eu faço, eu fiz, eu farei* etc., distinguimos o tempo, o modo e o número exclusivamente pela variação das terminações do verbo, o que provém de as nossas conjugações, quanto a isso, terem sido moldadas a partir do modelo das conjugações latinas. Mas, quando dizemos *eu tenho feito, eu havia feito, eu teria feito*, seguimos a ordem que para nós se tornou mais natural: *feito* é aqui propriamente o verbo, ao passo que o nome denota o estado de ação; *ter* responde apenas ao som, que na origem das línguas viria após o verbo para lhe designar o tempo, o modo e o número.

§89. O mesmo vale para o termo *ser*, que faz que o particípio a que o ligamos seja ora equivalente a um verbo passivo, ora ao pretérito composto de um verbo ativo ou neutro. Nestas frases, *eu sou amado, eu me tornei mais forte, eu fui embora, amado* exprime o estado de paixão, *tornar* e *ir* o de ação, *sou, terei* e *irei* denotam o tempo, o modo e o número. Palavras dessa espécie são raras nas conjugações latinas, em que a construção, tal como nas primeiras línguas, seguia-se ao verbo.

§90. Assim, como para significar o tempo, o modo e o número, colocamos termos antes do verbo, se os colocássemos depois dele poderíamos ter uma ideia do modelo das conjugações das primeiras línguas. Obteríamos, em vez de *eu sou amado*, *eu fui amado* etc., *amadosou*, *amadofui* etc.

§91. Os homens não multiplicariam as palavras sem necessidade, principalmente quando começassem a utilizá-las com mais frequência, pois custar-lhes-ia muito imaginá-las e retê-las. O mesmo nome que significasse um tempo ou modo seria colocado depois de cada verbo, do que resultaria que cada língua-mãe não teria mais que uma única conjugação. Se o número de conjugações aumentou, foi graças à mistura de muitas línguas diferentes ou então porque as palavras destinadas a indicar o tempo, os modos etc. foram alteradas, de acordo com o verbo que as precedia, com o intuito de simplificar a sua pronunciação.

§92. As diferentes qualidades da alma não são mais que um efeito dos diversos estados de ação ou de paixão pelos quais ela passa ou de hábitos que ela adquire ao atuar ou padecer repetidas vezes. Para conhecer essas qualidades é preciso, portanto, ter alguma ideia das diferentes maneiras de agir ou de sofrer dessa substância, e por isso os adjetivos que as exprimem só poderiam ser adotados uma vez fossem conhecidos os verbos. As palavras *falar* e *persuadir* teriam, necessariamente, que se encontrar em uso antes da palavra *eloquente*.

§93. Quando falei de nomes dados às qualidades das coisas, mencionei apenas os adjetivos, pois os substantivos abstratos só poderiam ter sido conhecidos muito depois. Quando

Ensaio sobre a origem dos conhecimentos humanos

os homens começassem a notar as diferentes qualidades dos objetos, não os tomariam por coisas isoladas, senão por coisas que aparecem a um sujeito. Os nomes que dessem a eles, por conseguinte, teriam que trazer alguma ideia de tal sujeito: palavras como *grande, vigilante* etc. Em seguida, retomariam as noções que haviam feito para si mesmos e seriam obrigados a decompô-las, a fim de exprimir com facilidade novos pensamentos. Então, distinguiriam as qualidades do sujeito e criaram substantivos abstratos, como *grandeza, vigilância* etc. Se pudéssemos remontar aos nomes primitivos, veríamos que não há substantivo abstrato que não derive de algum adjetivo ou verbo.

§94. Vimos que antes do uso dos verbos teria havido adjetivos para exprimir qualidades sensíveis. As ideias mais fáceis de determinar seriam as primeiras a receber nomes. Na falta de uma palavra para ligar o adjetivo ao substantivo, seriam postos um ao lado do outro. *Monstro terrível* significaria *Este monstro é terrível*, a ação supriria o que os sons não exprimissem. O substantivo seria construído antes ou depois do adjetivo, dependendo de qual dos dois se quisesse reforçar. Um homem surpreso com a altura de uma árvore diria *grande árvore*, embora em outras ocasiões pudesse dizer *árvore grande*. A ideia que nos atinge mais diretamente é aquela que tendemos naturalmente a enunciar em primeiro lugar.

Quando os verbos começassem a ser utilizados, poder-se-ia notar facilmente que a palavra agregada a eles para distinguir pessoa, número, tempo e modo teria a propriedade de agregar o verbo ao nome que o regia. Empregar-se-ia essa mesma palavra para a agregação do adjetivo ao substantivo. É o caso da palavra *ser*, embora ela não designe a pessoa. Essa maneira de ligar duas ideias chama-se, como eu disse antes, *afirmar*.[77] Seu caráter é denotar afirmação.

§95. Quando o verbo fosse utilizado para ligar o substantivo e o adjetivo, unir-se-ia a este último, se a afirmação se referisse a ele enfaticamente. Ocorreria então com frequência algo que vimos a respeito dos verbos, eles comporiam uma mesma palavra. Os adjetivos se tornariam, assim, suscetíveis de ser conjugados, distinguindo-se dos verbos apenas porque as qualidades que exprimem não seriam nem ação nem paixão. Para reunir esses nomes numa mesma classe, considerar-se-ia o verbo como uma palavra que, suscetível de conjugação, afirma de um sujeito uma qualidade qualquer. Haveria assim verbos de três sortes: ativos, que significam ação; passivos, que denotam paixão; e neutros, que indicam as demais qualidades. Os gramáticos mudarão posteriormente essas divisões ou imaginarão novas, segundo lhes pareça conveniente distinguir os verbos antes pelo complemento que pelo sentido.

§96. Modificados os adjetivos em verbos, a construção das línguas teria sido alterada. O lugar dos novos verbos variaria de acordo com o dos nomes deles derivados, e seriam colocados ora antes, ora depois do substantivo que os regesse. Esse uso se estenderia em seguida aos outros verbos. Nessa época, teria sido prefigurada a construção mais natural para nós.

§97. A partir de então, desapareceria a necessidade de arranjar as ideias sempre na mesma ordem, separar-se-iam dos adjetivos a palavra que havia sido unida a eles: seria conjugada à parte, e após ter sido por muito tempo colocada indiferente-

---

77 Ver neste ensaio, I, 2, 8, §69.

mente, como no latim, seria fixada em nossa língua depois do nome que a rege e antes do regido por ela.

§98. Essa palavra não seria signo de qualidade alguma, nem poderia contar entre os verbos, se a seu favor a noção de verbo não tivesse sido ampliada, tal como ocorrera com os adjetivos. Esse nome seria então considerado como uma palavra que significa afirmação com distinção de pessoas, números, tempos e modos. E o verbo *ser* se tornaria, propriamente, o único verbo. Os gramáticos não acompanharam essas alterações, e têm bastante dificuldade para entrar em acordo sobre a ideia que se deve ter dessa sorte de nomes.[78]

§99. As declinações dos usuários do latim explicam-se da mesma maneira; sua origem não pode ser outra. Para exprimir número, caso e gênero, imaginaram-se palavras colocadas depois dos nomes e que variavam as terminações destes. A esse respeito, pode-se notar que nossas declinações foram calcadas em parte nas do latim, pois admitem diferentes terminações, em parte na ordem que hoje damos às nossas ideias, pois os artigos que são signos de número, caso e gênero são colocados antes dos nomes.

A comparação entre a nossa língua e o latim torna minhas conjecturas bastante verossímeis, e pode-se presumir que elas quase não se afastariam da verdade se pudéssemos remontar a uma língua primeira.

§100. As declinações e conjugações latinas têm sobre as nossas a vantagem da variedade e da precisão. O uso frequente

---

78 "Das partes da oração", diz o abade Régnier, "de nenhuma temos tantas definições quanto de verbo." *Gramática francesa*, p.325. [Régnier-Desmarais, *Traité de grammaire française*, 1705. (N. T.)]

que somos obrigados a fazer de verbos auxiliares e artigos torna o estilo difuso e arrastado, o que é ainda mais sensível no escrúpulo que temos de repetir artigos, mesmo quando não é necessário. Por exemplo, não dizemos *é o homem mais sábio e mais piedoso que conheço*, mas sim *é o homem mais sábio e o mais piedoso que conheço*. Pode-se ainda observar que, devido à natureza de nossas declinações, faltam-nos os nomes que os gramáticos chamam de *comparativos*, supridos pelo recurso à palavra *mais*, que demanda repetições de artigo. Como as conjugações e declinações são partes das orações que se repetem muitas vezes ao longo do discurso, fica assim demonstrado que nossa língua é menos precisa que o latim.

§101. Nossas conjugações e declinações, por seu turno, têm uma vantagem sobre as do latim: permitem-nos distinguir sentidos que nessa língua se confundem. Temos três pretéritos, *eu fiz, eu fizera, eu havia feito*: o latim só tem um, *feci*. A omissão do artigo pode alterar o sentido de uma proposição: *eu sou pai* e *eu sou o pai* têm sentidos diferentes, que se confundem em latim, *sum pater*.

Capítulo 10
Continuação da mesma matéria

§102. Como não seria possível imaginar nomes para cada objeto particular, tornar-se-iam necessários termos gerais. Que sofisticação, porém, não seria preciso, para apreender as circunstâncias e garantir que cada um formasse as mesmas abstrações e desse os mesmos nomes às mesmas ideias? Que se leiam obras de matéria abstrata e ver-se-á que mesmo hoje não é fácil chegar a tanto.

Para compreender a ordem em que os termos abstratos teriam sido imaginados, é suficiente observar a ordem das noções gerais. A origem e os progressos são os mesmos de uma parte a outra. Se é constante que as noções mais gerais venham de ideias que recebemos diretamente dos sentidos, igualmente certo é que os termos mais abstratos derivem dos primeiros nomes dados a objetos sensíveis.

Os homens, na medida do possível, referiram seus conhecimentos mais recentes a outros previamente adquiridos. Por esse meio, ideias menos familiares se ligariam a ideias mais familiares, o que é de grande valia para a memória e a imaginação. Quando as circunstâncias propiciassem a observação de novos objetos, buscar-se-ia o que eles têm em comum com outros objetos conhecidos, seriam colocados na mesma classe destes, e os mesmos nomes serviriam igualmente para designá-los. Assim, as ideias dos signos se tornariam mais gerais. Esse processo, porém, seria lento; apenas gradualmente se chegaria até as noções mais abstratas, adquirindo-se termos como *essência*, *substância* ou *ser*. Sem dúvida, há povos que não enriqueceram assim sua linguagem;[79] se são mais ignorantes que nós, não creio que seja por isso.

§103. Quanto mais o uso dos termos abstratos se firmasse, mais se perceberia quanto eram apropriados para exprimir mesmo os pensamentos que menos relação parecem ter com coisas sensíveis. A imaginação trabalharia para encontrar, nos objetos que atingissem os sentidos, imagens do que se passava no interior da alma. Os homens, que perceberiam movimento

---

79 O que é confirmado pelo relato do sr. de la Condamine. [Cf. nota 22 supra.]

e repouso na matéria, que observariam o pendor ou inclinação dos corpos, que veriam que o ar se agita, anuvia-se e clareia, que as plantas crescem, fortificam-se e enfraquecem, diriam *o movimento, o repouso, a inclinação, o pendor* da alma, diriam que o espírito *agita-se, preocupa-se, se esclarece, desenvolve-se, fortifica-se, enfraquece.* Por fim, contentar-se-iam em ter encontrado uma relação qualquer entre uma ação da alma e uma do corpo, para dar o mesmo nome a uma e a outra.[80] Qual a procedência do termo *espírito*, senão a ideia de uma matéria muito sutil, de um vapor, de um sopro invisível?* Os filósofos estão tão familiarizados com essa ideia que imaginam que uma substância composta de inúmeras partículas seria capaz de pensar. Esse erro foi refutado por mim.[81]

Vê-se agora com evidência que todos os nomes originariamente teriam sido figurados. Poder-se-ia encontrar, entre os termos mais abstratos, exemplos em que essa verdade não é tão sensível. Tal é o caso da palavra *pensamento*; mas logo veríamos que não há exceção.[82]

---

80 "Eu não duvido", diz Locke (*Ensaio sobre o entendimento humano*, III, 1, §5), "que se pudéssemos conduzir todas as palavras à sua fonte encontraríamos em todas as línguas as mesmas palavras empregadas para significar coisas que caem sob os sentidos e extraem sua origem primeira de ideias sensíveis. Pode-se assim conjecturar que sorte de noções tinham os que falaram essas línguas, de onde lhes vieram ao espírito e como a natureza teria sugerido aos homens, inopinadamente, a origem e o princípio de todos os seus conhecimentos, pelos nomes mesmos que dão às coisas."

 * Ver o *Tratado dos sistemas* (1752). (N. T.)

81 Locke, *Ensaio sobre o entendimento humano*, I, 1, §7.

82 Creio que esse exemplo é o mais difícil que se poderia escolher. É o que se depreende da dificuldade que os cartesianos tiveram para re-

Ensaio sobre a origem dos conhecimentos humanos

São as necessidades que fornecem aos homens as primeiras oportunidades para que observem o que se passa em si mesmos e o exprimam por ações, em seguida através de nomes. Portanto, essas observações só aconteceriam relativamente a tais necessidades, e só seria distinguido o que reclamasse por distinção. Ora, as necessidades referem-se unicamente ao corpo. Portanto, os primeiros nomes que se dariam ao que experimentamos significariam ações sensíveis. Em seguida, os homens, familiarizando-se aos poucos com os termos abstratos, tornar-se-iam capazes de distinguir a alma do corpo e de considerar à parte as operações dessas duas substâncias. Então, perceberiam não só qual é a ação do corpo quando se diz, por exemplo, *eu vejo*, mas notariam ainda, em particular, a percepção da alma, e passariam a considerar o termo *ver* como apropriado para designar tanto a ação do corpo quanto a da alma. É verossímil que esse uso se estabelecesse tão naturalmente que não se

---

duzir ao absurdo os que alegavam que todos os nossos conhecimentos vêm dos sentidos. "Por qual sentido", perguntam-se eles, "ideias inteiramente espirituais, como a de pensamento, por exemplo, e a de ser, teriam entrada no entendimento? São elas luminosas ou coloridas, para entrar pela visão? Têm um som grave ou agudo, para entrar pelo ouvido? Cheiram mal ou bem, para entrar pelo olfato? Têm um sabor agradável ou desagradável, para entrar pelo paladar? São quentes ou frias, duras ou moles, para entrar pelo tato? Se a resposta afirmativa a alguma dessas questões seria desarrazoada, deve-se reconhecer que as ideias espirituais, tais como as de ser e de pensamento, não têm, de modo algum, origem nos sentidos, mas nossa alma tem a faculdade de formá-las por si mesma" (Arnauld; Nicole, *Lógica, ou arte de pensar*, I, 1). Essa objeção foi extraída das *Confissões* de Santo Agostinho (livro X, cap. 10-12). Ela tem algo de sedutor, tendo sido escrita antes de Locke, mas, atualmente, se há nela algo de sólido, é aquilo a que ela objeta.

percebesse que a significação da palavra era com isso estendida. E, assim, um signo que de início se restringira a uma ação do corpo se tornaria o nome de uma operação da alma.

Quanto mais se refletisse sobre as operações que por essa via fornecem ideias, mais se sentiria necessidade de referi-las a diferentes classes. Desse modo, não eram imaginados novos termos, e não era esse o meio mais fácil para se fazer entender. Estendia-se, isto sim, pouco a pouco, segundo a necessidade, a significação de alguns nomes que haviam se tornado signos de operações da alma, até que se tornassem tão gerais que exprimissem muitos outros: é o caso de *pensamento*. Não nos conduzimos de outra maneira quando queremos indicar uma ideia abstrata que o uso ainda não determinou. Tudo confirma, assim, que o que eu disse no parágrafo precedente, a saber, que os termos mais abstratos derivam dos primeiros nomes dados a objetos sensíveis.

§104. A origem desses signos seria esquecida tão logo o uso os tornasse familiares e se cometesse o erro de crer que seriam os nomes mais naturais de coisas espirituais. Imaginar-se-ia mesmo que eles explicariam perfeitamente a essência e a natureza dessas coisas, embora fossem analogias muito imperfeitas. Esse abuso, que se mostra sensivelmente nos filósofos antigos, conservou-se nos melhores dentre os modernos, e é a principal causa do vagar com que progredimos na maneira de raciocinar.

§105. Os homens têm pouca propensão para refletir sobre si mesmos, o que vale em especial para a origem das línguas, quando disporiam, se tanto, para exprimir o que conseguissem notar, de signos que haviam sido aplicados a coisas totalmente diferentes. Podem-se julgar os obstáculos que teriam de superar antes de dar nomes a certas operações da alma. As partículas que ligam as diferentes partes do discurso, por exemplo, só seriam imaginadas mais tarde. Elas exprimem a maneira que os objetos nos afetam e os juízos que emitimos acerca dessa afecção, com uma fineza que por longo tempo teria escapado a espíritos grosseiros, que assim permaneceriam incapazes de raciocinar. Pois raciocinar é exprimir relações entre diferentes proposições; ora, é evidente que as conjunções são o único meio para isso. A linguagem de ação mal poderia suprir a falta dessas partículas, e só se estaria em condição de exprimir com nomes as relações de que elas são signo após terem sido fixadas por circunstâncias constantes e recorrentes. Veremos mais adiante que nasceu daí o apólogo.

§106. Os homens jamais haveriam se entendido tão bem como quando dessem nomes aos objetos sensíveis. Mas, tão logo quisessem passar a noções-arquétipo, como não teriam modelos à sua disposição, como se encontrariam em circunstâncias que variariam sem cessar, e como, por fim, nem todos saberiam conduzir igualmente bem as operações da alma, teriam muita dificuldade para se entender uns aos outros. Reuniriam, sob um mesmo nome, um número maior ou menor de ideias simples, muitas vezes ideias opostas entre si. Surgiriam então as disputas de palavras. Com efeito, dificilmente se encontram, em duas línguas diferentes, termos que tenham entre si uma perfeita correspondência. Pior ainda, é comum observar, numa mesma língua, palavras de sentido indeterminado, que podem ser aplicadas de mil maneiras diferentes. Tais vícios, perpetuados pelas obras dos filósofos, são a razão de um sem--número de erros.

Quando discutimos os nomes de substâncias, vimos que os nomes de ideias complexas teriam sido imaginados antes dos nomes de ideias simples.[83] A ordem é totalmente diferente, em se tratando de nomes de noções-arquétipo. Como estas não são mais do que coleções de muitas ideias simples que reunimos a bel-prazer, é evidente que só poderiam ser formadas uma vez que fossem determinadas, por meio de nomes particulares, cada uma das ideias simples ali incluídas. Por exemplo, só é possível dar o nome de *coragem* à noção de que ele é signo uma vez tenham sido fixadas, com nomes diferentes, as ideias de *perigo, conhecimento do perigo, obrigação de se expor ao perigo*, e de *firmeza no cumprimento dessa obrigação*.

§107. Os *pronomes* teriam sido as últimas palavras a ser imaginadas, pois seriam as últimas de que se sentiria necessidade. É mesmo verossímil que tenha passado algum tempo até que os homens se acostumassem a eles. Espíritos habituados a despertar sempre uma mesma ideia com uma mesma palavra teriam dificuldade para se acostumar a um nome que ocupa o lugar de outro, se não de uma frase inteira.

§108. Para diminuir essas dificuldades, introduzir-se-iam no discurso pronomes antes dos verbos, pois assim, aproximando-se os nomes substituídos por eles, suas relações se tornariam mais sensíveis. Nossa língua criou uma regra para isso; a única exceção permitida é no caso em que o verbo se encontra no imperativo e assinala comando: diz-se *faites-le* [faça-o]. Esse uso só pode ter sido introduzido para distinguir o imperativo do presente. Mas, quando o imperativo significa uma interdição, o pronome retoma seu lugar natural: diz-se *ne le fait pas*

---

83 Ver §82.

[não o faça]. A razão disso me parece evidente. O verbo significa o estado de uma coisa, e a negação denota a privação desse estado, sendo natural, em prol de maior clareza, não separar o pronome do verbo. Ora, *pas* complementa o verbo, e por isso é necessário aproximá-lo deste. Parece-me que a partícula *ne* nunca se afasta do verbo. Não sei se os gramáticos fizeram essa observação.

§109. Nem sempre a natureza das palavras foi consultada quando se quis distribuí-las em classes, e por isso contaram-se entre os pronomes palavras que não são pronomes. Quando alguém diz, por exemplo, *voulez vous me donner cela* [queira por favor dar-me isto], *vous*, *ne*, *cela* designam, respectivamente, a pessoa que fala e a coisa que se pede. Os nomes foram conhecidos antes dos pronomes e foram colocados no discurso segundo a ordem dos outros nomes, vale dizer, antes do verbo quando o regem e após o verbo quando são regidos por ele; dizia-se *cela vouloir moi* [isto quer eu] para dizer *je veux cela* [eu quero isto].

§110. Creio que falta apenas falar da distinção em gêneros, que visivelmente se origina na diferença entre os sexos. Se os nomes foram referidos a duas ou três sortes de gênero, foi com o intuito de tornar a linguagem mais ordenada e mais clara.

§111. Tal é a ordem em que as palavras foram gradualmente inventadas. As línguas só poderiam começar a ter um estilo quando tivessem nomes de todas as espécies e adotassem princípios fixos para a construção do discurso. Outrora, esse estilo teria se resumido a certa quantidade de termos, que exprimiriam uma sequência de pensamentos com o auxílio da linguagem de ação. Observe-se, entrementes, que os pronomes só teriam se tornado necessários por causa da precisão do estilo.

Capítulo 11
Da significação das palavras

§112. Basta considerar como os nomes teriam sido imaginados para notar que os nomes de ideias simples são os menos suscetíveis a equívocos, pois as circunstâncias determinam sensivelmente as percepções a que eles se referem. Não duvidarei da significação das palavras *branco, negro*, se observar que são empregadas para designar certas percepções que experimento atualmente.

§113. O mesmo não vale para noções complexas. Elas podem ser tão compostas que apenas lentamente se consegue reunir as ideias que lhes pertencem. Algumas qualidades sensíveis facilmente observáveis comporiam de início a noção de uma substância. Em seguida, esta se tornaria mais complexa segundo a habilidade para apreender novas qualidades. Por exemplo, é verossímil que a noção de *ouro* não tenha sido de início senão de um corpo dourado muito pesado; uma experiência fez que se acrescentasse, algum tempo depois, maleabilidade; outra, ductilidade ou fixidez; e assim, sucessivamente, todas as qualidades com que os hábeis químicos formaram a ideia que têm dessa substância. Ora, é claro que as novas qualidades, paulatinamente descobertas no ouro, teriam tanto direito a entrar em sua noção prévia quanto as primeiras a serem observadas. Por essa razão, é impossível determinar o número de ideias simples que comporiam a noção dessa e de outras substâncias. Segundo alguns, esse número seria maior, segundo outros, menor, mas isso depende exclusivamente de experimentos e da sagacidade com que são conduzidos. O fato é que a significação dos nomes das substâncias permanece

Ensaio sobre a origem dos conhecimentos humanos

fortemente incerta, ocasionando muitas disputas de palavras. Somos naturalmente levados a crer que os outros teriam as mesmas ideias que nós, pois se servem da mesma linguagem; e também, por outro lado, muitas vezes acreditamos ter opiniões contrárias quando há concordância de sentimento. Em certas ocasiões, bastaria explicar o sentido dos termos para que desaparecessem os motivos da disputa e se tornasse patente a frivolidade de muitas questões que consideramos importantes. A esse respeito, Locke dá um exemplo que merece ser citado:

> Certa vez, estava reunido com médicos doutos e sagazes, quando por acaso surgiu a questão de saber se os filamentos dos nervos conduziriam ou não uma secreção. Desconfiando que a maioria das disputas envolve a significação das palavras e não concepções realmente diferentes, ouvi os argumentos de ambos os lados e roguei às partes que, antes de prosseguir na disputa, examinassem e estabelecessem entre si o significado da palavra *secreção*. Nenhum dos presentes jamais poderia pensar que não compreendia perfeitamente o significado da palavra em questão — que eu não conto, aliás, entre os nomes de substância mais difíceis. A proposta soou inusitada, e sem dúvida passaria por pueril e extravagante para homens menos ponderados. Aprouve-lhes, entretanto, considerar minha moção. O exame mostrou que a significação dessa palavra não estava tão certamente estabelecida quanto se imaginava, e que cada um a tomava por signo de uma *ideia* complexa diferente. Assim, perceberam que, por disputarem a significação do termo, não divergiam tanto as opiniões sobre um fluido ou matéria sutil nos condutores de nervos, mesmo que não houvesse acordo quanto ao nome desse fluido. Seria

uma secreção? A consideração da questão mostrou que ela era indigna de contenda.[84]

§114. A significação de nomes de ideias-arquétipo é ainda mais incerta do que a de nomes de substâncias, seja porque raramente se encontra o modelo das coleções de ideias que pertencem a ela, seja porque dificilmente se podem observar todas as suas partes, mesmo que disponhamos de um modelo. As mais essenciais são as que insistem em se furtar a nós. Por exemplo, para forjar a ideia de uma ação criminosa, não é suficiente observar o que ela tem de exterior e visível, é preciso ainda apreender coisas que não se oferecem aos olhos: é preciso penetrar na intenção daquele que a cometeu, descobrir a relação que ela tem com a lei, e mesmo, às vezes, conhecer muitas circunstâncias que a precederam. Tudo isso demanda um cuidado de que nossa negligência ou falta de sagacidade comumente nos torna incapazes.

§115. É curioso notar a confiança com que os homens se servem da linguagem no momento em que mais abusam dela. Cremos estar nos entendendo, por mais que não tenhamos tomado precaução alguma para isso. O uso das palavras tornou-se tão familiar que não duvidamos que todos apreendem o nosso pensamento no ato mesmo em que as pronunciamos, como se as ideias não pudessem senão ser as mesmas em quem fala e em quem escuta. Mas, em vez de remediar esses abusos, os filósofos preferiram afetar obscuridade. Cada seita empenhou-se em imaginar termos ambíguos ou desprovidos de sentido, tentando com isso escamotear os pontos fracos de

---

84 Locke, *Ensaio sobre o entendimento humano*, III, 9, §16.

Ensaio sobre a origem dos conhecimentos humanos

sistemas frívolos e ridículos. A sofisticação com que se levou a cabo esse empenho passou, como observa Locke, por penetração de espírito e saber verdadeiro.[85] Por fim, vieram homens que, compondo sua linguagem com o jargão de todas as seitas, sustentaram os prós e os contras em todas as matérias: talento que se admirou e que ainda talvez se admire, mas que seria tratado com soberano desdém, se houvesse o cuidado de melhor apreciar as coisas. Para prevenir tais abusos, eis a seguir no que consiste a significação precisa das palavras.

§116. Só se devem utilizar signos para exprimir ideias que cada um tem em seu próprio espírito. Caso se trate de substâncias, os nomes que lhes damos devem se referir exclusivamente às qualidades que observamos e coletamos. Essas ideias-arquétipo devem designar as ideias simples que se está em condição de determinar. Deve-se sobretudo evitar a leviana suposição de que os outros atrelariam às palavras as mesmas ideias que nós. Quando colocamos uma questão, o primeiro cuidado a tomar é considerar se as noções complexas das pessoas com quem falamos não incluem um número maior ou menor de ideias simples que as nossas. Se suspeitarmos que ele é maior, devemos nos informar de quantas e de que espécie são; se suspeitarmos que é menor, devemos dar a conhecer as ideias simples que acrescentamos.

Quanto a nomes gerais, devemos considerá-los como signos que distinguem as diferentes classes nas quais distribuímos nossas ideias. Assim, quando se afirma que uma substância pertence a uma espécie, devemos entender simplesmente que ela inclui as qualidades contidas na noção complexa de que uma certa palavra é signo.

---

85 Ibid., III, 10, §7-8.

Em outros casos que não os de substância, a essência da coisa confunde-se com a noção que temos dela e, por conseguinte, um mesmo nome é igualmente o signo de uma e de outra. Um espaço delimitado por três linhas é a essência de um triângulo. O mesmo vale para tudo o que os matemáticos confundem sob o nome geral de *grandeza*. Os filósofos viram que, em matemática, a noção da coisa implica o conhecimento de sua essência e concluíram, precipitadamente, que o mesmo acontecia na física, imaginando que assim conheciam a essência das coisas.

Como as ideias em matemática são determinadas de maneira sensível, a confusão entre a noção da coisa e sua essência não gera abuso algum. Mas as ciências em que se raciocina sobre ideias-arquétipo estão mais expostas a disputas de palavras. É uma questão saber, por exemplo, qual é a essência dos poemas dramáticos chamados *comédias*, e se certas peças a que se dá esse nome merecem recebê-lo.

O primeiro homem que imaginou comédias não teria modelo algum para elas, por conseguinte, a essência dessa sorte de poemas estaria unicamente na noção feita por ele. Os que vieram depois acrescentaram, sucessivamente, algo a essa primeira noção, alterando assim a essência da comédia. Temos o direito de continuar a alterá-la, mas, em vez de nos valermos desse direito, preferimos consultar os modelos atuais e formamos nossa ideia a partir dos que mais nos agradam. Por conseguinte, só admitimos na classe de comédias certas peças, excluindo todas as outras. Se alguém nos perguntar se um tal poema é ou não uma comédia, responderemos segundo as nossas próprias noções, e como estas não são as mesmas, tomaremos partidos diferentes. Mas, se substituíssemos os nomes por ideias, logo veríamos que só diferimos na maneira de expressão. Em lugar de limitar a noção de uma coisa, mais razoável seria estendê-la à medida que encontramos novos gêneros que lhe possam ser subordinados. Seria então uma investigação curiosa e pertinente saber qual o gênero superior a todos os outros.

Pode-se aplicar ao poema épico o que eu disse da comédia. É uma questão para os críticos saber se *Paraíso perdido* e outros poemas são mesmo épicos.

Às vezes, é suficiente ter ideias incompletas, desde que determinadas; em outras, é absolutamente necessário que sejam completas; tudo depende do objeto em vista. É importante distinguir se se está falando das coisas para dar a razão delas ou para se instruir a seu respeito. No primeiro caso, não é suficiente ter algumas ideias, é preciso conhecê-las a fundo. Um defeito generalizado é decidir sobre o todo a partir de umas poucas ideias mal determinadas.

Indicarei, quando for tratar do método, os meios de que dispomos para determinar as ideias que ligamos a diferentes signos.

Capítulo 12
Das inversões*

§117. Nós, franceses, gabamo-nos de que a nossa língua teria, em relação às línguas antigas, a vantagem de arranjar as palavras no discurso tal como as ideias arranjam-se por si no espírito. Imaginamos que a ordem mais natural exigiria que o sujeito de que se fala seja dado antes de se indicar aquilo que dele é afirmado; ou seja, que o verbo seja precedido de seu no-

---

* Para o problema das inversões, tal como posto por Condillac, ver Dumarsais, *Os verdadeiros princípios da gramática* (1729); e os artigos da *Enciclopédia*, "Construção" (Dumarsais, 1752; Diderot; d'Alembert, *Enciclopédia*, v.6, p.99), e "Inversão" (Beauzée, 1756). Para a posição de Diderot ver, mais à frente, a nota ao parágrafo 124. (N. T.)

minativo e sucedido por seu complemento. Mas vimos que, na origem das línguas, a construção mais natural requeriria uma ordem totalmente diferente.

O que se chama de *natural* varia necessariamente segundo o gênio das línguas, encontra-se em algumas mais abertamente que em outras. O latim é a melhor prova disso, por ser uma língua que acomoda construções contrárias que, no entanto, parecem igualmente conformes ao arranjo das ideias, tais como: *Alexander vicit Darium, Darium vicit Alexander*. E se nós só adotamos a primeira, *Alexandre a vaincu Darius* [Alexandre venceu Dario], não é porque seja natural, mas porque nossas declinações não permitem conciliar a clareza com outra ordem, diferente dessa.

Haveria fundamento para a opinião dos que alegam que, numa proposição como essa, a construção francesa é a única natural? Quer considerem a coisa pelo lado das operações da alma, quer pelo das ideias, eles reconhecerão que sua opinião é um preconceito. Pelo lado das operações da alma, pode-se supor que as três ideias que formam a proposição em questão despertam no espírito de quem fala ao mesmo tempo ou sucessivamente. No primeiro caso, não há prioridade entre elas; no segundo, a prioridade varia, e é tão natural que as ideias de *Alexandre* e de *vencer* antecedam a ideia de *Dario* quanto que esta as antecede.

O erro mostra-se igualmente evidente quando se aborda a questão pelo lado das ideias, pois a subordinação entre elas autoriza igualmente as duas construções latinas. Eis a prova:

As ideias modificam-se no discurso quando uma explica a outra, estende-a ou restringe-a. Subordinam-se assim, naturalmente, umas às outras, mais ou menos imediatamente, conforme exista uma ligação mais ou menos imediata entre elas. O nominativo liga-se ao verbo, o verbo ao complemento, o adje-

Ensaio sobre a origem dos conhecimentos humanos

tivo ao substantivo etc. Mas a ligação não é tão estreita entre o complemento do verbo e seu nominativo, pois os dois nomes só se modificam por intermédio do verbo. A ideia de *Dario* está imediatamente ligada à de *vencido*, a de *venceu* à de *Alexandre*, e a subordinação entre as três ideias conserva a mesma ordem.

Essa observação permite compreender que, para não violar o arranjo natural das ideias, é suficiente se conformar à mais estreita ligação que há entre elas. Ora, tal é a ligação que se encontra nas duas sentenças latinas. Elas são, portanto, igualmente naturais. O nosso equívoco vem de tomarmos como mais natural uma ordem que não é senão um hábito que o caráter de nossa língua nos levou a contrair. Existem no francês construções que permitiriam evitar esse erro, pois nelas o nominativo está mais próximo do verbo. Diz-se, por exemplo, *Darius que vainquit Alexandre* [Dario foi vencido por Alexandre].*

§118. A subordinação de ideias é alterada à medida que nos conformemos menos à ligação mais estreita entre elas; então, as construções deixam de ser naturais. É o que ocorre nesta sentença: *Vicit Darium Alexander* [Vencido Dario foi por Ale-

---

* Ver *Gramática* (1775), §27: "A bem da verdade, não se encontra no espírito ordem direta ou reversa; ele percebe simultaneamente todas as ideias que julga, e as pronunciaria simultaneamente, se pudesse pronunciá-las tal como as percebe, como seria natural e como as pronuncia quando só conhece a linguagem de ação. Apenas no discurso é que as ideias adquirem ordem direta ou reversa, pois é apenas no discurso que elas se sucedem. Essas duas ordens são igualmente naturais. Com efeito, inversões são usuais em todas as línguas, ao menos na medida em que a sintaxe as permita... Quando o espírito vê, ele vê de uma vez tudo o que se lhe oferece; é preciso que observe aquilo que vê para que possa introduzir uma ordem direta ou uma ordem reversa. E ele só observa na medida em que temos necessidade de falar, ou de perceber as coisas de uma maneira distinta". (N. T.)

xandre], em que a ideia de *Alexandre* está separada da ideia de *venceu*, a que deveria estar ligada imediatamente.

§119. Os autores latinos fornecem exemplos de toda sorte de construção. *Conferte hanc pacem cum illo bello*: esta tem analogia com nossa língua. *Hujus praetoris adventum, cum illius imperatoris victoria; hujus cohortem impuram, cum illius exercitu invicto hujus libidines, cum illius continentia*: estas são tão naturais quanto a primeira; a ligação de ideias não se altera, no entanto, nossa língua não as permite. Por fim, o período é encerrado por uma construção que não é natural: *ab illo, qui cepit, conditas; ab hoc, qui constitutas accepit, captas dicetis Syracusas. Syracusas* é separado de *conditas, conditas* de *ab illo* etc., o que é contrário à subordinação de ideias.*

§120. Quando, no latim, as inversões deixam de ser conformes à mais estreita ligação entre as ideias, poderia haver inconvenientes se a língua não os remediasse pelas relações que as terminações introduzem entre palavras que naturalmente não deveriam estar separadas. Essa relação é tal que o espírito facilmente aproxima as ideias mais separadas e as dispõe em ordem. Assim, se tais construções impõem alguma violência à ligação de ideias, elas oferecem, em compensação, vantagens que é importante conhecer.

A primeira é dar mais harmonia ao discurso. Com efeito, porque a harmonia de uma língua consiste na mistura de sons de toda espécie, em seu movimento e nos intervalos com que

---

* Cícero, *Orações*, "In verrem", II, 4, 115: "Comparai esta detestável paz com aquela gloriosa guerra; a chegada deste governador com a vitória daquele comandante; os guardas rufianos de um com as invencíveis forças do outro; a bestial luxúria dos primeiros com a modesta temperança dos últimos; e direis que Siracusa foi, na verdade, fundada por aquele que a tomou, e, tomada por aquele que a recebeu, afundou em suas mãos". (N. T.)

Ensaio sobre a origem dos conhecimentos humanos

eles se sucedem em nós, vemos que a harmonia produz inversões escolhidas com gosto. Cícero oferece como modelo o período que acabo de citar.

§121. Outra vantagem é aumentar a força e a vivacidade do estilo, graças à conveniência de colocar cada palavra no lugar em que ela naturalmente terá mais efeito. Pode-se indagar por que razão uma palavra tem mais força num lugar que noutro.

Para compreender como isso acontece, basta comparar uma construção em que os termos seguem a ligação de ideias com outra em que a abandonam. Na primeira, as ideias apresentam-se com tanta naturalidade que o espírito vê toda a sequência sem quase dar trabalho para a imaginação. Na outra, as ideias que deveriam se seguir imediatamente umas às outras se encontram muito afastadas para que possam ser apreendidas da mesma maneira. Porém, se essa construção é feita com sofisticação, as palavras mais afastadas aproximam-se entre si sem dificuldade, graças à relação introduzida entre elas pelas terminações. Nesse caso, o tênue obstáculo da separação entre elas é introduzido unicamente para excitar a imaginação, e se as ideias estão dispersas, é para que o espírito, obrigado a reaproximá-las, sinta com mais vivacidade a ligação ou contraste entre elas. Através desse artifício, toda a força de uma frase pode estar concentrada na palavra que a termina. Por exemplo:

> — *nec quicquam tibi prodest*
> *aërias tentasse domos, animoque rotundum*
> *percurrisse polum, morituro.*[86]

---

86 Horácio, *Odes*, I, 28. ["De que vale a uma alma destinada à morte ter explorado a morada dos deuses, e ter percorrido a abóboda celeste?"]

Esta última palavra, *morituro*, encerra o período enfaticamente, e o espírito não pode aproximá-la de *tibi*, com que está relacionada, sem percorrer tudo o que as separa. Transponde *morituro* conforme a ligação de ideias e dizei *Nec quicquam tibi morituro* etc. e o efeito será outro, pois a imaginação não terá tanto exercício. Essas sortes de inversão fazem parte do caráter da linguagem de ação, nas quais um único signo equivale a uma frase inteira.

§122. Dessa segunda vantagem das inversões nasce uma terceira. Elas perfazem um quadro, ou seja, reúnem numa única palavra as circunstâncias de toda uma ação, um pouco como o pintor as dispõe sobre a tela: se elas se oferecessem umas após as outras, seriam uma mera recitação. Um exemplo iluminará o que eu quero dizer.

Nymphae flebant Daphnim extinctum funere crudeli, eis uma simples narração. Eu aprendo que as ninfas choraram, que elas choraram por Dafne, que Dafne estava morta etc. As circunstâncias sucedem-se umas às outras e não realizam sobre mim senão uma ligeira impressão. Que se altere a ordem das palavras e diga-se: *Extinctum Nymphae crudeli funere Daphnim/Flebant*,[87] e o efeito será totalmente diferente, pois, tendo lido *extinctum Nymphae crudeli funere*, sem nada aprender, vejo em *Dafne* uma primeira pincelada, em *flebant* uma segunda, e o *tableau* está feito: as ninfas choram, Dafne morreu, essa morte, acompanhada de tudo o que há de deplorável nesse destino, toca-me por inteiro, de uma vez. Tal é o poder das inversões sobre a imaginação.

§123. A derradeira vantagem que encontro nessa sorte de construção é tornar o estilo mais preciso. Ao acostumarem o

---

87 Virgílio, *Éclogas*, V, v.20. ["Destino cruel, Dafne morta, as Ninfas/ a choram!"]

espírito a relacionar um termo àqueles que, na mesma frase, estão mais afastados, acostumam-no a evitar a repetição. Nossa língua é tão pouco propícia à aquisição desse hábito que se diria que só vemos relação entre duas palavras quando elas se seguem imediatamente.

§124. Se compararmos o francês com o latim, constataremos vantagens e inconveniências de parte a parte. Dos dois arranjos de ideias, igualmente naturais, nossa língua só permite, de ordinário, um; portanto, quanto a isso, ela é menos variada e menos apropriada para a harmonia. É raro que sofra inversões quando a ligação de ideias se altera; portanto, é naturalmente menos viva. Mas ela compensa essa falta pelo lado da simplicidade e da nitidez de suas locuções; e esmera-se para que suas construções se conformem sempre à mais estreita ligação de ideias. Assim, ela acostuma o espírito a apreender essa ligação, torna-o naturalmente mais exato e comunica a ele, pouco a pouco, o caráter de simplicidade e nitidez graças ao qual ela é tão superior em muitos gêneros. Veremos alhures[88] como essas vantagens contribuíram para o progresso do espírito filosófico e como compensaram a perda de algumas belezas próprias das línguas antigas. A fim de que não se pense que proponho um paradoxo, observo que é natural que nos acostumemos a ligar nossas ideias conforme ao gênio das línguas em que fomos criados. Adquirimos justeza na mesma proporção em que a língua é justa.

§125. Quanto mais simples as nossas construções, mais difícil apreender o seu caráter. Parece-me que era mais fácil escrever em latim do que é escrever em francês. As declinações e conjugações eram de natureza tal que impediam muitos inconvenientes que sentimos considerável dificuldade para evitar. Congre-

---

88 No último capítulo desta seção.

gavam-se, sem confusão, num mesmo período, uma grande quantidade de ideias, muitas vezes com beleza. Em francês, ao contrário, todo cuidado é pouco para que não se incluam numa frase outras ideias além das que mais naturalmente entrariam em sua constituição. É preciso uma atenção extraordinária para evitar as ambiguidades ocasionadas pelo uso dos pronomes. E que recursos não é preciso ter para se precaver contra esses defeitos sem incorrer nas infindáveis sinuosidades que tornam lânguido o discurso? Mas, uma vez superados esses obstáculos, haveria algo mais belo que as construções de nossa língua?

§126. De resto, não pretendo me arrogar o direito de decidir acerca da superioridade do latim ou da língua francesa em relação às inversões. Há espíritos que buscam ordem e a maior clareza possível; outros preferem variedade e vivacidade. É natural que, em tais ocasiões, cada um julgue por si mesmo. De minha parte, parece-me que as vantagens dessas línguas são tão diferentes que não é possível compará-las.*

---

* Compare-se com Diderot, *Carta sobre os surdos-mudos* (Paris: Flammarion, 2000, p.112-3): "Não há no espírito inversão alguma, nem pode haver, sobretudo se o objeto da contemplação for abstrato e metafísico... Longe de mim, porém, afirmar em geral e indistintamente que os latinos nada invertem e somos nós que invertemos. Diria apenas que, em vez de comparar nossa frase à ordem didática das ideias, se a compararmos à ordem de invenção das palavras, à linguagem de gestos que a oratória gradualmente substituiu, parecerá que invertemos, e que de todos os povos da terra, nenhum inverte tanto quanto nós; e que, se compararmos nossa construção ao que viam espíritos domados pela sintaxe grega ou latina, como é natural que se faça, é impossível ter menos inversões do que nós. Dizemos as coisas em francês tal como o espírito é forçado a considerá-las, em qualquer língua que se escreve. Cícero seguiu, por assim dizer, a sintaxe francesa, antes de obedecer à sintaxe latina". (N. T.)

Ensaio sobre a origem dos conhecimentos humanos

Capítulo 13
Da escritura[89]

§127. Homens em condição de comunicar seus pensamentos por sons sentiriam a necessidade de imaginar novos signos, que fossem apropriados para perpetuá-los e fazê-los conhecer por homens ausentes.[90] Até então, a imaginação não lhes representara senão as mesmas imagens de que tinham experiência prévia, por ação e por palavras, e que desde o início tornaram a linguagem figurada e metafórica. O meio mais natural seria desenhar as imagens das coisas. Para exprimir a ideia de um homem ou de um cavalo, representar-se-ia a forma de um e de outro, e a primeira tentativa de escrita não teria sido mais que simples pintura.

§128. É verossímil supor que a pintura deve a sua origem à necessidade de assim retraçar nossos pensamentos, e essa necessidade, sem dúvida, contribuiu para conservar a linguagem de ação como a que melhor se presta à pintura.

---

89 Esta seção estava quase terminada quando me chegou às mãos o *Ensaio sobre os hieróglifos*, do sr. Warburton, traduzido do inglês, obra em que o espírito filosófico e a erudição reinam por toda a parte. Constatei com prazer que pensava tal como o autor; e que a linguagem deve ter sido, de início, fortemente figurada e fortemente metafórica. Minhas próprias reflexões me haviam conduzido a notar que a arte de escrever fora, de início, simples pintura, mas eu não tentara descobrir por quais progressos chegou-se à invenção das letras. Essa investigação, que me parecia muito difícil, foi perfeitamente executada pelo sr. Warburton, de cuja obra me servi neste capítulo.

90 Dei as razões disso no Capítulo 7 desta seção.

§129. Malgrado os inconvenientes desse método, os povos mais polidos da América não conseguiram inventar outro melhor.[91] Os egípcios, mais engenhosos, foram os primeiros a trilhar um caminho mais curto, ao qual se deu o nome de *hieróglifos*.[92] A julgar pelo maior ou menor grau de arte dos métodos que imaginaram, eles só teriam inventado letras após ter percorrido cada um dos estágios da escritura.

O embaraço causado pela extensão dos volumes os teria incitado a empregar uma única figura como signo de muitas coisas. Graças a esse recurso, a escrita, que antes não era mais do que simples pintura, tornou-se pintura e caractere, o que constitui, propriamente dizendo, o hieróglifo. Tal foi o primeiro grau de perfeição a que chegou esse método grosseiro de conservação das ideias dos homens. Recorreu-se a três maneiras que, consultando-se a natureza das coisas, parecem ter sido encontradas gradualmente, em três etapas. A primeira consistiria em empregar a principal circunstância de um objeto para ocupar o lugar do todo. Por exemplo, duas mãos, uma com um escudo, a outra com uma lança, representariam uma

---

91 Os selvagens do Canadá não têm outra maneira além dessa.

92 Hieróglifos se distinguem em *literais* e *simbólicos*. Os literais subdividem-se em curiológicos e em trópicos. Os primeiros substituem o todo por uma parte, os segundos representam uma coisa por outra que teria com ela alguma semelhança ou analogia conhecida. Ambos servem à divulgação de conhecimentos. Os hieróglifos simbólicos servem para manter secretos os conhecimentos, e distinguem-se por sua vez em duas subespécies, trópicos e emblemáticos. Para formar os símbolos trópicos, empregam-se as propriedades menos conhecidas das coisas; os enigmáticos são compostos pela misteriosa mistura de coisas diferentes entre si e partes de diversos animais. Ver Warburton, *Ensaios sobre os hieróglifos*, §20 et seq.

batalha. A segunda, imaginada com mais arte, consistiria em substituir, pelo instrumento real ou metafórico de uma coisa, a coisa mesma. Por exemplo, um olho colocado em destaque representaria a onisciência de Deus, uma espada, um tirano. Por fim, recorrer-se-ia, para representar uma coisa, a outra em que se encontrasse semelhança ou analogia; teria sido essa a terceira maneira de empregar essa escrita. O universo, por exemplo, seria representado por uma serpente, o colorido de suas escamas designando as estrelas.

§130. O principal objetivo dos que imaginaram os hieróglifos teria sido conservar a memória de eventos e transmitir o conhecimento das leis, das regras e de tudo o que se refira a matéria de governo civil. Ter-se-ia o cuidado, desde o começo, de só empregar figuras cuja analogia estivesse ao alcance de todos. O método seria refinado à medida que os filósofos se aplicassem a matérias de especulação. Quando acreditassem ter realizado uma descoberta relativa a coisas abstrusas, alguns deles, seja por excentricidade, seja para esconder do vulgo os seus conhecimentos, elegeriam como caracteres figuras cuja relação com as coisas que queriam exprimir fosse desconhecida. Por algum tempo, se limitariam a figuras cujo modelo fosse oferecido pela natureza, posteriormente estas deixaram de ser suficientes e convenientes para o grande número de ideias fornecido pela imaginação. Formariam assim os hieróglifos, misteriosa reunião de diversas coisas e diferentes partes de animais variados, o que os torna inteiramente enigmáticos.

§131. Por fim, o uso de exprimir pensamentos por figuras análogas e a intenção de fazer segredo e mistério dessa mesma expressão teria levado à representação dos modos de substâncias por imagens sensíveis. Exprimir-se-ia a franqueza por uma

Étienne Bonnot de Condillac

lebre, a impureza por um bode selvagem, a impudência por uma mosca, a ciência por uma formiga etc. Em suma, imaginar-se-iam marcas simbólicas para todas as coisas desprovidas de forma. Contentar-se-iam, em tais ocasiões, com uma relação qualquer. Dessa maneira se é conduzido, quando se dão nomes a ideias afastadas dos sentidos.

§132. "De início", diz Warburton, "o animal ou coisa que servia à representação era desenhado ao natural. Quando o estudo da filosofia, que havia ocasionado a escritura simbólica, levou os sábios do Egito a escrever os mais diversos assuntos, o desenho exato multiplicou os volumes e tornou-se um fardo. Serviram-se então, gradualmente, de outro caractere, que podemos chamar de *escrita por hieróglifos*. Eram similares aos caracteres chineses. Formados de início pelo contorno da figura, tornaram-se depois uma espécie de marca. Essa escrita teve o efeito, de resto natural, de diminuir consideravelmente a atenção dada ao símbolo, pois fixava a coisa que era significada. Dessa maneira, a escritura simbólica foi consideravelmente abreviada, pois não era preciso senão evocar a poderosa marca simbólica, ao passo que antes era necessário instruir-se a respeito das propriedades da coisa ou do animal empregado como símbolo. Essa espécie de escrita foi assim reduzida ao mesmo estado atual da escritura na China."

§133. Dadas as variações por que passaram os caracteres chineses até chegarem à sua versão atual, pode parecer difícil de acreditar que eles seriam oriundos de uma escrita que foi um dia simples pintura, principalmente quando se ignora, como é o caso de alguns sábios, que a escritura chinesa surgiu antes daquela dos egípcios.

Ensaio sobre a origem dos conhecimentos humanos

§134. "Eis aqui", diz Warburton, "a história geral da escritura, conduzida por gradações simples, do estado da pintura até o das letras. Estas são o último passo a dar depois das marcas chinesas, que, de um lado, compartilham da natureza dos hieróglifos, e, de outro, compartilham da natureza das letras, precisamente como os hieróglifos compartilham da natureza das pinturas mexicanas bem como daquela dos caracteres chineses. Estes, por sua vez, são tão vizinhos de nossa escritura que o alfabeto apenas diminui o seu número e oferece deles um apanhado sucinto."

§135. Malgrado as vantagens das letras, os egípcios, muito tempo após inventá-las, conservaram o uso de hieróglifos, pois toda a sua ciência estava depositada nessa espécie de escrita. A veneração que tinham pelos livros foi transmitida aos caracteres, e a sua utilização foi perpetuada pelos sábios. Os que ignoravam as ciências não se sentiram tentados a continuar a se servir dessa escritura. Tudo o que pôde a autoridade dos sábios foi fazer que os considerassem com veneração, por serem os mais apropriados para decorar os monumentos públicos em que continuaram a ser empregados. Quem sabe se mesmo os sacerdotes egípcios não constataram com prazer que aos poucos se tornavam os únicos detentores da chave de uma escrita que conservava os segredos da religião? Nesse caso, seria um erro imaginar, como fazem alguns, que os hieróglifos conteriam grandes mistérios.

§136. "Isso mostra", prossegue Warburton, "como algo que se originara da necessidade foi a seguir empregado para manter segredos e por fim cultivado como ornamento. Por efeito da contínua revolução das coisas, as mesmas figuras que haviam sido inventadas para a clareza, posteriormente convertida em

263

mistério, terminaram por reencontrar seu uso original. Nos séculos em que floresceram Grécia e Roma, os hieróglifos eram empregados em monumentos e medalhas, como meio mais apropriado para dar a conhecer o pensamento, de sorte que o mesmo símbolo que no Egito escondia uma sabedoria profunda era entendido pelo povo mais simples da Grécia e de Roma."

§137. Em seus progressos, a escritura teve a mesma sorte que a linguagem. Como vimos, desde o início as figuras e metáforas foram necessárias à clareza; transformaram-se em mistérios e serviram depois ao ornamento, tornando-se por fim compreensíveis a todos.

Capítulo 14
Da origem da fábula, da parábola e do enigma, com pormenores acerca do uso de figuras e metáforas[93]

§138. Pelo que foi dito, é evidente que, na origem das línguas, teria sido necessário aos homens unir a linguagem de ação àquela de sons articulados, e só falar por meio de imagens sensíveis. Então, conhecimentos que são hoje muito comuns seriam demasiado sutis e só se alcançaria o que estivesse próximo dos sentidos. Como o uso de conjunções seria desconhecido, tampouco se poderiam elaborar raciocínios. Os que quisessem, por exemplo, provar que é vantajoso obedecer às leis ou seguir os conselhos dos mais experientes, teriam que imaginar fatos circunstanciados: o evento que mostrassem como contrário ou favorável à sua opinião tinha a dupla vantagem de esclarecer e persuadir. Eis a origem do apólogo ou fábula. Vê-se

---

93 A maior parte deste capítulo também é extraída de Warburton.

Ensaio sobre a origem dos conhecimentos humanos

que seu objetivo primordial era a instrução e, por conseguinte, que os seus objetos eram tomados entre as coisas mais familiares e com a analogia mais sensível, ou seja, primeiro entre os homens, depois entre os animais, depois entre os vegetais, até que o espírito de sutileza, que em todas as épocas tem seus partidários, levasse às mais distantes fontes. Estudar-se-iam as propriedades mais singulares dos seres para delas extrair as mais finas e delicadas alusões, de sorte que a fábula gradualmente se transformaria em parábola, tornando-se por fim tão enigmática que se reduziria a enigma. Os enigmas entraram em voga entre os sábios ou os que passavam por tais, que assim escondiam do vulgo uma parte de seus conhecimentos. Com isso, uma linguagem imaginada para a clareza transformou-se em mistério. Nada permite reconstituir tão bem o gosto dos primeiros séculos quanto homens sem qualquer vestígio do uso de letras: tudo o que é figurado e metafórico lhes agrada, por mais obscuro que seja.

§139. Outra causa que contribuiu para tornar o estilo cada vez mais figurado foi o uso de hieróglifos. Essas duas maneiras de comunicar nossos pensamentos teriam, necessariamente, influência recíproca.[94] É natural que, para falar de uma coisa, os homens recorressem ao nome da figura hieroglífica que a simbolizasse, assim como estava na origem dos hieróglifos que se pintassem figuras correntes no uso da linguagem. Assim, diz Warburton,

---

94 Veja-se em Warburton o engenhoso paralelo entre, de um lado, apólogo, parábola, enigma, metáfora e figuras, e, de outro, as demais espécies de escritura.

na escritura hieroglífica, o Sol, a Lua, e as estrelas serviam para representar estados, impérios, reis, rainhas e os grandes; o eclipse, a extinção de focos de luz, assinalariam catástrofes climáticas; incêndios e inundações significariam devastações provocadas por guerras e carestia; as plantas e os animais indicariam qualidades de indivíduos etc. Por outro lado, vemos que profetas dão a reis e impérios nomes de astros celestes; que seus males e reveses são representados pelo eclipse e o obscurecimento dos astros celestes; que as estrelas que cruzam o firmamento são empregadas para designar a destruição dos grandes; que tormentas e ventos impetuosos denotam invasões de inimigos; que os leões, os ursos e os leopardos, que os bosques e árvores altas designam generais de armada, conquistadores e fundadores de impérios. Em suma, o estilo profético é como um hieróglifo falante.

§140. À medida que a escrita se tornasse mais simples, o estilo também se tornaria mais simples. Esquecendo-se a significação dos hieróglifos, muitas figuras e metáforas se tornariam obsoletas. Mas seria preciso séculos para que essa mudança se tornasse perceptível. O estilo dos antigos asiáticos era prodigiosamente figurado. Mesmo no grego e no latim encontram-se vestígios da influência dos hieróglifos na linguagem.[95] E os chineses, que continuam a se servir de um caractere que tem algo de hieróglifo, saturam seu discurso com alegorias, comparações e metáforas.

§141. Após essas revoluções, as figuras seriam empregadas para ornamentar o discurso quando os homens adquirissem

---

95 *Annus*, por exemplo, vem de *annulus*, pois o ano se encerra em si mesmo.

Ensaio sobre a origem dos conhecimentos humanos

conhecimentos suficientemente exatos e extensos das artes e ciências para extrair delas imagens que, sem ferir a clareza, seriam tão radiantes, nobres e sublimes quanto requeresse a matéria. As línguas só têm a perder com revoluções subsequentes. A época de sua decadência inicia-se quando parecem querer se apropriar das maiores belezas. Vemos as metáforas e as figuras se acumularem, saturando o estilo com ornamentos a tal ponto que o fundo parece se tornar acessório. Quando se chega a esse ponto, pode-se retardar, mas dificilmente evitar a queda de uma língua. Nas coisas morais como nas físicas, há um incremento último, antes que pereçam definitivamente.

E assim as figuras e as metáforas, de início inventadas pela necessidade, em seguida escolhidas para servir ao mistério, tornaram-se ornamento do discurso, quando poderiam ter sido empregadas com discernimento; e é assim que, na decadência das línguas, elas desferiram os primeiros golpes, graças ao abuso que delas foi feito.

Capítulo 15
Do gênio das línguas

§142. Duas coisas contribuem para formar o caráter dos povos: o clima e o governo.* O clima dá vivacidade ou fleuma, predispondo a uma forma de governo de preferência a outra. Mas essas disposições são alteradas por mil circunstâncias. A esterilidade ou a fertilidade das terras, a localização do país, os interesses do povo que o habita e os de seus vizinhos, o espírito

---

* Ver Dubos, *Reflexões críticas sobre a pintura e a poesia*, II, 14-19. (N. T.)

inquieto e turbulento, quando o governo não está estabelecido em bases sólidas, homens raros cuja imaginação subjuga a de seus concidadãos – essas e muitas outras causas contribuem para alterar e mesmo às vezes mudar inteiramente o gosto inicial que uma nação deve ao clima. O caráter de um povo sofre as mesmas vicissitudes que seu governo, e só se fixa quando este adquire uma forma estável.

§143. Assim como o caráter do governo influencia o caráter dos povos, o caráter dos povos influencia o caráter das línguas. É natural que os homens, constantemente pressionados por necessidades e agitados por paixões, não falem a respeito das coisas sem mostrar o interesse que os incita a fazê-lo. Eles não têm como não atrelar às palavras, imperceptivelmente, ideias acessórias, que marquem a maneira como são afetados ou os juízos que trazem consigo. É fácil observar que é assim; e quase não se encontra alguém cujo discurso não termine por revelar o seu verdadeiro caráter, por mais que se tomem precauções para escondê-lo. Basta estudar um homem por algum tempo para aprender sua linguagem. Digo *sua linguagem* porque cada um tem a sua, segundo suas paixões, exceção feita aos homens frios e fleumáticos, que se conformam com mais facilidade às paixões dos outros e são, por essa razão, mais impenetráveis.

O caráter dos povos revela-se mais abertamente que o dos indivíduos privados. Uma multidão não poderia atuar em concerto para esconder suas paixões. De resto, não fazemos mistério de nosso próprio gosto quando ele concorda com o de nossos compatriotas. Ao contrário, vangloriamo-nos dele e agrada-nos que ele permita aos estrangeiros reconhecer nosso país de origem. Tudo confirma, assim, que cada língua exprime o caráter do povo que a fala.

Ensaio sobre a origem dos conhecimentos humanos

§144. No latim, por exemplo, termos de agricultura implicam ideias de nobreza que estão ausentes de nossa língua. A razão disso é evidente. Quando os romanos lançaram os fundamentos de seu império, não conheciam mais do que as artes necessárias. Tinham por elas uma estima tão maior por ser essencial que cada membro da república se ocupasse delas: desde cedo, o povo acostumou-se a considerar a agricultura com os mesmos olhos do general que a cultivava. Com isso, os termos dessa arte apropriaram-se de ideias acessórias que os enobreceram.* Conservaram-se assim mesmo quando a república romana degenerou no maior luxo, pois o caráter de uma língua, sobretudo quando fixado por escritores célebres, não se altera com a mesma facilidade que as maneiras do povo. Entre nós, vicejam outras disposições de espírito, desde o estabelecimento da monarquia. A estima dos francos pela arte militar, à qual deviam um poderoso império, só poderia levá-los a desprezar artes que não eram obrigados a cultivar por si mesmos e que entregavam aos cuidados de escravos. Daí que as ideias acessórias ligadas por eles aos termos de agricultura fossem bem diferentes das encontradas no latim.

§145. Se o gênio das línguas começa a formar-se a partir do gênio dos povos, só se desenvolve completamente com o auxílio de grandes escritores. Para descobrir o seu progresso, é preciso resolver duas questões, muito discutidas, mas, ao que eu saiba, jamais esclarecidas: trata-se de saber por que as artes e as ciências não se encontram igualmente em todos os países e em todos os séculos, e por que os grandes homens, em todos os gêneros, são quase contemporâneos.

---

* Condillac refere-se evidentemente a Catão, *De re rustica*. (N. T.)

A diferença de clima supostamente ofereceria resposta a ambas as questões. Se há nações em que as artes e ciências ainda não penetraram, alega-se que o clima é a verdadeira causa; se alguma delas deixou de ser cultivada com êxito, afirma-se que é porque o clima mudou. Mas não há fundamento para que se considere essa mudança tão súbita e tão considerável quanto as revoluções das artes e ciências. O clima só influi sobre os organismos; o mais favorável produz máquinas mais bem--conformadas, e provavelmente, em todos os tempos e lugares, as produz em número quase igual. Se o clima fosse sempre o mesmo, não deixaríamos de ver uma mesma variedade entre os povos: alguns, como no presente, seriam esclarecidos, outros padeceriam sob a ignorância. É preciso, assim, encontrar uma circunstância que, aplicando homens de conformação apropriada às coisas, desenvolva os seus talentos. Do contrário, eles seriam como excelentes autômatos que pereceriam na falta de uso para seus mecanismos e dispositivos. Portanto, o clima não é a causa do progresso das artes e ciências, embora seja uma de suas condições essenciais.

§146. Circunstâncias favoráveis ao desenvolvimento de gênios são encontradas numa nação a partir do momento em que sua língua começa a ter princípios fixos e um caráter estável. Tal momento é a época dos grandes homens. Essa observação é confirmada pela história das artes. Apresentarei agora uma razão extraída da própria natureza da coisa.

As primeiras locuções a serem introduzidas numa língua não são as mais claras, as mais precisas ou tampouco as mais elegantes. Apenas uma longa experiência pode esclarecer os homens quanto a essas escolhas. Línguas que se formam a partir dos resíduos de outras encontram obstáculos de monta em seu

Ensaio sobre a origem dos conhecimentos humanos

progresso. Adotam elementos diferentes de línguas distintas, e por isso não passam de um amontoado bizarro de locuções que não foram feitas para conviver entre si; não se encontra entre elas a analogia que guia os escritores e caracteriza uma língua. Assim era a nossa língua quando de seu estabelecimento. Por isso demoramos tanto para começar a escrever em dialeto vulgar, e os primeiros que tentaram fazê-lo não foram capazes de dar um caráter uniforme ao estilo.

§147. Se nos lembrarmos de que o exercício da imaginação e da memória depende inteiramente da ligação de ideias, e que esta é formada pela relação e pela analogia entre os signos,[96] reconheceremos que, quanto menos uma língua dispõe de locuções análogas, menos ela auxilia a memória e a imaginação, e é, assim, menos apropriada para o desenvolvimento dos talentos. Passa-se com as línguas o mesmo que com as cifras dos geômetras: elas abrem novas perspectivas e ampliam o espírito na proporção em que sejam perfeitas. O êxito de Newton foi preparado pela escolha de signos, feita antes dele, e por métodos de cálculo imaginados por outros. Se tivesse nascido antes, seria um grande homem para o seu século, mas não seria admirado no nosso. O mesmo vale em outros gêneros. O êxito dos gênios mais bem preparados depende, na verdade, dos progressos da linguagem no século em que vivem, pois as palavras correspondem aos signos dos geômetras e a maneira de empregá-las corresponde aos métodos de cálculo. Sendo assim, devem-se encontrar, numa língua em que faltam palavras, ou que não tem construções muito cômodas, os mesmos obstáculos que se encontraram na geometria antes da inven-

---

96 Ver neste ensaio, I, 2, caps.3-4.

ção da álgebra. Durante muito tempo, a língua francesa foi tão pouco favorável aos progressos do espírito, que se pudéssemos conceber Corneille, regressivamente, nas diferentes etapas da monarquia, encontraríamos nele menos gênio à medida que nos afastássemos da época em que ele viveu, e chegaríamos, enfim, nos primórdios, a um Corneille que mal teria como dar mostras de seu talento.

§148. Poder-se-ia objetar que homens como o grande poeta encontram nas línguas eruditas o abrigo que lhes é recusado pela língua vulgar.

Respondo que, acostumados a conceber as coisas da mesma maneira que eram exprimidas na língua que aprenderam ao nascer, seu espírito estaria naturalmente constrangido. A pouca precisão e exatidão dessa língua não poderia chocá-los, pois ela se tornara para eles um hábito. Não estariam, portanto, preparados para apreender todas as vantagens de nossas línguas eruditas. Com efeito, se remontarmos alguns séculos, veremos que a nossa língua se tornou cada vez mais bárbara quanto maior era a ignorância do latim, e que só começamos a escrever bem em latim quando nos tornamos capazes de fazê-lo em francês. De resto, seria desconhecer por completo o gênio das línguas imaginar que se poderia transpor, de um só golpe, para as línguas mais grosseiras, as vantagens próprias das mais perfeitas. Isso só pode ser obra do tempo. Por que Marot, que conhecia tão bem o latim, não escreveu em estilo tão constante quanto o de Rousseau,* a quem serviu de modelo? Unicamente porque o francês não pudera ainda realizar tantos progressos. Rousseau,

---

* Condillac refere-se ao poeta Jean-Baptiste Rousseau (1769-1741), não ao filósofo, seu amigo. (N. T.)

Ensaio sobre a origem dos conhecimentos humanos

talvez com menos talento, conferiu um caráter mais constante ao estilo de Marot, pois viveu em circunstâncias mais favoráveis que as deste: um século antes, não teria conseguido. Uma eventual comparação entre Régnier e Boileau confirmaria esse arrazoado.

§149. Observe-se que uma língua que não se formou a partir dos resíduos de outras progride muito mais rapidamente, pois tem, desde a origem, caráter próprio: por isso os gregos foram, desde sempre, excelentes escritores.

§150. Façamos nascer um homem de perfeita conformação entre povos bárbaros que habitem um clima favorável às artes e ciências. Concebo que ele pudesse adquirir espírito suficiente para ser considerado um gênio em relação a tais povos, mas é evidente que ele não poderia igualar certos homens superiores do século de Luís XIV. Assim apresentada, a questão é tão óbvia que não pode restar nenhuma dúvida.

Embora a língua desses povos grosseiros seja um obstáculo aos progressos do espírito, ela é suscetível de algum aperfeiçoamento, mas o obstáculo continua subsistindo e só pode diminuir à medida que a perfeição aumente. Para ser inteiramente superado, é preciso que essa língua tenha adquirido um grau de perfeição similar ao da nossa na época em que começou a formar bons escritores. Fica assim demonstrado que as nações só podem ter gênios superiores depois que as línguas realizaram progressos consideráveis.

§151. Eis a seguir, em ordem progressiva, as causas que contribuem para o desenvolvimento de talentos: 1º) o clima é condição essencial; 2º) é preciso que o governo tenha adquirido uma forma regular e tenha, assim, fixado o caráter de uma nação; 3º) depende desse caráter dar à nação uma língua, multiplicando locuções que exprimam o gosto predominante; 4º) isso ocorre lentamente nas línguas formadas a partir dos resíduos de outras. Uma vez superados esses obstáculos, as regras da analogia são firmadas, a linguagem realiza progressos e os talentos se desenvolvem. Vê-se agora por que os grandes escritores não nascem igualmente em todos os séculos, e por que surgem em certas nações antes que em outras. Resta-nos examinar qual a razão de homens excelentes em todos os gêneros serem praticamente contemporâneos.

§152. Quando um gênio descobre o caráter de uma língua, exprime-o vivamente e o sustenta em seus escritos. A partir dessa fonte, pessoas dotadas de talento que antes não eram capazes de penetrar por si mesmas esse caráter percebem-no mais sensivelmente e, seguindo exemplos consagrados, exprimem-no nos gêneros aos quais se dedicam. A língua aos poucos torna-se mais rica e ganha uma variedade de novas locuções que, por terem relação com o seu caráter, desenvolvem-na cada vez mais; a analogia é como uma chama, cuja luz aumenta sem cessar e ilumina outros escritores. Todos eles voltam-se, naturalmente, para os que se destacaram; o gosto destes torna-se o gosto dominante da nação; cada um contribui, nas matérias a que se aplica, para que o discernimento vá além; os talentos fermentam, as artes adquirem o caráter que lhes é peculiar, e veem-se homens superiores em todos os gêneros. Os grandes talentos, de qualquer espécie que sejam, só se exibem depois que a linguagem realizou progressos consideráveis. Tanto é assim que, apesar da frequência com que se verificam circunstâncias favoráveis à arte militar e ao governo, só se encontram generais e ministros de primeira em séculos com grandes escritores. Tamanha é a influência dos homens de letras no Estado

Ensaio sobre a origem dos conhecimentos humanos

como um todo que me parece que ela ainda não foi determinada em toda a sua extensão.

§153. Se os grandes talentos devem seu desenvolvimento aos progressos mais sensíveis realizados pela linguagem, esta, por seu turno, deve a eles os novos progressos que a conduzem ao seu estágio final. É o que explicarei agora.

Os grandes homens pertencem, de algum modo, ao caráter de sua nação, mas têm sempre algo que os distingue. Veem e sentem de maneira própria e, para exprimir sua maneira de ver e de sentir, são obrigados a imaginar novas locuções a partir das regras de analogia, afastando-se delas o mínimo possível. Conformam-se assim ao gênio de sua língua, ao mesmo tempo que dão a ela algo de seu. Corneille exibe os interesses dos grandes, a política dos ambiciosos e todos os movimentos da alma com uma nobreza e uma força que são suas e de mais ninguém. Racine, com uma doçura e uma elegância que caracterizam as paixões menores, exprime o amor, suas decepções e cóleras. A moleza conduz o pincel de Quinault quando pinta os prazeres e a volúpia; e outros escritores, da geração precedente ou que se distinguem entre os modernos, têm, cada um deles, um caráter distintivo, que aos poucos se tornou próprio de nossa língua. Aos poetas devemos mais. Submetidos a regras que os tolhem, sua imaginação realiza os maiores esforços e termina por produzir novas locuções. Os progressos súbitos da linguagem ocorrem sempre na época de algum grande poeta. Os filósofos só a aperfeiçoam muito tempo depois. Foram os poetas que deram à nossa linguagem essa exatidão e essa nitidez que são suas principais características e que fornecem os signos mais convenientes à análise de nossas ideias, capacitando-nos a perceber nos objetos o que há de mais sutil.

§154. Os filósofos remontam às razões das coisas, dão as regras das artes, explicam o que há de mais recôndito, e com suas lições aumentam o número de bons juízes. Mas, se considerarmos as artes quanto ao que elas mais dependem da imaginação, os filósofos não podem se orgulhar de contribuir para o seu progresso como contribuem para os das ciências; ao contrário, parecem impedi-lo. A atenção que dão ao conhecimento das regras e o receio que têm de parecer ignorá-las abranda o fogo da imaginação, que prefere ser guiada pelo vivo sentimento e impressão dos objetos que a atingem do que pela reflexão que combina e tudo calcula.

É verdade que o conhecimento das regras pode ser muito útil para aqueles que, no momento da composição, dão tanta vazão a seu gênio que chegam a se esquecer delas, e só recorrem a elas depois, para corrigir defeitos em suas obras. Dificilmente espíritos que sentem alguma fraqueza deixam de se comportar segundo regras. Mas como seria possível ter êxito em obras da imaginação sem servir-se desse recurso? Não se deve desconfiar, para dizer um mínimo, de produções carentes de regra? Em geral, o século em que os filósofos desenvolvem os preceitos das artes é o das obras mais benfeitas, mais bem escritas; artistas de gênio, porém, são mais raros.

§155. O caráter das línguas forma-se aos poucos e conformemente ao dos povos, e é inevitável que alguma de suas qualidades seja predominante. É impossível que as mesmas vantagens sejam comuns num mesmo ponto do desenvolvimento de muitas línguas diferentes. A mais perfeita seria a que reunisse todas num grau em que pudessem conviver juntas, pois seria sem dúvida um defeito que uma língua fosse tão excelente num gênero que se tornasse imprópria para outros.

Ensaio sobre a origem dos conhecimentos humanos

Pode ser que o caráter mostrado por nossa língua nos escritos de Quinault e de La Fontaine prove que jamais teremos um poeta que iguale a força de Milton, e que o caráter de força que aparece em *Paraíso perdido* prove que os ingleses jamais terão um poeta igual a Quinault ou a La Fontaine.[97]

§156. A análise e a imaginação são duas operações tão diferentes que de ordinário impõem obstáculos uma à outra. Só há um temperamento em que podem se auxiliar reciprocamente sem se prejudicar: o mediano, ao qual já me referi.[98] Por isso, é muito difícil que as línguas favoreçam todas igualmente o exercício dessas operações. Nossa língua, pela simplicidade e nitidez de suas construções, confere ao espírito uma exatidão que insensivelmente se torna um hábito, e prepara assim muitos dos progressos da análise; mas ela é pouco favorável à imaginação. As inversões das línguas antigas, ao contrário, constituíam um obstáculo à análise, pois, na mesma medida em que contribuíam para o exercício da imaginação, tornavam-no mais natural que o das outras operações da alma. Eis aí, penso eu, uma das causas da superioridade dos filósofos modernos sobre os filósofos antigos. Uma língua tão sábia como a nossa na escolha de figuras e locuções deve sê-lo também na maneira de raciocinar.

A fim de fixar as nossas ideias, seria necessário imaginar duas línguas: uma que propiciasse tanto exercício à imaginação que os homens que a falassem se tornariam desarrazoados, outra que, ao contrário, exercitasse a análise com tanta força

---

97 Arrisco essa conjectura a partir do que ouvi dizer do poema de Milton, pois não sei inglês. [Condillac leu Locke em francês, na extraordinária tradução de Pierre Coste. (N. T.)]

98 Ver neste ensaio, I, 2, 5, §53.

que os homens que a falassem naturalmente se conduzissem, mesmo em seus prazeres, como geômetras que buscam a solução de um problema. Entre essas duas extremidades, poderíamos nos representar todas as línguas possíveis; veríamos mudarem de caráter segundo a extremidade da qual se aproximam, e compensarem as vantagens que perdem de um lado pelas adquiridas de outro. A mais perfeita ocuparia o meio; e o povo que a falasse seria um povo de grandes homens.

Mas, diria alguém, se o caráter das línguas é mesmo uma razão da superioridade dos filósofos modernos sobre os antigos, também não seria por isso que os poetas antigos são superiores aos modernos? Respondo que não: a análise extrai seus recursos inteiramente da linguagem, e, assim, só pode ocorrer quando as línguas a favorecem; vimos, ao contrário, que as causas que contribuem para os progressos da imaginação são muito mais extensas, e quase não há o que não favoreça o exercício dessa operação. Se em alguns gêneros os gregos e os romanos tiveram poetas superiores aos nossos, em outros gêneros temos poetas superiores aos deles. Qual poeta da Antiguidade poderia ser posto ao lado de Corneille ou de Molière?

§157. O meio mais simples para julgar qual língua é a melhor no maior número de gêneros é comparar o número de autores originais em cada uma. Duvido que a nossa fique em desvantagem em relação a qualquer outra que seja.

§158. Após ter mostrado as causas dos progressos da linguagem, convém investigar as de sua decadência. Elas são as mesmas e, se produzem efeitos contrários, é pela ação de circunstâncias. Tudo se passa aqui quase como no mundo físico, em que o mesmo movimento que fora um princípio de vida se torna um princípio de destruição.

Ensaio sobre a origem dos conhecimentos humanos

Se uma língua que tem, em cada um dos gêneros, escritores originais, quanto maior o gênio de um homem que a utiliza, mais obstáculos ele quer ultrapassar. Igualar os rivais não é suficiente para a sua ambição: ele aspira, tal como eles, ser o primeiro em seu gênero. Tenta um caminho novo. Mas, como todos os estilos análogos ao caráter da língua e ao seu próprio caráter foram praticados pelos que o precederam, só lhe resta abandonar a analogia. E assim, em nome da originalidade, ele pode pôr a perder uma língua que havia mais de um século vinha realizando progressos.

§159. Tais escritores podem ser criticados, mas seu talento é grande demais para que não sejam bem-sucedidos. A facilidade de copiar seus defeitos logo persuade os espíritos medíocres de que também poderiam obter igual reputação. Então vemos surgir o reinado dos pensamentos sutis e contorcidos, das antíteses preciosas, dos paradoxos brilhantes, das sinuosidades frívolas, das expressões elaboradas, das palavras criadas desnecessariamente, ou, em suma, do jargão de belos espíritos embotados por uma má metafísica. O público aplaude: as obras frívolas, ridículas, instantâneas, multiplicam-se: o mau gosto contamina todas as artes e ciências, e os talentos tornam-se cada vez mais raros.

§160. Tenho certeza de que serei contestado quanto ao que disse sobre o caráter das línguas. Conheço muitas pessoas que acreditam que todas as línguas são igualmente apropriadas para todos os gêneros e que alegam que um homem com a disposição de um Corneille, não importa o século em que vivesse ou a língua em que escrevesse, teria dado provas do mesmo talento.

Os signos são arbitrários quando empregados pela primeira vez. Talvez por isso alguns creiam que eles não teriam caráter próprio. Mas pergunto: não é natural que cada nação combine suas ideias segundo o gênio que lhe é próprio, e acrescente, a um estoque de ideias principais, ideias acessórias, que afetam os homens diferentemente? Essas combinações, autorizadas por um longo uso, são propriamente o que constitui o gênio de uma língua. Pode ser mais ou menos abrangente, dependendo do número e da variedade das locuções recebidas pela língua, e da analogia, que fornece os meios necessários à invenção destas. Não está ao alcance de um indivíduo alterar por completo esse caráter. Se ele fosse abandonado, falar-se-ia uma língua estranha e incompreensível. Cabe ao tempo realizar mudanças mais consideráveis, colocando o povo como um todo em circunstâncias tais que o levem a ver as coisas de um jeito diferente.

§161. De todos os escritores, é entre os poetas que o gênio das línguas se exprime mais vivamente. Daí a dificuldade de traduzi-los: ela é tão grande que mesmo com talento é às vezes mais fácil ultrapassar do que igualar a excelência dos poetas. A rigor, poder-se-ia dizer que é impossível dar boas traduções de poetas. Pois as mesmas razões que provam que duas línguas não podem ter um mesmo caráter provam que os mesmos pensamentos raramente podem ser traduzidos de uma língua para outra com a mesma beleza.

§162. Com esta história dos progressos da linguagem percebe-se que as línguas, para quem as conhece bem, são como uma pintura do caráter e do gênio dos povos. O *connaisseur* veria nesse progresso como a imaginação combinou as ideias segundo os preconceitos e as paixões; veria formar-se, em cada nação, um espírito diferente, dependendo do maior ou menor contato entre elas; e veria por fim que, se as maneiras influenciam a linguagem, esta, quando os escritos célebres fixam as

Ensaio sobre a origem dos conhecimentos humanos

suas regras, influencia por seu turno as maneiras e conserva, por longo tempo, o caráter próprio de um povo.

§163. Esta história poderia passar por um romance; mas não se pode negar que ela é ao menos verossímil.* Não creio que o método que adotei tenha me levado ao erro. Propus-me como objetivo não afirmar nada que não fosse decorrente da suposição de que cada linguagem teria sido imaginada a partir de outra que a precedeu imediatamente; encontrei na linguagem de ação o germe das línguas e de todas as artes que possam servir à expressão de nossos pensamentos; observei as circunstâncias propícias ao desenvolvimento de tais germes; e não somente mostrei como da linguagem nascem as artes, como segui os seus progressos e expliquei a diferença de caráter entre as línguas. Numa palavra, demonstrei, se não me engano, e de maneira evidente, que as coisas que nos parecem mais singulares foram, ao seu tempo, as mais naturais, e tornaram-se o que deveriam ser.

Seção II
Do método

O conhecimento que adquirimos das operações da alma e das causas de seus progressos nos instrui a respeito da condu-

---

* Trata-se do gênero conhecido no século XVIII como *história conjectural*, posteriormente adotado, nos moldes propostos por Condillac, por Rousseau, no *Discurso sobre a origem da desigualdade entre os homens* (1756), por Adam Ferguson no *Ensaio de história da sociedade civil* (1769), por Adam Smith no livro II de *A riqueza das nações* (1776) e comentado por Kant nos opúsculos *Ideia de uma história universal de um ponto de vista cosmopolita* (1784) e *Conjectura sobre o início da história humana* (1786). (N. T.)

ta que devemos adotar na busca pela verdade. Antes, não era possível obter um bom método, mas parece-me que atualmente ele se descobre por si mesmo, e é uma consequência natural das pesquisas que aqui realizamos. Será suficiente desenvolvermos a seguir algumas reflexões que permaneceram dispersas ao longo desta obra.

Capítulo 1
Da causa primeira de nossos erros, e da origem da verdade

§I. Muitos filósofos revelaram de maneira contundente um grande número de erros que são atribuídos aos sentidos, à imaginação e às paixões. Mas eles não podem se orgulhar de terem colhido em suas obras todos os frutos que haviam prometido. Suas teorias, demasiadamente imperfeitas, são impróprias para esclarecer a prática. A imaginação e as paixões redobram-se de tantas maneiras e dependem a tal ponto do temperamento, dos tempos e das circunstâncias que é impossível descobrir todas as molas que elas põem em atividade, e é muito natural que cada um pretenda não se encontrar na mesma situação dos que foram extraviados por elas.

Tal como um homem de têmpera fraca que, mal se curou de uma doença, já caiu em outra, o espírito, em vez de se livrar de seus erros, muitas vezes só faz mudá-los. Para curar um homem de constituição fraca de todos os males de que padece, seria preciso dar-lhe uma têmpera inteiramente nova; para corrigir todas as fraquezas de nosso espírito, seria preciso dar-lhe uma nova perspectiva e, sem perder tempo com os detalhes de suas doenças, remontar à sua origem e tratá-las.

Ensaio sobre a origem dos conhecimentos humanos

§2. Essa origem, nós a encontraremos no hábito de raciocinar sobre coisas das quais não temos ideias ou das quais só temos ideias muito mal determinadas. Convém investigar aqui a causa desse hábito, a fim de identificar, de maneira convincente, a origem de nossos erros, e de adquirir o espírito crítico necessário para a leitura dos filósofos.

§3. Em nossa infância, quando ainda somos incapazes de reflexão, ocupamo-nos exclusivamente de nossas necessidades. Entrementes, os objetos causam em nossos sentidos impressões tanto mais profundas quanto menos resistência encontram. Os órgãos desenvolvem-se lentamente, com lentidão ainda maior vem a razão e apoderamo-nos de ideias e de máximas tais que o acaso ou a má-educação apresentem. Quando chegamos a uma idade em que o espírito começa a introduzir ordem em nossos pensamentos, não sabemos de outras coisas além daquelas com as quais estamos há muito familiarizados. Assim, não hesitamos em acreditar que elas são tais como são, pois parece-nos natural que sejam tais como são: estão gravadas em nosso cérebro com tanta vivacidade que não poderíamos pensar que não existissem ou que fossem diferentes. Daí a indiferença pelo conhecimento de coisas com as quais estamos acostumados, e os movimentos de curiosidade por tudo o que parece ser novo.

§4. Quando começamos a refletir, não vemos como as ideias e as máximas que encontramos em nós poderiam ter sido introduzidas, e não nos recordamos de ter sido privados delas. Usufruímos delas com confiança. Por mais defeituosas que sejam, tomamo-las por evidentes em si mesmas, e damos a elas nomes como razão, luz natural ou inata, princípios gravados, imprimidos na alma. Referimo-nos mais prontamente a essas ideias, pois cremos que, se elas nos enganassem, Deus seria a causa de nosso erro, pois as consideramos como único meio que nos foi concedido para chegar à verdade. É assim que noções com as quais não estamos familiarizados nos parecem princípios de evidência máxima.

§5. O que acostuma nosso espírito a essa inexatidão é a maneira como nos conformamos à linguagem. Só atingimos a idade da razão muito tempo depois de ter contraído o uso da fala. Se excetuarmos as palavras destinadas a tornar conhecidas as nossas necessidades, é o acaso, de ordinário, que nos oferece a oportunidade de compreender certos sons e não outros, e que decide quais ideias serão ligadas a eles. Por pouco que reflitamos sobre as crianças que vemos diante de nós, lembrar-nos-emos do estado pelo qual passamos e reconheceremos que nada é menos exato do que o emprego que costumamos dar às palavras. Não admira que seja assim. Compreendemos expressões cuja significação, embora bem determinada pelo uso, é tão complexa que não temos nem experiência nem penetração suficientes para apreendê-la; compreendemo-las a partir de outras, que nunca apresentam a mesma ideia ou que são mesmo desprovidas de sentido. Para julgar como é impossível que nos sirvamos delas com discernimento, basta observar o embaraço que muitas vezes sentimos ao empregá-las.

§6. Entrementes, o costume de ligar frases a coisas torna-se para nós tão natural, quando ainda não temos condições de estimar o seu valor, que nos acostumamos a referir os nomes à realidade mesma dos objetos e acreditamos que eles explicariam perfeitamente a sua essência. Imaginou-se que haveria ideias inatas, pois com efeito há ideias que são as mesmas em todos os homens; e sem dúvida diríamos que nossa língua é

Ensaio sobre a origem dos conhecimentos humanos

inata se não soubéssemos que os outros povos falam línguas completamente diferentes. Parece-me que em nossas pesquisas todos os esforços tendem a encontrar apenas novas expressões. Dificilmente poderíamos imaginar que adquiriríamos conhecimentos novos. Quando há muito tempo buscamos pelas coisas e falamos profusamente a seu respeito, o amor-próprio persuade-nos, sem dificuldade, de que de fato as conhecemos.

§7. Ao remeter nossos erros à origem que indiquei, reunimo-los sob uma causa única, que é tal que não temos como não reconhecer que ela teve parte considerável em nossos juízos. Seria o caso de pedir aos filósofos, mesmo aos mais prevenidos, que reconhecessem que foi ela que deitou os primeiros fundamentos de seus sistemas; para levá-los a tanto, bastaria interrogá-los do jeito certo. Com efeito, se nossas paixões ocasionam erros, é porque elas abusam de um princípio vago, de uma expressão metafórica e de um termo equívoco para realizar com eles aplicações a partir das quais possamos deduzir as opiniões que nos lisonjeiam. Se não nos enganamos, os princípios vagos, as metáforas e os equívocos são, assim, causas anteriores a nossas paixões. Será suficiente, portanto, renunciar a essa linguagem vã, para dissipar todo artifício que leva ao erro.

§8. Se a origem do erro está num defeito das ideias ou em ideias mal determinadas, a da verdade deve estar em ideias bem determinadas. As matemáticas são a prova disso. Qualquer que seja o objeto do qual tenhamos ideias exatas, elas serão sempre suficientes para discernirmos a verdade. Se, ao contrário, não as tivermos, poderemos tomar todas as precauções imagináveis e mesmo assim confundiremos tudo. Numa palavra, em metafísica marcharemos com passo firme quando munidos de ideias bem determinadas, e sem elas nos perderemos, mesmo em aritmética.

§9. Mas como podem os aritméticos ter ideias tão exatas? Se as têm, é por conhecerem a maneira como elas são engendradas e podem sempre compô-las ou decompô-las, comparando-as a partir de cada uma de suas relações. Os que refletiram sobre a geração dos números encontraram as regras de sua combinação. Os que não refletiram podem calcular com tanta justeza quanto os outros, pois as regras são certas, mas, por não conhecerem as razões em que estão fundadas, eles não têm ideias do que fazem, e são por isso incapazes de descobrir novas regras.

§10. Em todas as ciências, a exemplo da aritmética, a verdade só se deixa descobrir por composição e decomposição. Se o raciocínio ordinário não é dotado dessa mesma justeza, é porque ainda não encontrou regras certas para compor e decompor as ideias sempre com exatidão, o que por sua vez provém de não ter sabido como determiná-las. Pode ser que as reflexões que fizemos a respeito da origem de nossos conhecimentos forneçam os meios de suprir essa carência.

Capítulo 2
Da maneira de determinar as ideias ou os seus nomes

§11. É um conselho útil, e geralmente aceito, tomar as palavras no sentido estabelecido pelo uso. Com efeito, à primeira vista parece não haver outro meio para se fazer entender além de falar como os outros. No entanto, pareceu-me necessário adotar uma conduta diferente. Como foi observado, para termos conhecimentos verdadeiros é preciso recomeçar nas

Ensaio sobre a origem dos conhecimentos humanos

ciências sem prevenção em favor de opiniões consagradas, e parece-me que, para tornar a língua exata, deve-se reformá-la sem ter consideração pelo uso. Não proponho com isso que seja promulgada uma lei que ligue a todos os termos ideias diferentes daquelas que eles costumam significar; tal coisa seria uma afetação pueril e ridícula. O uso é constante e uniforme para os nomes de ideias simples bem como para os de muitas noções familiares ao homem comum. Quanto a isso, nada deve mudar. Mas, quando o que está em questão são as ideias complexas que pertencem mais particularmente à metafísica e à moral, nada é mais arbitrário e muitas vezes mais caprichoso do que o uso. Isso me leva a crer que, para dar clareza e precisão à linguagem, seria preciso retomar os materiais de nossos conhecimentos e combiná-los de maneira nova, sem consideração pelas combinações que se encontram feitas.

§12. Quando examinamos o progresso das línguas, vimos que, se o uso fixa o sentido das palavras, é pelas circunstâncias em que elas são utilizadas.[99] É verdade que o acaso parece dispor das circunstâncias, mas, se soubermos escolhê-las, poderemos fazer em toda ocasião o que o acaso nos leva a fazer em algumas, ou seja, determinar a significação das palavras com exatidão. Não há outro meio para dar precisão à linguagem além daquele pelo qual ela se tornou precisa, sempre que o é. Assim, seria preciso colocar-se, desde o início, em circunstâncias sensíveis, a fim de criar signos para exprimir as primeiras ideias adquiridas pela sensação e pela reflexão; e quando, refletindo sobre elas, se adquirissem novas, criar-se-iam novos nomes, cujo sentido seria determinado colocando-se os outros

---

99 Ver, neste ensaio, II, 1, 9.

nas mesmas circunstâncias em que havíamos nos encontrado e levando-os a fazer as mesmas reflexões que fizemos. Então as expressões se sucederiam às ideias, e seriam claras e precisas, pois traduziriam o que cada um experimentou sensivelmente.

§13. Com efeito, um homem que começasse por criar para si uma linguagem e se propusesse a só conversar com outros após ter fixado o sentido das expressões mediante circunstâncias em que pudesse se colocar, não incorreria em nenhum dos defeitos tão comuns. Os nomes de ideias simples seriam claros, pois não significariam mais do que aquilo que ele percebesse nas circunstâncias escolhidas; os de ideias complexas seriam precisos, pois não conteriam mais do que ideias simples que certas circunstâncias reuniram de determinada maneira; e, por fim, quando ele quisesse acrescentar algo a essas primeiras combinações ou retirar algo delas, o signos que empregasse poderiam conservar a clareza dos primeiros, desde que aquilo que fosse acrescentado ou retirado fosse assinalado por novas circunstâncias. Se quisesse em seguida dar parte aos outros do que ele pensou, bastaria que os colocasse nos mesmos pontos de vista em que se encontrou quando examinou os signos e os levasse a ligar as mesmas ideias que ele ligou às palavras que escolheu.

§14. De resto, quando falo em *criar palavras*, não quero com isso que se proponha a criação de termos inteiramente novos. Os termos autorizados pelo uso parecem-se, no mais das vezes, suficientes para discorrer sobre toda sorte de matéria. Seria mesmo nocivo à clareza da linguagem inventar palavras sem necessidade, sobretudo nas ciências. Portanto, se recorro a essa expressão, é porque gostaria que não se começasse por expor os termos para em seguida defini-los, como se costuma fazer; ao contrário, seria desejável que, uma vez encontrando-se nas

Ensaio sobre a origem dos conhecimentos humanos

circunstâncias em que se vê ou se percebe uma coisa qualquer, dê-se um nome a isso que é percebido e visto, nome esse tomado emprestado do uso. Essa expressão, *criar palavras*, parece-me bastante natural, além de ser a mais apropriada para assinalar a diferença entre a maneira que eu gostaria que se utilizasse para determinar a significação das palavras e as definições oferecidas pelos filósofos.

§15. Não vale a pena, em minha opinião, empregar as expressões consagradas pela linguagem dos doutos; ao contrário, talvez seja mais vantajoso bani-las da linguagem ordinária. Por mais que esta não seja mais exata do que aquela, ela tem um vício a menos. Pois os leigos, por não terem refletido sobre os objetos das ciências, reconhecem de bom grado a sua ignorância e a falta de exatidão das palavras de que se servem. Já os filósofos, envergonhados por terem meditado inutilmente, são sempre partidários arraigados dos pretensos frutos de suas meditações.

§16. A fim de que se possa compreender melhor esse método, é preciso entrar em maiores detalhes e aplicar às diferentes ideias o que expusemos de maneira geral. Começaremos pelos nomes de ideias simples.

A obscuridade e a confusão das palavras vêm de darmos a elas uma extensão muito grande ou muito pequena, ou então de nos servirmos delas sem as ligarmos a uma ideia. Há muitas cuja significação não apreendemos por inteiro, tomamo-las por partes, acrescentamos ou retiramos, a partir do que se formam diferentes combinações sob um mesmo signo, o que explica por que as mesmas palavras podem ter, na boca de uma mesma pessoa, acepções bem diferentes. De resto, como o estudo das línguas, por descuidado que seja, exige um mínimo de reflexão, costuma-se abreviá-lo referindo-se os signos a realidades a respeito das quais não temos ideias. Tais são, na linguagem de muitos filósofos, termos como *ser*, *substância*, *essência* etc. É evidente que esses defeitos só podem pertencer às ideias, que são obra do espírito. Quanto à significação dos nomes de ideias simples, imediatamente oriundas dos sentidos, ela é conhecida de uma vez e não pode ter por objeto realidades imaginárias, pois refere-se imediatamente a meras percepções que, com efeito, se encontram no espírito tais como aparecem a ele. Essa espécie de termos não pode, portanto, ser obscura; e seu sentido é tão bem assinalado por todas as circunstâncias em que nos encontramos naturalmente, que nem mesmo as crianças se enganam a respeito. Por pouco familiarizadas que estejam com a língua, elas não confundem jamais os nomes das sensações, e têm ideias tão claras quanto nós de palavras como *branco*, *preto*, *vermelho*, *repouso*, *prazer*, *dor* etc. Quanto às operações da alma, elas também são capazes de distinguir os seus nomes, desde que sejam simples, e desde que as circunstâncias voltem sua reflexão para esse lado. Pelo uso que fazem de palavras como *sim*, *não*, *eu quero*, *eu não quero*, vemos que captaram a sua verdadeira significação.

§17. Alguém poderia objetar que está demonstrado que os mesmos objetos produzem sensações diferentes em pessoas diferentes, que não os vemos sob as mesmas ideias de grandeza, que não percebemos neles as mesmas cores etc.

Respondo que, apesar disso, nos entendemos sempre, de maneira suficiente, com relação ao fim que é proposto em metafísica e em moral. Para esta última, não é necessário se assegurar, por exemplo, de que os mesmos castigos produzem em todos os homens os mesmos sentimentos de dor ou que as mesmas recompensas sejam seguidas pelos mesmos sentimentos de prazer. Qualquer que seja a variedade com que as causas do prazer e da dor afetam os homens de diferentes temperamentos, é suficiente que o sentido dessas palavras, *prazer* e *dor*, esteja bem fixado para que ninguém se engane a seu respeito. Ora, as circunstâncias em que nos encontramos todos os dias não permitem que nos enganemos em relação ao uso que devemos fazer desses termos.

Quanto à metafísica, é suficiente que as sensações representem a extensão, as figuras e as cores. A variedade que se encontra nas sensações de dois homens não pode ocasionar confusão alguma. Por exemplo, que isto que chamo de azul me pareça ser constantemente o que outros chamam de verde, ou que isto que chamo de verde me pareça ser constantemente o que outros chamam de azul, isso não impede que nos entendamos muito bem quando dizemos, *os prados são verdes*, ou *o céu é azul*, tanto quanto se, em relação a esses objetos, tivéssemos as mesmas sensações. É que então não queremos dizer outra coisa além disto, que o céu e os prados vêm ao nosso conhecimento sob aparências que entram em nossa alma pela visão e que chamamos de azuis, verdes etc. Se com essas palavras quisermos dizer que temos precisamente as mesmas sensações, essas proposições não serão obscuras, mas serão falsas, ou ao menos não terão fundamento suficiente para serem consideradas como certas.

§18. Creio que, assim, posso concluir que os nomes de ideias simples, tanto os de sensação quanto os de operações da alma, podem ser bem determinados por circunstâncias, pois já o são, e o são com tanta exatidão que as crianças não se enganam a seu respeito. Ao filósofo cabe apenas ter atenção, quando se trata de sensações, para evitar dois erros em que os homens costumam incorrer, por julgarem precipitadamente. O primeiro é acreditar que as sensações estariam nos objetos; o outro, ao qual nos referimos, é acreditar que os mesmos objetos produziriam em nós as mesmas sensações.

§19. Nada impede que determinemos os termos que pertencem às outras ideias, desde que eles, que são os signos das ideias simples, sejam exatos. É suficiente, para tanto, fixar o número e a qualidade das ideias simples das quais se queira formar uma noção complexa. O que faz que se encontrem tantos obstáculos e, em tais ocasiões, nos detenhamos no sentido dos nomes, que, após muito trabalho, permanecem equívocos e obscuros, é o fato de tomarmos as palavras tais como as encontramos no uso, ao qual queremos a todo custo nos conformar. A moral, principalmente, fornece expressões tão compostas e o uso, que consultamos, mal concorda consigo mesmo, que é impossível que esse método não nos faça falar de maneira pouco exata e não nos leve a incorrer em contradições. Um homem que começasse por se aplicar somente a ideias simples e que as reunisse sob signos apenas à medida que se familiarizasse com elas certamente não correria esses riscos. As palavras mais complexas de que fosse obrigado a se servir teriam uma significação determinada constante, pois, ao escolher ele próprio as ideias simples que quisesse ligar a elas, e cujo número fixasse cuidadosamente, ele manteria o sentido de cada palavra dentro de limites exatos.

§20. Mas, caso não se queira renunciar à vã ciência dos que referem as palavras a realidades que eles não conhecem, será inútil tentar dar à linguagem alguma precisão. A aritmética só é demonstrada em cada uma de suas partes porque temos uma

Ensaio sobre a origem dos conhecimentos humanos

ideia exata de unidade e porque, através da arte com que nos servimos dos signos, determinamos quantas vezes a unidade é acrescentada a si mesma nos números mais compostos. Em outras ciências pretende-se, com expressões vagas e obscuras, raciocinar sobre ideias complexas e descobrir as relações entre elas. Para perceber quão insensata é essa conduta, basta que se considere onde estaríamos se os homens conseguissem lançar a aritmética na mesma confusão em que a metafísica e a moral se encontram.

§21. Ideias complexas são obra do espírito. Se são defeituosas, é porque foram malfeitas. O único meio de corrigi-las, é refazendo-as. É preciso, portanto, retomar os materiais de nossos conhecimentos e trabalhar sobre eles, como se nunca tivessem sido utilizados. Para esse fim convém, nos primeiros passos, ligar aos sons o menor número possível de ideias simples, escolher aquelas que todos possam perceber sem dificuldade se se colocarem nas mesmas circunstâncias que nós, e só acrescentar novas ideias quando se estiver familiarizado com as primeiras, encontrando-se em circunstâncias propícias para que entrem no espírito de maneira clara e precisa. Por esse meio, acostumamo-nos a unir às palavras ideias simples de toda espécie, em qualquer número que seja.

A ligação de ideias a signos é um hábito que não se adquire de uma só vez, principalmente em se tratando de noções mais complexas. As crianças demoram bastante para ter ideias precisas de números como mil ou dez mil. Não podem adquiri-las senão pelo uso prolongado e frequente, que ensina a multiplicarem a unidade e fixar cada coleção com nomes particulares. Seria igualmente impossível para nós se quiséssemos, dentre as numerosas ideias complexas que pertencem à metafísica e à moral, conferir precisão aos termos que escolhemos desde a primeira vez e sem outra precaução além de carregá-los de ideias simples. O que aconteceria é que ora as tomaríamos num sentido, ora noutro, pois, por não termos gravado senão superficialmente em nosso espírito as coleções de ideias, acrescentaríamos ou extrairíamos delas sem percebermos. Ao contrário, se começarmos ligando às palavras um número reduzido de ideias, e ordenadamente passarmos a coleções maiores, acostumar-nos-emos a compor nossas noções cada vez mais, sem com isso torná-las menos fixas e menos certas.

§22. Eis o método que segui, especialmente na terceira seção do livro I. Não comecei por expor os nomes das operações da alma para em seguida defini-los; apliquei-me, ao contrário, a colocar-me nas circunstâncias mais apropriadas para observar o seu progresso e, à medida que criava ideias que acrescentava às precedentes, fixava-as por meio de nomes, conformando-me ao uso, sempre que fosse possível e conveniente.

§23. Temos suas espécies de noções complexas: umas são as que formamos a partir de modelos, as outras são certas combinações de ideias simples que o espírito reúne como efeito de sua própria escolha. Seria propor um método inútil na prática, e mesmo perigoso, criar noções de substâncias a partir da reunião arbitrária de certas ideias simples. Tais noções representariam para nós substâncias que não existem em parte alguma, reuniriam propriedades que em nenhuma parte estão reunidas, separariam as que estivessem, e se, por vezes, elas se mostrassem conformes a modelos, seria um efeito do acaso. Para tornar precisos e claros os nomes de substâncias, deve-se consultar a natureza, e fazer que signifiquem apenas ideias simples que observamos coexistindo juntas.

Ensaio sobre a origem dos conhecimentos humanos

§24. Há outras ideias que pertencem às substâncias, e que são chamadas de *abstratas*. Como eu já disse,* tais ideias são ideias mais ou menos simples, às quais damos nossa atenção ao deixarmos de pensar nas outras ideias simples que coexistem com elas. Se deixamos de pensar na substância dos corpos como sendo atualmente colorida e figurada e a considerarmos como algo móvel, divisível, impenetrável e de extensão indeterminada, teremos a ideia da matéria, ideia mais simples que a de corpo, da qual não é senão uma abstração, por mais que muitos filósofos queiram torná-la real. Se em seguida deixamos de pensar na mobilidade da matéria, em sua divisibilidade e em sua impenetrabilidade, para não refletir senão sobre a sua extensão, formaremos a ideia de espaço puro, a qual é ainda mais simples. O mesmo vale para todas as abstrações, o que mostra claramente que os nomes das ideias mais abstratas são tão fáceis de determinar quanto os nomes das substâncias.

§25. Para determinar as noções-arquétipo, vale dizer, as noções que temos dos homens e de todas as coisas que são da alçada da moral, da jurisprudência e das artes, é preciso conduzir-se diferentemente do que em relação às noções de substâncias. Os legisladores não dispunham de nenhum modelo quando, pela primeira vez, reuniram ideias simples com as quais compuseram as leis, ou seja, quando se pronunciaram sobre numerosas ações humanas antes de considerar se em alguma parte haveria exemplos delas. Os modelos das artes tampouco foram encontrados em outra parte além do espírito dos primeiros inventores. As substâncias, tais como as conhecemos, são certas coleções de propriedades que simplesmente

---

* Neste *Ensaio*, I, 5. (N. T.)

não podem ser reunidas ou separadas por nós, e cuja existência e maneira de existir nos interessa conhecer enquanto tais. As ações dos homens são combinações que variam sem cessar, e frequentemente é de nosso interesse ter ideias delas antes que tenhamos visto modelos. Se dependermos da experiência para formar tais noções a partir de modelos, pode ser tarde demais. Por isso temos que nos apropriar delas por outra via: reunimos ou separamos à nossa escolha certas ideias simples ou adotamos combinações já feitas por outros.

§26. Uma diferença importante entre as noções de substâncias e as de arquétipos é que consideramos estas como modelos aos quais referimos coisas exteriores, enquanto aquelas são meras cópias do que percebemos fora de nós. Para que as primeiras sejam verdadeiras, é preciso que as combinações de nosso espírito sejam conformes ao que observamos nas coisas; para que as segundas sejam verdadeiras, é suficiente que fora de nosso espírito as combinações se encontrem tais como dentro dele. A noção de justiça é verdadeira mesmo que não se encontre nenhuma ação justa, pois sua verdade consiste numa coleção de ideias que não depende do que se passa fora de nós. A noção de ferro só é verdadeira na medida em que é conforme a esse metal, que é o seu modelo.

Esse detalhe a respeito das ideias-arquétipo mostra que só depende de nós fixar a significação de seus nomes, pois só depende de nós determinar as ideias simples com as quais formamos essas coleções. É concebível que outros possam entrar em nossos pensamentos, desde que os coloquemos em circunstâncias nas quais as ideias simples sejam o objeto de seu espírito como são do nosso, e eles sejam levados a reuni-las sob os mesmos nomes sob os quais as reunimos.

Ensaio sobre a origem dos conhecimentos humanos

São esses os meios que proponho para dar à linguagem toda a clareza e precisão de que ela é suscetível. Não me parece que seja necessário alterar os nomes de ideias simples, pois o sentido destes parece-me suficientemente determinado pelo uso. Quanto às ideias complexas, são feitas com tão pouca exatidão que não podemos nos dispensar de trabalhar sobre os seus materiais e realizar novas combinações, desconsiderando as previamente feitas. São obras do espírito, as mais exatas bem como as menos; e se tivermos êxito com algumas, poderemos ter êxito com as demais, desde que nos conduzamos sempre com a mesma destreza.

Capítulo 3
Da ordem a ser adotada na busca pela verdade

§27. Parece-me que um método que conduziu a uma verdade pode conduzir a outra, e que o melhor método é aquele que seja o mesmo para todas as ciências. É suficiente, portanto, refletir sobre as descobertas realizadas para aprender a realizar novas descobertas. As mais simples serão as mais apropriadas para esse efeito, pois se observará com menos dificuldade os meios que foram utilizados. Tomarei como exemplo as noções elementares das matemáticas, e suporei que estamos em situação de aprendê-las pela primeira vez.

§28. Começaremos sem dúvida por criar uma ideia de unidade e, acrescentando-a diversas vezes a si mesma, formaremos coleções, que fixaremos por signos. Repetiremos essa operação e, por esse meio, teremos tantas ideias complexas de números quantas quisermos ter. Refletiremos em seguida sobre a maneira como elas são formadas, observaremos o seu progresso e aprenderemos, infalivelmente, os meios de decompô-las. Poderemos assim comparar as mais complexas às mais simples e descobrir as propriedades de umas, bem como de outras.

Nesse método, as operações do espírito não têm outro objeto além das ideias simples ou das ideias complexas que formamos e cuja geração conhecemos perfeitamente bem. Assim, não encontraremos nenhum obstáculo para a descoberta das primeiras relações de grandeza. Conhecidas estas, veremos com mais facilidade as que se seguem imediatamente, que, por sua vez, nos mostrarão outras. E desse modo, tendo começado pelas mais simples, elevamo-nos, imperceptivelmente, até as mais compostas, e elaboramos uma sequência de conhecimentos que dependem tão estreitamente uns dos outros que só se pode chegar aos mais afastados a partir dos que os precederam.

§29. As demais ciências, todas elas ao alcance do espírito humano, têm por princípios ideias simples, adquiridas por sensação ou reflexão. Para adquirir noções complexas, não nos resta outro meio, como nas matemáticas, além de reunir as ideias simples em diferentes coleções. É preciso, então, seguir a mesma ordem no progresso das ideias e ter igual precaução na escolha dos signos.

Muitos preconceitos opõem-se a essa conduta. Eis o meio que imaginei para precavermo-nos contra eles.

É na infância que somos imbuídos dos preconceitos que retardam os progressos de nossos conhecimentos e nos levam a incorrer em erros. Um homem criado por Deus, com temperamento maduro e órgãos tão bem desenvolvidos que desde os primeiros instantes tem um uso perfeito da razão, não encontraria os mesmos obstáculos que nós na busca pela verdade. Ele só inventaria signos à medida que experimentasse novas sensações e realizasse novas reflexões; combinaria suas primeiras ideias segundo as circunstâncias em que se encontrasse; fixaria cada coleção dando a elas nomes particulares; e, quando quisesse comparar duas noções complexas, poderia facilmente analisá-las, pois não teria dificuldade em reduzi-las às ideias simples com que as tivesse formado. Assim, por ter imaginado palavras apenas após ter criado ideias, suas noções seriam sempre determinadas com exatidão e sua língua não estaria sujeita às obscuridades e equívocos das nossas. Imaginemo-nos então no lugar desse homem; passemos por todas as circunstâncias em que ele deveria se encontrar; vejamos com ele o que ele percebe; formemos as mesmas reflexões; adquiramos as mesmas ideias, analisemo-las com o mesmo cuidado, exprimamo-las por signos semelhantes — e façamos, por assim dizer, uma língua inteiramente nova.

§30. Ao raciocinarmos de acordo com esse método, apenas a partir de ideias simples, ou de ideias complexas que são obra de nosso espírito, teremos duas vantagens. Em primeiro lugar, por conhecermos a geração das ideias sobre as quais meditamos, jamais avançaremos sem saber onde estamos, como ali chegamos e como retornar sobre nossos passos. Em segundo lugar, veremos sensivelmente, em cada matéria, quais os limites de nossos conhecimentos, pois os encontraremos tão logo os sentidos deixem de fornecer ideias, por conseguinte, quando o espírito não possa mais formar noções. Ora, nada me parece tão importante quanto discernir as coisas às quais podemos nos dedicar com êxito daquelas em que o nosso fracasso é inevitável. Por não terem reconhecido essa diferença, os filósofos, dedicados ao exame de questões insolúveis, muitas vezes desperdiçaram um tempo que poderiam ter empregado com pesquisas úteis. Um exemplo disso são os seus esforços para explicar a essência e a natureza dos seres.

§3 1. Todas a verdades limitam-se a relações entre ideias simples, entre ideias complexas e entre uma ideia simples e uma ideia complexa. Pelo método que proponho, podem-se evitar os erros em que se incorre na busca de todas elas.

Ideias simples não podem dar lugar a nenhum engano. A causa de nossos erros vem de privarmos uma ideia de algo que pertence a ela, por não vermos todas as suas partes, ou de acrescentarmos a ela algo que não lhe pertence, porque nossa imaginação julga precipitadamente que ela contém aquilo que na verdade não lhe pertence. Ora, não podemos retirar nada de uma ideia simples, pois nela não distinguimos partes, e não podemos acrescentar nada a ela, enquanto a considerarmos como simples, pois de outro modo ela perderia sua simplicidade.

É apenas no uso de noções complexas que podemos nos enganar, quando acrescentamos ou retiramos algo despropositadamente. As precauções que recomendo são suficientes para evitar os mal-entendidos e reencontrar a geração das ideias, pois assim veremos o que elas contêm, nem mais, nem menos. Em qualquer comparação que façamos entre ideias simples e ideias complexas, jamais atribuiremos a elas outras relações além das que lhes pertencem.

§32. Se os filósofos fazem raciocínios tão obscuros e confusos, é porque não suspeitam que há ideias que são obra do espírito, ou então, se suspeitam disso, são incapazes de descobrir a sua geração. Imbuídos do preconceito de que as ideias são inatas, ou que, tal como se encontram, foram benfeitas, acreditam que não devem mudá-las em nada e as tomam tais como o acaso as apresenta. Mas como só podemos analisar adequadamente

Ensaio sobre a origem dos conhecimentos humanos

as ideias que nós mesmos formamos com ordem, suas análises, ou antes suas definições, são quase sempre defeituosas. Eles estendem ou restringem desastradamente a significação de seus termos, alteram-na sem perceber que o fazem, ou mesmo referem as palavras a noções vagas e a realidades ininteligíveis. Que me seja permitido repetir, é preciso fazer uma nova combinação de ideias, começar pelas mais simples que os sentidos transmitem, formar a partir delas noções complexas que, combinando-se entre si, produzirão outras, e assim por diante. Desde que consignemos nomes distintos a cada coleção, esse método não pode deixar de nos precaver contra o erro.

§33. Descartes teve razão de pensar que para chegar a conhecimentos certos é preciso começar rejeitando todos os que acreditamos ter adquirido, mas enganou-se ao pensar que para isso seria suficiente colocá-los em dúvida. Duvidar que dois e dois são quatro ou que o homem é um animal racional é ter ideias de dois, quatro, homem, animal, racional. A dúvida deixa subsistirem as ideias tais como elas são. E como nossos erros vêm de nossas ideias terem sido malfeitas, a dúvida é incapaz de preveni-las. Ela pode, por algum tempo, levar-nos a suspender nossos juízos, mas só superaremos a incerteza se consultarmos ideias que ela não destruiu e, por conseguinte, se elas forem vagas e mal determinadas, nos enganarão tanto quanto antes. Assim, a dúvida de Descartes é inútil. De resto, cada um pode ver por si mesmo que ela é impraticável, pois, se compararmos ideias familiares e bem determinadas, é impossível duvidar das relações subsistentes entre elas. É o que ocorre, por exemplo, nas ideias de número.

§34. Não fosse a predisposição desse filósofo em favor das ideias inatas, ele teria visto que o único meio para adqui-

301

rir uma nova reserva de conhecimentos é destruir as próprias ideias para retomá-las em sua origem, vale dizer, nas sensações. Pode-se notar uma grande diferença entre dizer com Descartes que é preciso começar pelas coisas mais simples ou comigo que é preciso começar pelas ideias mais simples *que os sentidos nos transmitem*. Para Descartes, as coisas mais simples são ideias inatas, princípios gerais e noções abstratas, que ele considera a fonte de nossos conhecimentos. No método que proponho, as ideias mais simples são as primeiras ideias particulares que chegam a nós por via de sensação ou de reflexão. São esses os materiais de nossos conhecimentos, que combinamos segundo as circunstâncias para formar a partir deles ideias complexas cujas relações serão descobertas pela análise. Note-se que não me restrinjo a afirmar que se deve começar pelas ideias mais simples, e sim pelas ideias mais simples *que os sentidos transmitem*, o que acrescento a fim de que não sejam confundidas com noções abstratas ou com os princípios gerais dos filósofos. Por exemplo, a ideia de sólido, por complexa que seja, é uma das mais simples que chegam imediatamente pelos sentidos. À medida que a decompomos, formam-se ideias mais simples do que ela, que gradativamente se afastam das transmitidas pelos sentidos. Começamos pela superfície, passamos à linha, chegamos por fim ao ponto.[100]

§35. Há outra diferença entre o método de Descartes e o que proponho nesta obra. De acordo com esse filósofo, é preciso começar pela definição das coisas e considerar tais definições como princípios próprios para descobrir as suas propriedades. Acredito, ao contrário, que é preciso começar

---

100 Tomo as palavras *linha*, *superfície* e *ponto* no sentido dos geômetras.

Ensaio sobre a origem dos conhecimentos humanos

investigando as propriedades das coisas, e parece-me que isso tem fundamento. Pois se as noções que somos capazes de adquirir são, como mostrei, diferentes coleções de ideias simples que a experiência nos leva a reunir sob certos nomes, é muito mais natural formá-las buscando-se pelas ideias na mesma ordem em que a experiência as apresenta do que começar por definições das coisas para em seguida deduzir as suas diferentes propriedades.

§36. Esse detalhe mostra que a ordem a ser adotada na busca pela verdade é a mesma que já tive oportunidade de indicar quando falei da análise. Ela consiste em remontar até a origem das ideias, desenvolver a sua geração, e realizar com elas diferentes composições e decomposições, para compará-las por todos os lados que possam mostrar quais as suas relações. Direi uma palavra acerca da conduta que me parece recomendável para capacitar o espírito a tantas descobertas quantas ele possa realizar.

§37. É preciso, de início, avaliar os nossos conhecimentos sobre a matéria que gostaríamos de aprofundar, desenvolver a sua geração e determinar exatamente as suas ideias. Pois a posse de uma verdade que encontramos por acaso, e a respeito da qual não podemos nos assegurar, pode nos levar, quando temos ideias vagas, a incorrer em numerosos erros.

Uma vez determinadas as ideias, é preciso compará-las. Mas, como a comparação nem sempre é fácil, é importante sabermos como nos servir de tudo o que possa nos auxiliar. Para tanto, deve-se observar que, segundo os hábitos que o espírito adquiriu, não há nada que não possa nos ajudar a refletir. Pois não há objetos aos quais não possamos ligar nossas ideias, e que, por conseguinte, não possam facilitar o exercício da me-

303

mória e da imaginação. Tudo depende de saber como formar essas ligações em conformidade com o fim proposto e com as circunstâncias em que nos encontramos. Adquirida essa habilidade, não será necessário, como fazem alguns filósofos, tomar a precaução de buscar retiros solitários ou de se isolar numa caverna para ali meditar à luz de uma lamparina. Nem o dia, nem as trevas, nem o barulho, nem o silêncio – nada disso pode colocar obstáculo ao espírito de um homem que saiba pensar.

§38. Proponho dois experimentos, que o leitor poderá realizar por si mesmo. Que ele se recolha no silêncio e no escuro: o menor ruído ou a luz mais pálida será suficiente para distraí-lo, se vier num momento inesperado. É que as ideias de que ele se ocupa ligam-se naturalmente à situação em que ele se encontra, e, por conseguinte, as percepções contrárias a essa situação, tão logo ocorram, perturbam a ordem das ideias. Pode-se observar o mesmo numa suposição completamente diferente. Se, durante o dia e num lugar barulhento, reflito sobre um objeto, isso é o suficiente para que eu me distraia, e a luz e o barulho simplesmente desapareçam. Nesse caso, assim como no primeiro, as novas percepções que experimento são na verdade contrárias ao estado em que antes me encontrava. A impressão súbita que se realiza em mim só poderia interromper a sucessão de minhas ideias.

O segundo experimento em particular mostra que a luz e o barulho não constituem um obstáculo à reflexão. Creio mesmo que não é preciso mais do que o hábito para extrair proveito deles. Somente as mudanças inesperadas podem distrair-nos. Digo inesperadas porque, quaisquer que sejam as alterações que ocorrem ao nosso redor, se não oferecerem nada que seja digno de nossa atenção, terão como único efeito aplicarmo-nos ainda mais ao objeto de que nos ocupamos. Quantas coisas diferentes não se encontram num prado? Gramados abundantes, planícies áridas, rochedos que se erguem até as nuvens, bosques em que o barulho e o silêncio, a luz e as trevas, sucedem-se alternadamente etc. Os poetas sabem, por experiência própria, como essa variedade pode ser inspiradora: ligada às mais belas ideias da poesia, ela não pode deixar de fazer sonhar. Por exemplo, a visão de um gramado verdejante evoca o canto dos pássaros, o murmúrio dos rouxinóis, a bondade dos pastores, sua vida doce e aprazível, seus amores, sua constância, sua fidelidade, a pureza de suas maneiras etc. Muitos outros exemplos poderiam provar que o homem só pensa quando recorre ao auxílio dos objetos que atingem os seus sentidos ou daqueles cuja imagem é retraçada por sua imaginação.

§39. Afirmei que a análise é o único segredo das descobertas. Mas alguém poderia me perguntar: e qual o segredo da análise? A ligação de ideias. Quando quero refletir sobre um objeto, começo por observar que as ideias que tenho a seu respeito estão ligadas a ideias que não tenho, e pelas quais eu busco. Observo em seguida que umas e outras podem se combinar de muitas maneiras, e que, segundo as combinações variem, haverá maior ou menor ligação entre elas. Posso, assim, supor uma combinação em que a ligação é tão grande quanto possível, e muitas outras em que a ligação vai diminuindo até deixar de ser sensível. Se abordo um objeto por um lado que não tem ligação sensível com as ideias que procuro, nada encontrarei. Se a ligação for tênue, descobrirei pouca coisa, meus pensamentos parecerão um mero efeito de uma aplicação violenta ou mesmo do acaso, e uma descoberta feita assim oferecerá pouca luz para que eu chegue a outras. Mas, caso eu considere um objeto pelo lado que tem mais ligação com as ideias que procuro, descobrirei tudo, farei a análise quase sem esforço e, à medida que avance no conhecimento da verdade, poderei observar até as molas mais sutis de meu espírito e aprender assim a arte de criar novos sistemas.

Toda a dificuldade consiste em saber como se deve começar, para que se possam apreender as ideias segundo sua maior ligação. Afirmo que a combinação em que essa ligação se encontra é a que se conforma à geração mesma das coisas. É preciso, por conseguinte, começar pela ideia primeira, que deve ter produzido todas as outras. Vejamos um exemplo.

Os escolásticos e os cartesianos desconheciam a origem e a geração de nossos conhecimentos; o princípio das ideias inatas e a noção vaga do entendimento, dos quais eles partiram, não têm qualquer ligação com elas. Locke foi mais bem-sucedido, pois começou pelos sentidos, e se há imperfeições em sua obra é porque ele não desenvolveu os primeiros progressos das operações da alma. Tentei realizar o que esse filósofo deixou de fazer. Remontei até a primeira operação da alma e, se não me engano, não somente ofereci uma análise completa do entendimento como também descobri a absoluta necessidade dos signos e o princípio da ligação de ideias.

De resto, para que o método que proponho seja utilizado a bom termo, é preciso ter o cuidado de só se avançar à medida que as ideias forem determinadas com exatidão. Caso se passe muito rapidamente por alguma delas, encontrar-se-ão obstáculos que só poderão ser vencidos retornando-se às primeiras noções, para assim determiná-las melhor do que se fez.

§40. Não há quem não possa, por vezes, recorrer a uma reserva própria de pensamentos que não se devam a ninguém,

Ensaio sobre a origem dos conhecimentos humanos

por mais que não sejam novos. Para tanto, é preciso mergulhar em si mesmo e refletir sobre tudo o que se experimenta, observar as impressões feitas sobre os sentidos, a maneira como o espírito é afetado, o progresso de suas ideias; numa palavra, é preciso que se considerem todas as circunstâncias que podem ter dado à luz um pensamento que se deve unicamente à sua própria reflexão. Alguém que observe a si mesmo diversas vezes enquanto procede assim não poderá deixar de descobrir qual a marcha natural de seu espírito, e conhecerá, por conseguinte, os meios mais apropriados para refletir; e, caso tenha adquirido um hábito contrário ao exercício dessas operações, poderá aos poucos corrigi-lo.

§41. Cada um poderá reconhecer facilmente os seus próprios defeitos se observar que os maiores homens também têm os seus. Os filósofos poderiam ter suprido a impotência em que, no mais das vezes, nos encontramos quando nos estudamos, se nos tivessem legado a história dos progressos de seu espírito. Descartes o fez, e é uma das grandes dívidas que temos para com ele. Em lugar de atacar diretamente os escolásticos, evoca o tempo em que ele estava envolto em preconceitos; não esconde nenhum dos obstáculos que teve que ultrapassar para despir-se deles; oferece as regras de um método muito mais simples do que qualquer outro até então utilizado; e habilidosamente prepara os espíritos para aceitar as novas opiniões que ele propõe estabelecer. Acredito que essa conduta teve parte considerável na revolução de que esse filósofo foi o autor.

§42. Nada é mais importante do que conduzir as crianças da maneira que recomendo para nós mesmos. Brincando com elas, consegue-se propiciar às operações de sua alma todo o exercício de que são suscetíveis, se é verdade, como eu disse, que não há objeto que não seja adequado para isso. Pode-se até, imperceptivelmente, levá-las a adquirir o hábito de regrar tais operações ordenadamente. Quando, mais tarde, a idade e as circunstâncias alterarem os objetos de suas ocupações, seu espírito será desenvolvido à perfeição e encontrará em si, no momento oportuno, uma sagacidade que com outros métodos só poderia ser adquirida mais tarde, ou mesmo jamais. Portanto, não é o latim, nem a história, nem a geografia, nem nada disso o que faz que as crianças aprendam... Que utilidade poderiam ter as ciências numa idade em que ainda não se sabe pensar? Quanto a mim, lamento pelas crianças cujo saber é elogiado. Antevejo o momento em que todos se surpreenderão com sua mediocridade, ou talvez com sua estupidez. A primeira coisa que se deve ter em vista, eu repito, é propiciar ao seu espírito o exercício de todas as suas operações, e para tanto não se devem buscar objetos que são estrangeiros a ele: uma brincadeira pode ser o suficiente.

§43. Os filósofos costumam indagar se haveria um princípio primeiro de nossos conhecimentos. Alguns supõem que haveria um só, outros imaginam dois ou mais. Parece-me que todos eles poderiam, se consultassem a própria experiência, reconhecer a verdade do princípio que se encontra no fundamento desta obra. Quem sabe não se deixariam convencer de que a ligação de ideias é, sem comparação, o princípio mais simples, mais luminoso e mais fecundo que existe. Mesmo na idade em que sua influência não é notada, o espírito humano deve a ela todos seus progressos.

§44. Essas reflexões sobre método ocorreram-me pela primeira vez quando li Lorde Bacon. Fiquei tão orgulhoso por me reconhecer em alguma coisa dita por esse grande homem que

Ensaio sobre a origem dos conhecimentos humanos

me surpreendeu que os cartesianos nada tenham lhe tomado de empréstimo. Ninguém identificou tão bem como ele as causas de nossos erros, pois viu que as ideias, que são obra do espírito, haviam sido malfeitas e, por conseguinte, viu que, para avançar na busca da verdade, era preciso refazê-las. É um conselho que ele não se cansa de repetir.[101] Estaríamos prontos para aceitar esse conselho? Comprometidos com o jargão das escolas e das ideias inatas, não haveria de nos parecer quimérico esse projeto de renovação do entendimento humano? Bacon propunha um

---

101 *Nemo adhuc tanta mentis constantia et rigore inventus est, ut decreverit et sibi imposuerit, theorias et notiones communes penitus abolere, et intellectum abrasum et aequum ad particularia de integro applicare. Itaque illa ratio humana quam habemus, ex multa fide, et multo etiam caso, nec non ex puerilibus, quas primo hausimus, notionibus, farrago quaedam est et congeries. Quod si quis aetate matura, et sensibus integris, et mente repurgata, se ad experientiam et ad particularia de integro applicet, de eo melius sperandum est... Non est spes nisi in regeneratione scientiarum, ut eae scilicet ab experientia certo ordine excitentur et rursus condantur: quod adhuc factum esse aut cogitatum, nemo, ut arbitramur, affirmaverit.* Bacon, *Novum Organum*, 1620. É um dos aforismos dessa obra, que já havia mencionado em minha introdução. [Trad.: "Ainda não se encontrou uma pessoa dotada de firmeza e de rigor de espírito suficientes com disposição para assumir a tarefa de destruir por completo a teoria das noções comuns e aplicar a esse particular um entendimento equânime. É por isso que a nossa razão humana, tal como é hoje, não passa de uma colcha de retalhos, feita de credulidade e de acaso; sem contar as noções pueris que desde cedo foram incutidas em nós. Mas se um homem em idade madura, com os sentidos intactos e o espírito purificado se aplicasse como que pela primeira vez à experiência e ao particular, ele despertaria grandes esperanças. Pois a única esperança é uma regeneração das ciências, que permita que elas venham à luz a partir de uma experiência segura e que permita fundá-las sobre novas bases. Ninguém, em nossa opinião, poderá afirmar que alguma vez isso tenha sido feito ou mesmo concebido".]

método perfeito demais para ser o autor de uma revolução; já a revolução de Descartes estava fadada ao êxito, pois deixava subsistir boa parte dos erros. Acrescentai a isso que o filósofo inglês tinha outras ocupações, que não lhe permitiam executar por si mesmo o que aconselhava aos outros: restringiu-se então, por necessidade, a dar conselhos, que não poderiam deixar uma impressão mais do que ligeira em espíritos incapazes de sentir a sua solidez. Descartes, ao contrário, entregue por inteiro à filosofia, dotado de uma imaginação mais viva e fecunda, com frequência substitui erros alheios por erros de sua lavra, mais sedutores, mas que não contribuíram para a sua reputação na posteridade.

Capítulo IV
Da ordem a ser adotada na exposição da verdade

§45. É sabido que a arte não deve transparecer numa obra; talvez menos conhecido seja o preceito segundo o qual é somente à força de arte que se pode esconder a arte mesma. Muitos escritores, por terem mais facilidade e serem mais naturais, julgam que não teriam por que se submeter a qualquer ordem que seja. Todavia, se por *bela natureza* entende-se a natureza sem defeitos, é evidente que não se deve esconder a sua imitação recorrendo-se a negligências; ao contrário, a arte só pode desaparecer quando se fez o suficiente para evitá-las.*

§46. Outros escritores introduzem bastante ordem em suas obras, dividem-na e subdividem-na com cuidado, mas é chocante a arte que perpassa cada uma das partes do todo. Quanto

---

* Ver neste livro II, seção I, cap.8, §78. (N. T.)

Ensaio sobre a origem dos conhecimentos humanos

mais buscam por ordem, mais ele são secos, desagradáveis e difíceis de compreender. Isso porque não souberam escolher a ordem mais natural à matéria de que tratam. Do contrário eles teriam exposto seus pensamentos de maneira tão clara e tão simples que o leitor os compreenderia sem dificuldade e duvidaria que tivessem se esforçado muito para que assim fosse. Tendemos a crer que as coisas são fáceis ou difíceis para os outros segundo sejam fáceis ou difíceis para nós, e naturalmente julgamos a dificuldade que um escritor teve para se exprimir pela dificuldade que temos para compreendê-lo.

§47. A ordem natural a uma coisa nunca é nociva. Ela não pode faltar sequer em obras compostas pelo entusiasmo, como uma ode, por exemplo. Não é que então se deva raciocinar metodicamente, mas é preciso mostrar conformidade em relação à ordem em que se arranjam as ideias características de cada paixão. Eis aí, ao que me parece, no que consistem toda a força e beleza desse gênero de poesia.

Caso se trate de obras de raciocínio, somente na medida em que um autor introduz ordem ele pode perceber coisas que foram negligenciadas ou que não foram suficientemente aprofundadas. Posso dizê-lo por experiência própria. Este ensaio, por exemplo, estava pronto, mas eu ainda não tinha um conhecimento suficiente, em toda sua extensão, do princípio da ligação de ideias; esse conhecimento veio-me de uma passagem de cerca de duas páginas, que não se encontrava no lugar em que deveria estar.*

---

* A propósito dessa passagem, ver o ensaio de Jacques Derrida, *L'Archéologie du frivole*, em especial o capítulo 4: "Note marginale ou remarque – les deux pages volantes". (N. T.)

§48. A ordem agrada-nos, e a razão disso parece-me muito simples: ela aproxima as coisas, liga-as entre si, e por esse meio, ao facilitar o exercício das operações da alma, permite-nos observar sem dificuldade as relações que nos interessa perceber nos objetos que nos tocam. Nosso prazer só pode aumentar proporcionalmente à facilidade com que concebemos as coisas que temos interesse em conhecer.

§49. A falta de ordem pode ser às vezes agradável, mas isso depende de certas situações em que a alma se encontra. Nesses momentos de devaneio, o espírito, preguiçoso demais para ocupar-se por muito tempo dos mesmos pensamentos, prefere vê-los flutuar ao acaso. Agrada-lhe muito mais um campo aberto, por exemplo, do que o mais belo dos jardins. É que a desordem que ali reina parece concordar melhor com a desordem de nossas ideias, e alimenta o nosso devaneio ao impedir-nos de nos determos num único pensamento. Esse estado da alma é bastante voluptuoso, sobretudo quando desfrutado após um longo período de trabalho.

Há também disposições de espírito que são favoráveis à leitura de obras desprovidas de toda ordem. Por exemplo, eu às vezes leio Montaigne com muito prazer; em outras, percebo que não consigo suportá-lo. Não sei se outros já fizeram a mesma experiência, mas, no que me concerne, não gostaria de ter que ler somente escritores como esse. A ordem, qualquer que seja, tem a vantagem de agradar com constância; a falta de ordem só agrada em intervalos, e não há regras que garantam que isso vá acontecer. Montaigne teve muita sorte de ser bem-sucedido, e é muito arriscado querer imitá-lo.

§50. O objetivo da ordem é facilitar a inteligibilidade de uma obra. Por esse motivo, o escritor não deve se alongar em

Ensaio sobre a origem dos conhecimentos humanos

demasia, pois isso cansa o espírito; deve evitar as digressões, pois elas distraem; as divisões e subdivisões, pois elas confundem; as repetições, pois elas fatigam: uma coisa dita uma só vez, onde deve ser dita, é mais clara do que quando repetida diversas vezes.

§51. Na exposição da verdade, assim como em sua busca, é preciso começar pelas ideias mais fáceis, imediatamente oriundas dos sentidos, e em seguida elevar-se, gradualmente, até ideias mais simples ou mais complexas. Parece-me que, se captássemos adequadamente o progresso das verdades, seria inútil buscar raciocínios para demonstrá-las, bastaria que fossem enunciadas, pois se seguiriam numa ordem tal que o que uma acrescentasse à imediatamente precedente seria tão simples que não precisaria de prova. Chegar-se-ia assim até as mais complexas e se estaria mais seguro a seu respeito do que por qualquer outra via. Poder-se-ia mesmo estabelecer uma subordinação tal entre todos os conhecimentos adquiridos que seria possível, a bel-prazer, passar dos mais complexos aos mais simples e dos mais simples aos mais complexos. Dificilmente se poderia esquecê-los, ou, se isso acontecesse, a ligação entre eles ofereceria os meios para que fossem recuperados.

Mas, para expor a verdade na ordem mais perfeita, é preciso ter observado a ordem em que ela poderia ser naturalmente encontrada, pois a melhor maneira de instruir os outros é conduzi-los pela rota que se tomou para se instruir a si mesmo. Por esse meio, ter-se-ia a impressão não tanto de se demonstrar verdades já descobertas quanto de se buscar e encontrar novas verdades. O leitor seria não apenas convencido, mas também esclarecido; e, ensinando-o a realizar descobertas por si, a verdade seria apresentada a ele sob as luzes mais interessantes. Por fim, ele teria, assim, condições de encontrar a razão de todos os trâmites, saberia sempre onde está, de onde veio, para onde vai, e poderia julgar por si a rota que lhe fosse indicada por seu guia, tomando outra a cada vez que julgasse perigoso continuar seguindo por ela.

§52. A natureza por si mesma indica a ordem a ser adotada na exposição da verdade. Pois, se todos os nossos conhecimento vêm dos sentidos, é evidente que cabe às ideias sensíveis preparar a inteligibilidade de noções abstratas. Seria razoável começar pela ideia do possível para chegar à de existência ou pela ideia de ponto para chegar à de sólido? Os elementos das ciências só serão simples e fáceis quando elaborados a partir de um método oposto a esse. Se os filósofos têm dificuldade para reconhecer essa verdade, é porque padecem do preconceito das ideias inatas ou então porque se deixam imbuir por um uso que o tempo parece ter consagrado. Esse preconceito é tão generalizado que, às vezes, sinto-me sendo o ignorante; mas, nesse caso, os ignorantes são os juízes, pois os elementos são feitos para eles. Nesse gênero, uma obra-prima aos olhos dos doutos terá cumprido mal seu objetivo se for incompreensível para o leigo.*

Os próprios geômetras, que deveriam ser, dentre os filósofos, os mais cientes das vantagens da análise, muitas vezes dão preferência à síntese. E, quando deixam seus cálculos para se dedicar a pesquisas de outra natureza, vê-se que não têm

---

* As considerações de Condillac a respeito desse gênero de livros — os elementos de ciências — reaparecem no cerne do argumento exposto por d'Alembert no importante verbete "Elementos das ciências", publicado na *Enciclopédia* (v.5, 1756) [na edição da Editora Unesp, v.2, p.141]. (N. T.)

a mesma clareza, a mesma precisão, o mesmo espírito abrangente. Temos quatro metafísicos célebres: Descartes, Malebranche, Leibniz e Locke. Este último é o único que não foi geômetra; quão superior ele é em relação aos outros três!

§53. Concluindo, se a análise é o método a ser adotado na busca da verdade, é também o método a ser utilizado para expor as descobertas realizadas. Tentei manter-me conforme a ele.

O que eu disse a respeito das operações da alma, da linguagem e do método prova que as ciências só podem ser aperfeiçoadas trabalhando-se para tornar a linguagem mais exata. Fica, assim, demonstrado que a origem e o progresso de nossos conhecimentos dependem inteiramente da maneira como nos servimos dos signos. Tive boas razões para distanciar-me, nessa matéria, do uso consagrado.

Por fim, penso que tudo o que conduz ao desenvolvimento do espírito humano pode ser reduzido ao seguinte. Os sentidos são a fonte de nosso conhecimento. Os seus materiais são as diferentes sensações, a percepção, a consciência, a reminiscência, a atenção e a imaginação (as duas últimas consideradas antes de estarem à nossa disposição). A memória e a imaginação, na medida em que dispomos delas, a reflexão e as demais operações trabalham sobre esses materiais. Os signos, aos quais devemos o exercício dessas mesmas operações, são os instrumentos de que elas se servem, e a ligação de ideias é a mola primeira que põe em movimento as demais.

Encerrarei propondo ao leitor um problema. Dada a obra de um homem, determinar o caráter e a extensão de seu espírito e, em consequência, dizer não somente de quais talentos ele dá prova como também quais ele poderia adquirir. Por exemplo, tomar a primeira peça de Corneille e demonstrar que quando esse poeta a compôs ele já tinha, ou ao menos estava para adquirir, todo o gênio pelo qual se tornaria merecedor de um sucesso tão grande como o que obteve. Nada, a não ser a análise da obra, permitiria que se conhecessem as operações que contribuíram para isso, e em que grau elas foram exercidas; e nada, a não ser a análise dessas operações, permitiria que se distinguissem as qualidades compatíveis num mesmo homem das que não o são. Encontrar-se-ia assim a solução do problema. Duvido que existam muitos problemas tão difíceis como esse.

Arte de escrever

*Arte de escrever**

Apresentação

§1. Duas coisas perfazem a beleza do estilo: a nitidez e a clareza.

§2. A primeira requer que se escolham sempre termos que traduzam exatamente as ideias, que se livre o discurso de tudo o que é supérfluo, que a relação entre palavras nunca seja equívoca e que as frases, construídas umas a partir das outras, marquem sensivelmente a ligação e a gradação de nossos pensamentos.

§3. O caráter de um homem depende de diferentes qualidades que o modificam, é triste ou alegre, rápido ou moroso, tranquilo ou colérico etc. Os diferentes objetos de que trata um escritor são igualmente suscetíveis a diferentes caracteres, pois são suscetíveis a diferentes modificações. Não é suficiente, porém, traduzir o caráter próprio a cada um deles, é preciso

---

* *Art d'écrire*, tradução das seções: I, 1; IV, 5; apêndice. Extraído do *Cours d'instruction du prince de Parme* (1775). (N. T.)

ainda modificá-los segundo sentimentos que experimentamos ao escrever. Não falamos com o mesmo interesse da glória e do jogo, pois nossa paixão por eles não é igual; tampouco falaremos deles com a mesma indiferença. Refleti sobre vós: comparai a vossa linguagem quando falais de coisas que vos tocam com a vossa linguagem quando falais de coisas que não vos tocam, e notareis como o vosso discurso se modifica naturalmente a partir dos sentimentos que vos perpassam. Um aluno que toma as lições do mestre como se fosse um castigo fica triste, o mestre as aplica sisudamente: as lições são tão tristes quanto o aluno, tão sérias quanto o mestre. Essas mesmas lições se tornam um jogo: distraem o mestre e o aluno, que encontram prazer mesmo em coisas desagradáveis.

O caráter do estilo é, portanto, formado por dois elementos, as qualidades do objeto abordado e os sentimentos de que o escritor é afetado.

§4. Cada pensamento, considerado em si mesmo, pode ter tantas características que é suscetível a muitas modificações diferentes. O mesmo não acontece quando o consideramos como parte integrante de um discurso. Cabe a quem tem a palavra, a quem o acompanha, ao objeto que se tem em vista, ao interesse que se tem por ele, e em geral às circunstâncias em que o discurso é proferido, indicar as modificações mais recomendadas, e nada mais poderia contribuir para isso. Eis por que, num caso dado, qualquer que seja, há sempre uma expressão que é a melhor e que se deve saber como apreender.

Há, portanto, duas coisas a considerar no discurso: a nitidez e o caráter. Investigaremos nesta obra o que é necessário a um e ao outro.

Ensaio sobre a origem dos conhecimentos humanos

Livro I
Das construções

A nitidez do discurso depende, sobretudo, das construções, vale dizer, dos arranjos de palavras. Mas como saber que ordem dar às palavras se não conhecemos a ordem que as ideias seguem quando se oferecem ao espírito? Podemos descobrir como escrever se ignoramos como concebemos? Essa investigação, por difícil que possa parecer, reduz-se a algo bem simples. Com efeito, quando concebemos, não fazemos nem podemos fazer senão juízos, e se observarmos nosso espírito quando ele faz um juízo, saberemos o que acontece nele quando faz muitos juízos.

Capítulo 1
Da ordem das ideias no espírito quando ele emite juízos

§1. Quando se trata dos gregos, posso pensar nas fábulas que escreveram; assim como, a respeito de fábulas, posso pensar nos gregos. A ordem em que essas ideias nascem em mim não tem nada de fixo.

Mas, se eu disser *os gregos imaginaram fábulas*, essas ideias não seguem mais ordem alguma de sucessão, estão todas igualmente presentes em meu espírito no momento em que pronuncio *os gregos*. É isso o que chamamos de julgar: um juízo não é senão a relação percebida entre ideias que se oferecem ao mesmo tempo ao espírito.* Quando um juízo contém um número maior de ideias, só descobrimos as relações entre elas porque as apreendemos todas juntas. Pois para julgar é preciso

---

* Ver *Ensaio sobre a origem dos conhecimentos humanos*, I, 2, 8, §69. (N. T.)

comparar, e não se pode comparar coisas que não se percebem ao mesmo tempo. Quando eu digo *os gregos ignorantes imaginaram fábulas grosseiras*, percebo não somente as relações entre os gregos e as fábulas imaginárias como também, no mesmo instante, o caráter de ignorância que atribuo a eles e o de grosseria que dou às fábulas. Se essas coisas não se oferecessem todas ao mesmo tempo ao meu espírito, eu as modificaria ao acaso: poderia me ocorrer dizer *os gregos esclarecidos imaginaram fábulas sensatas*, e não teria por que preferir um epíteto ao outro. É verdade que eu poderia ter dito somente *os gregos imaginaram fábulas* e ter a seguir acrescentado os caracteres de grosseria e ignorância. Por esse meio, o acabamento do juízo dependeria de dois movimentos, mas só tenho a garantia de que é exato em cada uma de suas partes porque as abarco em sua completa extensão.

§2. E mais, se o espírito sente que dois juízos têm alguma relação entre si, é necessário apreendê-los ambos ao mesmo tempo. *Os gregos eram ignorantes demais para imaginar fábulas que não fossem grosseiras, tinham espírito demais para imaginá-las sem que fossem agradáveis*. Só se apreende a oposição entre essas ideias na medida em que se percebem os dois juízos juntos. Essa verdade se tornará ainda mais sensível se refletirdes sobre vós mesmos quando raciocinais.

§3. Consideremos agora certas sequências de juízos e raciocínios com que se formam os sistemas. Isso é perfeitamente possível, mesmo para os mais jovens, que já sabem como todas as operações do entendimento formam um sistema, como as da vontade formam outro e como ambas se reúnem num mesmo.*

---

* Sistemas expostos, respectivamente, no *Ensaio sobre a origem dos conhecimentos humanos* (1746) e no *Tratado das sensações* (1754). Ver a Apresentação deste volume. (N. T.)

Ensaio sobre a origem dos conhecimentos humanos

É aos poucos que se perfaz esse sistema: faz-se um juízo, depois outro, e assim por diante. Como um arquiteto que ergue um edifício. Metodicamente, ele dispõe uma pedra sobre a outra: o edifício se eleva pouco a pouco: e, quando está terminado, apreende-o com um único olhar. Percebe-se na palavra *entendimento* certa sequência de operações, e outra sequência percebe-se na palavra *vontade*, enquanto a palavra *pensamento* apresenta à visão o sistema de todas as faculdades da alma.

É de suma importância acostumar-se a apreender um sistema, mas isso não é suficiente, é preciso também refletir sobre os meios que tornam possível um sistema. Pois é preciso aprender a construir outros sistemas.

Pela arte que estamos comentando, vê-se que uma única palavra é suficiente para traçar um grande número de ideias. Se quiserdes saber como isso é feito, basta refletir sobre vós mesmos e lembrar-vos da ordem que previamente seguistes.

§4. Notareis então uma sequência de ideias principais, sucessivamente desenvolvidas, que, compartilhando de um mesmo princípio, reúnem-se e formam um mesmo todo. Estudastes a subordinação entre elas, observastes como elas nascem umas das outras e contraístes o hábito de percorrê-las rapidamente. Quanto mais contrairdes esse hábito, vosso espírito se estenderá até que cheguei a apreender o conjunto, que resulta de um grande número de ideias.

Essa conduta, uma vez bem-sucedida, será sempre bem-sucedida. Tendo adotado-a em todos os sistemas que construístes, a conhecestes suficientemente para sentir que é o único meio de adquirir verdadeiros conhecimentos. Com efeito, só há luz no espírito se as ideias puderem iluminá-lo em conjunto.

Essa luz só é sensível porque as relações entre ideias atingem nossa vista. E se, para conhecer a verdade de um juízo, é preciso apreender ao mesmo tempo todas as relações, ainda mais necessário é não deixar que nenhuma delas escape se quisermos nos assegurar da verdade de uma longa sequência de juízos. É preciso um dia mais límpido para perceber objetos dispersos numa paisagem do que para perceber os móveis de um quarto.

Um golpe de vista inicial não é, porém, suficiente para desemaranhar tudo o que se mostra a nós nesse extenso espaço. Somos obrigados a passar de um objeto a outro, a observar cada um em particular, e só depois de tê-los percorrido em ordem seremos capazes de distinguir mais de uma coisa ao mesmo tempo. Suplantamos a fraqueza de nosso espírito com o mesmo artifício que empregamos para suplantar a fraqueza de nossa visão, e só seremos capazes de abarcar um grande número de ideias após termos considerado cada uma delas à parte.

É importante saber identificar o espírito falso, pois há muitos no mundo.

§5. O espírito falso é um espírito extremamente limitado, que não contraiu o hábito de abarcar um grande número de ideias. Por aí se vê que ele só pode deixar escapar, com frequência, as relações. Não pode, assim, se assegurar da verdade de todos os seus juízos. Se tentar construir um sistema, cairá no erro: acumulará contradição sobre contradição, absurdo sobre absurdo.

Entendo agora, dir-me-ia vós, tal espírito é sempre limitado, e, por conseguinte sempre falso.

§6. Mas o espírito não é falso por ser limitado, mas sim por ser tão limitado que não é capaz de estender sua vista a

Ensaio sobre a origem dos conhecimentos humanos

muitas ideias. Não se questiona sobre as relações que teria de apreender antes de chegar a um juízo: julga às pressas, ao acaso, e engana-se.

§7. Aquele, ao contrário, que se acostumou desde cedo a se debruçar sobre sequências de ideias, sente o quão necessário é tudo comparar para tudo julgar. Observa em ordem todas as partes e só julga quando está seguro de nada lhe ter escapado. Se não se estende suficientemente para abarcar um sistema, suspende seus juízos. O caráter do espírito justo é evitar o erro ao evitar a precipitação no julgar. Ele sabe quando deve julgar, o espírito falso não sabe, e julga a torto e a direito.

§8. Quando julgamos, raciocinamos ou construímos um sistema, um punhado de ideias se oferece a nós, observamos que se arranjam em certa ordem. Há uma subordinação pela qual se ligam umas às outras. Ora, quanto mais estreita essa ligação, mais sensível ela é, e mais clara e extensa é a concepção. Destrua-se essa ordem, a luz se dissipa, não se percebem senão alguns fracos vislumbres.

§9. Dada a importância dessas ligações para concebermos nossas próprias ideias, compreende-se o quão necessário é preservá-las no discurso. A linguagem deve exprimir sensivelmente essa ordem, essa subordinação, essa ligação. Por conseguinte, o princípio que se deve adotar quando se escreve é conformar-se sempre à mais estreita ligação de ideias. As diferentes aplicações que faremos desse princípio ensinarão o segredo completo da arte de escrever.

§10. Pode-se entrever como esse princípio dá um diferente caráter ao estilo. Se refletirmos sobre nós mesmos, notaremos que nossas ideias se apresentam numa ordem que muda se-

325

gundo os sentimentos de que somos afetados. Um sentimento que em determinada ocasião nos toca vivamente mal se deixa perceber em outro. Serão tantas as maneiras de conceber uma coisa quantas forem as espécies de paixão que experimentamos. Compreende-se assim que, se conservarmos essa ordem no discurso, comunicaremos nossos sentimentos ao comunicarmos nossas ideias.

Não sei ao certo se o princípio que estabeleci para a arte de escrever tem exceções; de minha parte, nunca descobri nenhuma.

Livro IV
Do caráter do estilo segundo os diferentes gêneros de obra

O primeiro livro mostrou o que é necessário para a nitidez das construções; o segundo, como as locuções devem variar de acordo com o caráter dos pensamentos; o terceiro desenvolveu o tecido que se forma pelo entrelace das ideias principais e das ideias acessórias: resta-nos examinar o estilo em relação aos diferentes gêneros de obra.

Veremos que o princípio do estilo é sempre o mesmo. Com efeito, um discurso difere de uma frase apenas como um grande número de pensamentos difere de um único. Por conseguinte, dá-se caráter a um discurso como se dá a uma frase: num caso como no outro, o estilo depende igualmente da ordem das ideias principais e acessórias. Deve-se, portanto, conhecer em geral qual é essa ordem, e quais os seus elementos acessórios.

Ensaio sobre a origem dos conhecimentos humanos

Capítulo 5
Observação a respeito do estilo poético e, a propósito, do que determina o caráter próprio de cada gênero[1]

§1. Em que a poesia difere da prosa? Essa questão, difícil de resolver, engendra muitas outras não mais fáceis; nada é tão complicado quanto ela. Se considerarmos a poesia e a prosa de maneira geral, a comparação entre elas nos dará resultados bem vagos, e se, considerando em cada uma os gêneros diferentes, quisermos compará-las gênero a gênero, cairíamos em análises sem fim. Melhor é nos restringirmos a algumas considerações.

§2. O estilo deve variar segundo os assuntos tratados. Tantos quantos forem os assuntos da poesia, tantos serão os seus estilos.

Assim, também ela terá estilos exclusivos na medida em que lhe forem exclusivos certos assuntos. Mas seria quase mecânico o seu estilo, como o da prosa, todas as vezes que trata dos mesmos assuntos?

§3. É preciso considerar se, ao tratar dos mesmos objetos, a poesia e a prosa têm, para si mesmas, fins respectivos ou se o fim é o mesmo para ambas. No primeiro caso, tantos fins diferentes, tantos estilos diferentes.

§4. O fim de todo escritor é instruir ou agradar, ou instruir e agradar ao mesmo tempo. Ele agrada ao falar para os sentidos, ao tocar a imaginação, ao comover as paixões; ele instrui ao

---

1 Este capítulo não se encontrava redigido na época em que apresentei a *Arte de escrever* ao príncipe de Parma. Foi composto muito depois. [Para a edição das obras de Condillac, publicadas postumamente em 1798. (N. T.)]

propiciar conhecimento, ao dissipar preconceitos, ao destruir erros, ao combater os vícios e os preconceitos.

Esses dois fins, embora diferentes, não se excluem mutuamente. No entanto, quando temos ambos em vista, pode parecer que só temos um deles. Podemos declarar que só queremos agradar quando buscamos também instruir; e, inversamente, declarar que só queremos instruir quando buscamos também agradar.

Tal é, portanto, em geral, a diferença que se pode notar entre o poeta e o prosador: é que o primeiro declara querer agradar, e se instrui é com velada intenção; o segundo, ao contrário, declara querer instruir, e se agrada parece não ser com intenção.

§5. Os gêneros tendem a se confundir. Em vão tentaríamos separá-los para distingui-los, logo eles se reaproximam, e tão logo se encontram não percebemos mais os limites que havíamos traçado entre eles. Às vezes, o poeta, invadindo a província do prosador, declara que só quer instruir; às vezes, o prosador, invadindo a província do poeta, declara que só quer agradar. Pode ser, portanto, que, tratando do mesmo assunto, tenham o mesmo fim.

§6. Se é certo que o poeta e o prosador invadem as províncias um do outro, é difícil determinar no que eles diferem. No entanto, deve haver alguma diferença. Com efeito, se o mecanismo do verso parece mais artístico, é preciso, para que tudo seja concorde, haver arte na escolha das expressões.

Há, portanto, três coisas a considerar no estilo: o assunto tratado, o fim proposto, a arte da expressão. As duas primeiras podem ser absolutamente idênticas para o poeta e para o prosador, o mesmo não vale para a última. É comum a ambos, mas não no mesmo grau, o poeta deve escrever com mais arte.

Ensaio sobre a origem dos conhecimentos humanos

Se, por conseguinte, a poesia tem, como a prosa, tantos estilos quantos forem os assuntos, tem ainda um estilo exclusivo, mesmo quando trata de objetos tratados pela prosa e compartilha com esta um mesmo fim. O que caracteriza a poesia é se mostrar com mais arte e não parecer menos natural.

§7. Os gêneros mais opostos são, de um lado, a análise, de outro, a imagem. Observando esses dois gêneros é que notamos a maior diferença entre o estilo dos escritores.

O filósofo analisa para descobrir uma verdade ou para demonstrá-la. Se por vezes emprega imagens, não é tanto por querer pintar quanto por querer tornar mais sensível uma verdade, as imagens encontram-se sempre subordinadas ao raciocínio.

Um escritor que queira pintar, e apenas pintar, escreve sobre verdades conhecidas ou sobre opiniões que se consideram verdadeiras. Como não precisa decompor suas ideias, ele as apresenta em massas: são as imagens em que seu assunto se encontra, mesmo que pareçam dele se desviar. Se raciocina, é unicamente para dar mais variedade aos quadros que pinta, e seus raciocínios, subordinados sempre ao desenho, são precisos, rápidos, contidos às vezes numa expressão que em si mesma é uma imagem.

Esse caráter é mais conveniente à poesia lírica. A maior diferença é entre o estilo do filósofo e o do poeta lírico.

§8. No intervalo entre esses dois gêneros se encontram todos os outros, cujo estilo difere segundo se afastem da análise e se aproximem da imagem ou se afastem da imagem e se aproximem da análise. Ode, poema épico, tragédia, comédia, epístolas, contos, fábulas etc., cada um desses gêneros tem um caráter próprio, de sorte que o tom natural de um é estranho aos outros, e se descermos às espécies em que cada um se subdivide encontraremos tantos estilos diferentes.

§9. O estilo varia, assim, de alguma maneira, ao infinito, e às vezes em nuances tão imperceptíveis que é impossível notar a passagem de um a outro. Portanto, não há regras que assegurem o efeito das cores empregadas, cada um julga diferentemente, pois julga a partir dos hábitos que contraiu, e não raro é difícil dar a razão de um juízo que se emite sobre esse assunto.

§10. Se um acordo a esse respeito é tão difícil de ser obtido, é porque as regras que adotamos mudam, necessariamente, assim como nossos hábitos, e são, por conseguinte, muito arbitrárias. Desejamos ter um estilo artístico que seja natural, desejamos que a arte só se mostre até certo ponto, exigimos mais arte em certos gêneros, menos em outros, e quando a aplicamos segundo a medida arbitrária que temos, longe de destruir o natural ela o constitui. É assim que a linguagem de um espírito cultivado é natural, embora seja muito diferente da linguagem de um espírito sem cultura. Ora, entendemos por espírito cultivado um espírito que une elegância a conhecimentos, e quando dizemos *elegância*, servimo-nos de uma palavra cuja ideia está submetida ao capricho do uso, varia segundo os costumes e nunca se encontra bem determinada. Mas, assim como se concede a algumas pessoas serem modelos do que chamamos *maneiras elegantes*, é dado a alguns escritores serem, em seu gênero, modelos do que chamamos *estilo elegante*, e seus escritos ocupam, para nós, o lugar de regras.

Pouco importa o que se entenda por essa elegância, certo é que ela não pode nunca deixar de parecer natural; no entanto, não resta dúvida de que é preciso muita arte para dá-la ao estilo. Se estivesse fundada unicamente na natureza das coisas,

Ensaio sobre a origem dos conhecimentos humanos

seria fácil dar-lhe regras, ou melhor, sua única regra seria a de se conformar ao princípio da mais estreita ligação de ideias. Como ela se funda, porém, ao menos parcialmente, em usos que só se tornam prazerosos pelo hábito, se ela é, em certos aspectos, a mesma para todas as línguas e para todos os tempos, em outros aspectos ela difere de uma língua para a outra e muda com as gerações. Eis por que o estudo dos escritores que se tornaram modelos é o único meio de conhecer a elegância de que cada gênero de poesia é suscetível.

§11. A arte entra, assim, em certa medida, nisso que chamamos de natureza. Quanto mais quer se mostrar, mais parece se esconder; mostra-se mais numa ode que numa epístola, mais num poema épico que numa fábula. Se às vezes desaparece na prosa, se é preciso mesmo que desapareça, não é que se escreva bem sem arte, é que a arte se tornou, em nós, uma segunda natureza. Com efeito, para julgar quão necessária ela é, basta considerar que não saberíamos escrever se ela não nos ensinasse.

Quando o estilo não tem arte suficiente para o gênero a que serve, ele está aquém do assunto, e, em vez de parecer natural, parece demasiado familiar ou comum; quando tem mais arte que o suficiente, é forçado ou afetado. Só é, portanto, natural na medida em que a arte estiver de acordo com o gênero em que se escreve, e nesse acordo consiste toda a sua elegância. Mas tais coisas são difíceis de determinar, em se tratando de estilo poético, pois ele é mais arbitrário que o da prosa.

§12. Imaginamos que teríamos ideias de todas as coisas de que falamos, mas é preciso alguma reflexão para notar que palavras como *grande* e *pequeno* só significam ideias relativas. Assim, quando dizemos que Racine, Boileau, Bossuet e Madame de Sévigné escrevem *naturalmente*, somos levados a tomar essa palavra em sentido absoluto, como se o natural fosse o mesmo em todos os gêneros, e acreditamos que dizemos todos a mesma coisa porque utilizamos todos a mesma palavra.

§13. Só cometemos esse erro porque não notamos todos os nossos juízos, embora difiram segundo nossa disposição no momento, que tampouco notamos e à qual obedecemos à revelia de nós mesmos.

De acordo com o título da obra, estaremos predispostos a reclamar por mais ou menos arte no estilo, pois queremos que tudo esteja de acordo com a ideia que temos do gênero. Não dizemos, na verdade, o que entendemos por tal acordo, nada determinamos a respeito, contentamo-nos em sentir confusamente o que desejamos, aprovamos, condenamos, supomos que o natural é sempre o mesmo, pois a vaga noção que atrelamos a essa palavra se encontra em todas as percepções de que é suscetível. Mas, se observássemos bem o sentimento, ele que, em tal caso, nos conduz melhor que a reflexão, veríamos que todas as vezes que os gêneros diferem nos dispomos a julgar diferentemente, e que em consequência julgamos a partir de regras diferentes.

Quando me ponho a ler Racine, minhas disposições não são as mesmas de quando me ponho a ler Madame de Sévigné. Posso não notar quais são elas, mas sinto-as, e, consequentemente, preparo-me para encontrar mais arte naquele e menos nesta. A partir dessa expectativa, da qual não me dou conta, julgo que ambos escreveram naturalmente, e, servindo-me da mesma palavra, emito dois juízos que diferem entre si tanto quanto o estilo de uma tragédia difere do estilo de uma carta.

§14. Para determinar por completo nossas ideias do que chamamos *natural*, é preciso considerar que devemos à arte o que adquirimos, e que, propriamente dizendo, não há nada natural em nós que não tenhamos adquirido da natureza.

Ora, a natureza não nos criou com este ou aquele hábito, apenas nos predispôs aos hábitos; ao sair de suas mãos somos como uma massa de argila que, não tendo em si mesma nenhuma forma definitiva, aceita todas as que vierem da arte. Mas, como não podemos desemaranhar os princípios em questão, atribuímos ao primeiro mais do que ele faz e cremos ser natural o que o segundo produz. No entanto, a arte nos colhe no berço, e nossos estudos começam com o primeiro exercício de nossos órgãos. Seríamos convencidos disso se julgássemos as coisas que aprendemos em nossa infância pelas coisas que somos obrigados a aprender depois ou pelas que estudamos com afinco.

Quando admiramos, por exemplo, num dançarino, o natural dos movimentos e posições, não nos ocorre que teriam sido formados sem arte, apenas julgamos que a arte é para ele um hábito e que ele precisa de tanto estudo para dançar quanto precisamos para caminhar. Ora, a arte se concilia tanto com o natural da poesia quanto com o da dança, e o poeta está, de certa maneira, para o prosador, assim como o dançarino está para o homem que caminha.

O natural consiste, portanto, na facilidade que temos para criar alguma coisa que é criada, após muitos estudos, como se não precisasse de estudo algum: é arte que se tornou hábito. O poeta e o dançarino são igualmente naturais quando chegam, um e o outro, ao grau de perfeição que não permite que se note neles esforço algum para observar as regras de suas respectivas artes.

§15. Mal resolvemos uma difícil questão na matéria em exame e muitas outras se apresentam. O que é a arte? O que é o belo, qual o seu efeito? Como se adquire o gosto para julgar o belo? É certo que o natural próprio a cada gênero de poesia só pode ser determinado após termos respondido a essas questões. Mas como respondê-las se não temos ideias precisas disso que chamamos *arte*, *belo* e *gosto*? Como dar precisão a essas ideias se elas mudam de povo para povo, de geração para geração? Só há um meio de se entender sobre um assunto tão complicado, é observar as circunstâncias que concorrem, segundo os tempos e lugares, para formar, em cada língua, o que se chama de *estilo poético*.

§16. A arte não é senão a coleção das regras necessárias para aprendermos a fazer alguma coisa. É preciso tempo para conhecê-las, pois tais regras só se descobrem após muitos equívocos. Quando a descoberta é recente, os homens se aplicam a observá-las e as obras-primas se multiplicam em cada gênero. Mas, como nem todos chegam a esse ponto observando-as, logo são negligenciadas, e, na esperança de se fazer melhor sem elas, faz-se pior. Termina-se como se começara, vale dizer, sem regras. Portanto, a arte tem seus primórdios, seus progressos e sua decadência.

§17. A arte se submete a variações de usos e costumes. Obedece, sobretudo, ao capricho daqueles escritores, tão singulares quanto geniais, feitos para dar o tom do século. Ela muda continuamente nossos hábitos, e o nosso gosto, que varia com eles, muda, por sua vez, as ideias que temos do belo. Uma moda sucede a outra e é substituída por uma nova. E, assim, torna-se uma regra absoluta que o que agrada é belo; nem sequer cogitamos que o que agrada hoje talvez não mais agrade amanhã.

§18. Assim como a palavra *natural*, as palavras *belo* e *gosto*, consideradas na boca dos diferentes povos e gerações, não oferecem senão uma ideia vaga, que não saberíamos determinar. No entanto, embora todos os homens falem de *la belle nature* e não conheçam outro modelo, nem todos a veem igualmente bem, seja por não terem os mesmos hábitos de observação, seja por julgarem o que mal perceberam, seja, enfim, por estarem imbuídos de preconceitos que os impedem de ver da mesma maneira. Nossos pais admiraram poetas que desprezamos, e os admiraram porque acreditaram encontrar *belle nature* em poemas informes, ao passo que desprezamos os mesmos poetas por encontrarmos a natureza mais bela em poemas escritos com mais arte.

§19. Do exíguo acordo entre as épocas e as nações a esse respeito não se deve concluir que não haveria regras do belo. As artes têm seus primórdios e sua decadência, e é uma consequência que o belo se encontre no derradeiro momento de seus progressos. Mas que momento é esse? Respondo que um povo não pode conhecê-lo enquanto não tiver chegado a ele; que deixa de ser seu juiz quando ele passou; e sente-o, quando a ele chega.

§20. Temos um meio para julgá-lo por nós mesmos: é observar as artes num povo em que elas tiveram infância, progresso e decadência. A comparação dessas três épocas fornecerá a ideia do belo e formará o gosto, mas seria preciso, de alguma maneira, esquecer tudo o que sabemos e como que reviver em cada uma dessas épocas.

§21. Transportados para a época em que as artes estavam na infância, admiraríamos o que era então admirado. Por serem pouco difíceis, exigiríamos pouca invenção, menos ainda correção. Bastariam, para nos agradar, alguns traços bem resolvidos ou inventivos, e, como não teríamos visto nada mais, essa sorte de traço facilmente se multiplicaria, para nós, por toda parte.

§22. Em seguida, acostumados a notar mais invenção e mais correção nas obras de arte, uns poucos traços já não seriam suficientes para nos agradar. Compararíamos o que hoje nos agrada ao que outrora foi de nosso agrado. Constataríamos, a cada dia, a necessidade de regras, e nosso prazer, cujos progressos seriam os mesmos das artes, chegaria, tal como elas, a seu momento derradeiro.

Veríamos que o que agradou pode deixar de agradar, que o prazer, por conseguinte, nem sempre é o juiz infalível da qualidade de uma obra, que é preciso saber como e a quem se agrada, e que, para garantir um sucesso duradouro, é necessário, sem abandonar as regras prescritas pelos grandes mestres, merecer o sufrágio de homens cujo gosto se aperfeiçoou com as artes. Eles são os únicos juízes, e em todos os tempos se julgará como eles, uma vez que se tenha sentido, observado e comparado como eles.

§23. As obras-primas da segunda época nos ofereceriam, descontados alguns defeitos, os modelos do belo. São o que chamamos de *belle nature*, ou ao menos a imitam, e é estudando-as que descobriremos o caráter próprio do gênero em que queremos escrever.

Se digo *descontados alguns defeitos* é porque, na segunda época, contrariamente ao que ocorria na primeira, aprendemos a reconhecer defeitos em tudo o que causa algum prazer e é considerado perfeito. É preciso ter visto obras-primas para ser capaz de sentir o que falta, sob certo aspecto, a algo que no geral é benfeito. É então que, corrigindo os defeitos, imaginamos uma obra correta em todas as suas partes.

É preciso, portanto, trazer para o estudo das artes um espírito de observação e de análise se quisermos imaginar um

Ensaio sobre a origem dos conhecimentos humanos

modelo de perfeita beleza. Por conseguinte, não é suficiente conceber esse modelo para dar uma ideia dele aos outros, é preciso ainda que aqueles para quem o queiramos comunicar sejam igualmente capazes de observação e análise. Se nos contentarmos em definir o belo, não o daremos a conhecer, pois a expressão abreviada, típica da definição, não lança a mesma luz que uma análise benfeita. Mas, como o método analítico demanda uma explicação de que poucos espíritos são capazes, alguns querem definições, outros as dão, e ninguém se entende.

§24. À medida que o gosto realiza progressos, a paixão pelas artes cresce, por causa do prazer que elas propiciam. Quando chega a seu derradeiro momento, essa paixão para de crescer, pois o prazer não cresce mais, ao contrário decresce, pois o belo não tem mais para nós o atrativo da novidade. Então, como julgamos com mais propriedade, esmeramo-nos antes em encontrar os defeitos que em sentir as belezas, e encontramo-los por toda parte, pois as obras de arte nunca são tão perfeitas quanto os modelos que imaginamos. Entrementes, o prazer de discernir as mais tênues faltas enfraquece, extenua mesmo, o sentimento e não nos compensa pela privação de prazer. Tudo se passa nessa análise como na análise química: ela destrói o objeto ao reduzi-lo a seus princípios primeiros. Colocam-se assim duas alternativas. Se nos entregamos à impressão que o belo causa em nós, sentimos sem nos dar conta do que sentimos; se, ao contrário, quisermos analisar essa impressão, ela se dissipa e o sentimento resfria. O belo consiste num acordo que só pode ser julgado se for decomposto, mas que então não surte mais o mesmo efeito.

O gosto começa a decair, portanto, uma vez tenha realizado todos os progressos de que é suscetível, e sua decadência ocorre nas épocas que se consideram mais esclarecidas. Em tais épocas, pelo fato de se raciocinar melhor sobre o belo, ele é menos sentido. Procura-se pôr defeitos nos modelos mais admirados; é motivo de orgulho ultrapassá-los, pois se acredita que seus defeitos podem ser evitados; mas, como são seguidos de longe, nunca de perto, torna-se fastidioso reconstituir seus traços; e tomando-se outra rota, na esperança de avançar chega-se a lugar nenhum. É assim que o gosto se deprava na terceira época, e deprava-se justamente quando o atalho que se toma parece abrir um campo livre, quando são censurados os que adotam regras, como se estas fossem entraves, e quando, julgando-se esclarecidos, os homens seguem apenas o próprio gênio. Alguns detalhes charmosos, frequentemente fora de lugar, quase nenhum acordo, quase nenhum conjunto, nada de natural, um tom amaneirado, calculado, precioso, é tudo o que se observa em suas obras.

§25. Do que dissemos, resulta que o belo se encontra nas obras-primas da segunda época. Quereis saber em que a poesia difere da prosa, e como ela varia seu estilo em cada espécie de poema? Lede os grandes escritores que determinaram o natural próprio de cada gênero, estudai esses modelos, senti, observai, comparai. Mas não tenteis definir as impressões feitas em vós, eviteis mesmo analisá-las. É preciso dizer, nada é tão contrário ao gosto quanto o espírito filosófico: é uma verdade que se impõe.

§26. Não se trata, portanto, de nos engajarmos em análises mais profundas. É suficiente considerar, em geral, que não basta, para escrever bem, produzir sentimentos agradáveis, é preciso produzir sentimentos que brotem do assunto tratado e tendam ao fim proposto. Em suma, o acordo entre assunto, fim e meios perfaz a beleza do estilo.

Ensaio sobre a origem dos conhecimentos humanos

§27. Esse acordo pressupõe que as ideias se ofereçam em ligação tão estreita que pareçam arranjadas por si mesmas, sem estudo de nossa parte. Explicamos suficientemente esse princípio. Mas, se esse princípio determina, em geral, o que torna natural o estilo, não é suficiente para determinar o natural próprio a cada gênero. Por que encontramos na *Henriade* de Voltaire o estilo da epopeia, nas tragédias de Racine o da tragédia, nas odes de Rousseau o do poema lírico? E por que ficaríamos chocados se esses gêneros diferentes trocassem de estilo entre si? É que, em nosso espírito, cada um deles é resultado de diferentes associações de ideias a partir das quais julgamos, por difícil que nos seja dizer no que elas consistem. Vemos somente que são obra de grandes escritores que souberam nos agradar, e que, tendo-as adotado porque nos agradaram, o único meio para que continuem a agradar-nos é que as adotemos para nós.

§28. O estilo poético é, portanto, mais que qualquer outro, um estilo de convenção, é tal ou tal em cada espécie de poema. Distinguimo-lo da prosa pelo prazer que nos propicia quando a arte, conciliando-se com o natural, dá o tom conveniente ao gênero em que o poeta escreveu, e julgamos esse tom a partir do hábito que contraímos na leitura dos grandes modelos. É tudo o que se pode dizer a respeito. Em vão tentar-se-ia descobrir a essência do estilo poético: ela não existe. Arbitrário demais, depende de associações de ideias que variam conforme o espírito dos grandes poetas, e serão tantas as espécies de estilo poético quantos forem os homens de gênio capazes de imprimir seu caráter à língua que falam.

§29. Se essas associações variam conforme o espírito do poeta, elas variam ainda mais, e por boas razões, conforme o espírito dos povos, que, por terem usos, costumes e caracteres diferentes, não poderiam associar da mesma maneira as mesmas ideias. É por isso que duas línguas igualmente perfeitas têm, cada uma, suas belezas, suas expressões sem equivalente e, ao serem traduzidas, entram em conflito, com vantagens e desvantagens, raramente em pé de igualdade. No entanto, pertençam as belezas exclusivamente a uma língua ou possam ser elas traduzidas, não são por isso mais ou menos naturais; pois nada é tão natural quanto associações de ideias por hábito.

§30. Se tais associações fossem as mesmas em todos os povos, os gêneros de estilo teriam, cada um, em todas as línguas, o mesmo caráter, e seria mais fácil notar no que se distinguem entre si. Mas, como variam, é evidente que as observações a respeito produzem, de uma língua a outra, resultados totalmente diferentes.

§31. O acordo de que falamos, e que, como dissemos, perfaz o natural do estilo, consiste assim, por um lado, no desenvolvimento dos pensamentos segundo a mais estreita ligação de ideias, e, por outro, em certas associações que são particulares a cada gênero de poema.

O desenvolvimento de pensamentos deve ocorrer, em todas as línguas, segundo a mais estreita ligação de ideias. Todas as línguas se encontram, a esse respeito, sujeitas às mesmas leis, pois estas são, como mostramos, tantos métodos analíticos, que só diferem porque se servem de signos diferentes. As associações de ideias, ao contrário, são diferentes de uma língua para outra, e, por conseguinte, não podem estar submetidas a nenhuma lei geral. Vê-se, assim, que as observações a que nos conduzem são potencialmente infinitas, e é preciso, por essa razão, restringir-se a estudá-las nos escritores que se tornaram modelos.

Ensaio sobre a origem dos conhecimentos humanos

§32. Nota-se uma grande diferença entre associações de ideias quando se comparam as línguas mortas às línguas modernas e sente-se que, para os antigos, o estilo da poesia diferia, ainda mais que para nós, do estilo da prosa. Por que então não lhes parecia menos natural do que para nós? É que o seu caráter vinha dos usos, dos costumes e da religião; as coisas mais espantosas, mesmo as mais absurdas, tornam-se naturais para um povo desde que tenham analogia com seus hábitos e preconceitos. A fábula era um campo fértil, sobretudo para os poetas gregos, que, na qualidade de historiadores e teólogos, foram, durante muito tempo, os únicos depositários das tradições e das opiniões. Nascidos com o gênio da invenção, quiseram encantar, recorrendo ao maravilhoso, povos para os quais nada mais era verossímil, e, alterando as tradições segundo seu capricho, criaram um sistema de poesia em que tudo é ao mesmo tempo extraordinário e natural, e que, por essa razão, é o mais engenhoso que se poderia imaginar.

§33. As fábulas só poderiam ter nascido em um povo crédulo como o grego; e só poderiam ser engenhosas para agradar homens com um gênero de vida simples e costumes dóceis, cujo gosto se prestava ao cultivo das artes e para o qual a alegoria se tornara a língua da moral e o repositório da tradição.

Como se formou o mundo? Que culto os deuses exigiam dos homens? Quais foram os primórdios de cada sociedade? Que governo é mais favorável ao bem dos cidadãos? Eis os primeiros objetos da curiosidade dos gregos, num tempo em que sua ignorância ainda era profunda. A poesia, que unicamente poderia espalhar conhecimentos e preconceitos, encarregou-se de responder a essas questões. Ensinava religião, moral, história; explicava a formação do universo, como se estivesse presente no conselho dos deuses.

Por ser ela mesma ignorante, a poesia só poderia responder a essas questões com engenhosas alegorias. Mas encontrava uma resposta, o que era o suficiente para contentar povos não menos ignorantes que ela. Encontrou suas ficções primordiais na confusa tradição de eventos que, por serem muito remotos, não poderiam ser conhecidos em suas causas ou circunstâncias. Imaginava outras ficções a partir desses modelos, e, vendo que era aplaudida, empenhava-se para imaginar ainda outras. E assim criou sua linguagem alegórica, que interessa ao mesmo tempo pelos objetos de que se ocupa e pela maneira que os trata. A paixão com que foi cultivada consagrou ainda mais essa linguagem, a que a poesia deve seus maiores e mais retumbantes êxitos.

§34. As nações que invadiram o império romano, ignorantes demais para terem fábulas, não tinham nem poderiam ter o gênio que torna belas as mais absurdas tradições. Passando, de um só golpe, da privação do que há de mais necessário ao desfrute do luxo mais supérfluo, afastaram-se todas da vida simples em que os gregos haviam se encontrado por felizes circunstâncias. Careciam de leis e, como não perceberam essa carência, não pensaram em tornar interessantes estudos que não imaginavam sequer existir. Desprovidas de toda sorte de curiosidade, encontraram-se, ao deixar as florestas, em ricas províncias, pondo-se a desfrutar brutalmente de riquezas cujo uso ainda não conheciam. Nada sentiam além do desejo de conquista e, como a avidez as tornasse cada vez mais ferozes, pareciam estar armadas única e exclusivamente para a destruição das artes.

Quando se tornaram capazes de imaginar ficções, a religião cristã não permitiu que as misturassem a seus dogmas. A ver-

Ensaio sobre a origem dos conhecimentos humanos

dade conservada na tradição não poderia ser alterada. Uma religião que não falava aos sentidos não poderia ter enriquecido a língua da poesia.

§35. Como as circunstâncias não nos deram o gênio e o desejo da invenção poética, fomos buscá-los entre os antigos e nos arvoramos em poetas porque adotamos seu sistema de poesia, assim como nos arvoramos em sábios porque adotamos suas opiniões. Mas as ficções da mitologia só podem ter lugar nos assuntos em que os antigos as empregavam. Fora disso, encontram-se deslocadas, pois não são análogas nem aos nossos costumes, nem aos nossos preconceitos. A poesia perdeu algo de sua necessidade e, se temos hoje o talento de utilizá-la, seria ridículo que um poeta aparecesse trajando as vestimentas dos antigos.

Admito que, quando lemos os gregos ou os romanos, suas ficções têm o mesmo direito de nos agradar como tinham o de agradar a eles, pois nos representamos seus costumes, seus usos, sua religião, e tornamo-nos, de alguma maneira, seus contemporâneos. Isso justifica, sem dúvida, o juízo de que seriam essenciais à poesia, como se a poesia devesse ser, em todos os tempos, o que foi uma vez. Mas a verdade é que, quando essas ficções são transpostas para um tempo em que entram em contradição com ideias aceitas, perdem todas as suas graças e deixam de ter os ares de opinião natural que respondem pelo seu valor. Podemos observar que os poemas aos quais hoje seriam mais necessárias são aqueles em que elas são mais raras.

Cada vez menos utilizamos a mitologia, e parece-me que por boas razões. Para ser poeta, Rousseau não precisa delas, enquanto puder contar, na arte de escrever, com o apoio de grandes ideias da arte de escrever, mas, quando esse apoio lhe falta, é um outro, bem mais fraco, que ele encontra nessas fábulas tão pouco análogas a nossas opiniões e desgastadas demais para conferir beleza a pensamentos comuns.

§36. A poesia, mudando de caráter segundo os tempos e as circunstâncias, buscou na filosofia uma compensação para o que não encontrava mais na fábula e abriu para si uma nova via. Tudo contribuiu para preparar essa revolução. Enquanto a língua grega se aperfeiçoou no mesmo período em que as fábulas eram apreciadas e estimadas pelos gregos, pois faziam parte do culto religioso, nossa língua se aperfeiçoou precisamente no século em que a verdadeira filosofia nasceu entre nós. Eis por que, sempre zelosa de ser clara e precisa, mais que qualquer outra ela está presa à escolha de expressões. Agrada-lhe nada menos que a palavra certa; é talvez a única que desconhece os sinônimos; quer que as metáforas sejam as mais justas possíveis; rejeita todas as locuções que não dizem, com máxima precisão, o que ela quer dizer.

Diz-se que Pascal entreviu o que seria de nossa língua. Melhor seria dizer que ele é um dos que mais contribuíram para torná-la o que ela é hoje. Ele mesmo realizou o que supostamente teria entrevisto. Seu gosto buscava a elegância, seu espírito filosófico buscava a clareza e a precisão, seu gênio encontrou tudo o que buscou. Suas obras, que se encontram nas mãos de todos, não podem deixar de ser saboreadas pela escolha das expressões, pela qual se destacam, e acostumamo-nos a exigir de todos os escritores a mesma precisão e elegância.

Depois de Pascal, a verdadeira filosofia realizou novos progressos e fez que nossa língua também progredisse; era necessário que a luz que crescia se espalhasse igualmente por ambas, se é verdade, como dissemos na *Gramática*, que só há clareza no

Ensaio sobre a origem dos conhecimentos humanos

espírito se houver clareza no discurso. Nossa língua tornou-se, assim, simples, clara e metódica, pois a filosofia ensinou a escrever até os escritores que não eram filósofos.

Uma vez que a clareza e a precisão tenham se tornado o caráter de uma língua, não é mais possível escrever bem sem ser claro e preciso. É uma lei a que mesmo os poetas devem se submeter, se quiserem garantir êxito duradouro. Iludir-se-iam caso se fiassem em seu entusiasmo e reputação. Somente a justeza das expressões pode legitimar as locuções que ele arrisca. Quanto a isso, a poesia francesa é uma das mais escrupulosas.

§37. Os poetas gregos escreviam para uma multidão que os ouvia e não os lia. Nossos poetas, ao contrário, escrevem para um reduzido número de leitores que só os julgam depois de os terem lido. Presume-se, portanto, que a poesia é hoje julgada mais severamente. Não há comparação entre o povo de Atenas e o populacho de nossas grandes cidades; mas os povos para os quais Homero recitou seus poemas não tinham o gosto dos atenienses do tempo de Péricles. De resto, uma multidão que escuta é tão difícil quanto um indivíduo que lê.

Pode ser, alguém diria, que os letrados de então julgassem tão severamente quanto nós. Mais natural, porém, é pensar que, acostumados a aplaudir em praça pública coisas que censuraríamos, continuariam a aplaudi-las em seu gabinete, ou que, se às vezes as criticavam, mais comum era que as aprovassem, por preconceito.

Por mais esclarecida que fosse a multidão responsável na Grécia pelo êxito dos poemas, como poderia ser tão esclarecida quanto um pequeno número de leitores cujo gosto se formou, simultaneamente, pela leitura dos grandes modelos, antigos e modernos, pelos usos do mundo e pelos progressos da verdadeira filosofia?*

§38. Julgados hoje mais severamente, os poetas se julgam a si mesmos com mais severidade. Suas obras são mais cuidadosas; são mais escrupulosos na escolha de expressões; a máxima correção tornou-se o caráter distintivo de seu estilo. Outrora, tão certos estavam de agradar quando entretinham a Grécia com seus jogos, com suas histórias e suas fábulas, que mesmo os ouvidos mais delicados perdoavam alguns deslizes de harmonia. Hoje, sem contar com tais recursos, são forçados a buscar uma compensação na exata verdade das imagens e na maior correção de estilo.

§39. Ao rejeitar a mitologia, a poesia perdeu muitas ficções. Se Tasso encontrou novas ficções em outros preconceitos, logo se perderam, pois preconceitos não subsistem por muito tempo. As imagens cessam de se formar sob seu pincel, que, no entanto, precisa continuar pintando. É verdade que se os recursos, a esse respeito, diminuem, multiplicam-se, de outro lado, à medida que os progressos da filosofia ofereçam novos objetos. Mas verdades não se pintam com a mesma facilidade que preconceitos, não abrem a mesma carreira à imaginação, obrigam a uma precisão mais escrupulosa e, por conseguinte, é preciso mais gênio para ser poeta. O sr. Voltaire é um modelo nesse gênero de poesia.

§40. A poesia começou na Itália, no século XIV, ou seja, muito tempo antes do nascimento da verdadeira filosofia, por conseguinte, em circunstâncias muito diferentes daquelas em

---

* Compare-se *Ensaio sobre os conhecimentos humanos*, II, 4, §§41-2, 65. (N. T.)

Ensaio sobre a origem dos conhecimentos humanos

que começou na França. É por isso que os poetas italianos, embora tomem por modelos, como os nossos, os poetas antigos, não puderam imitá-los com o mesmo discernimento. Misturaram o sagrado e o profano; forçaram sua língua a se dobrar ao gênio da língua latina; não sentiram que a precisão é indispensável.

Por não terem uma capital cujo uso ditasse a regra do gosto, e por precisarem, no entanto, de uma regra qualquer, os italianos estabeleceram como princípio que uma expressão é poética quando se encontra num poeta que deixou um nome depois de si. Dante e Petrarca são para eles autoridades infalíveis. Se as palavras e as locuções de que se serviram caíram em desuso, é a prosa que os abandonou, a poesia continua a reivindicá-los. Convencionou-se conservá-los, e a língua de sua poesia se tornou uma língua morta.

Hoje, porém, mesmo na Itália poucas pessoas estudam essa língua, e talvez não seja possível aprendê-la perfeitamente. Se temos dificuldade para apreender a verdadeira diferença entre expressões análogas que nos são familiares e se às vezes nos acontece de não sabermos qual preferir, esse inconveniente seria ainda mais frequente se escrevêssemos numa língua que deixamos de falar. Porque uma mesma ideia seria comum a muitas palavras, suporíamos que elas teriam exatamente a mesma significação. Não pensaríamos em buscar pelos acessórios que lhes dão acepções diferentes; consideraríamos tais palavras como verdadeiros sinônimos; a harmonia, e somente ela, ditaria as escolhas, e a poesia não iria além das palavras.

Mesmo assim, os italianos se vangloriam de terem uma língua própria para a poesia, outra para a prosa, e caçoam de nós, que temos uma mesma língua para ambas. Mas, no tempo de

Dante e de Petrarca, só tinham, como nós, uma mesma língua para ambas, e se hoje têm duas é antes para conveniência dos versificadores que para vantagem da poesia. O poeta mais elegante que a Itália produziu, Metastásio, age como se só tivesse uma língua, não afeta essa linguagem poética que passa por gênio.

§41. Por termos sido apresentados aos poetas gregos e latinos antes de termos os nossos próprios, o estilo poético, tal como o concebemos, não tem analogia nem com nossos preconceitos nem com nossos costumes. Supomos que seria sempre o mesmo e imaginamos uma espécie de essência que o determinaria, da qual não temos, porém, ideia alguma. Daí os preconceitos de que não haveria mais poesia se se renunciasse ao maravilhoso da fábula, que não pode julgar um poema quem não leu os antigos, e que não se é poeta se não se segue escrupulosamente os seus passos. Ninguém duvida que é preciso conhecer versos gregos e versos latinos para conhecer versos franceses.

Mas, quando ainda não tínhamos nossos próprios poetas, líamos os de Grécia e Roma sem ter o gosto requerido para essa leitura. Inaptos para sentir suas belezas, nós os julgávamos por sua reputação. Só poderíamos, assim, ter da poesia uma ideia bem confusa, e só poderíamos conhecê-la melhor quando tivéssemos poetas, e bons poetas.

Mais se multiplicam as línguas que merecem ser estudadas, mais difícil fica dizer o que se entende por poesia, pois cada povo faz dela uma ideia diferente e, assim como todos estão convencidos de que a verdadeira linguagem se encontraria no estilo dos poetas antigos, também todos estão de acordo que tal linguagem se encontraria num estilo que não é o de nenhum poeta em particular.

Ensaio sobre a origem dos conhecimentos humanos

Esse consenso precipitou os homens em muitos erros. Impediu que vissem que a poesia tem um natural de convenção que necessariamente varia de uma nação a outra. É a causa de por que só tivemos uma poesia nossa depois de tentarmos adquirir uma poesia estranha à nossa própria língua. Por fim, isso nos levou a crer que poderíamos nos arriscar em todas as espécies de poemas de que a Antiguidade deixou modelos.

§42. Os gregos tiveram a felicidade de não buscar a poesia entre outros povos mais antigos. Encontraram-na em si mesmos, ela nasceu de seus preconceitos e costumes, aperfeiçoou-se sem que previssem o que viria a se tornar. Numa palavra, como não buscaram por ela, ela adquiriu, sem auxílio algum, o caráter que deveria adquirir. Malgrado o gosto que tinham por sutilezas e disputas, não levantaram, ao que se saiba, as questões que agitam os modernos acerca da essência da poesia e de suas diferentes espécies.

Por isso não se deve crer que nossos poetas tenham se formado, principalmente, lendo os antigos. Se afirmam tal coisa, é por falsa modéstia, ou, se são sinceros, enganam-se a si próprios. Tornar-se-iam poetas mesmo que não houvesse gregos ou romanos. São poetas, acima de tudo, porque consultaram a língua que falam, não línguas mortas. Numa palavra, são poetas na França como poetas foram os da Grécia.

Não é que se deva negligenciar o estudo dos antigos, mas esse estudo só é útil ao poeta que já se formou, e que, com gosto suficiente para apreender o belo onde quer que este se encontre, tem arte suficiente para acomodá-lo aos preconceitos e costumes de seu século. Se as línguas mortas são fontes de que ele pode beber, é preciso ser já um grande poeta para adaptar à própria língua belezas estrangeiras.

§43. Por termos nos iludido de que poderíamos nos apropriar de todos os gêneros de poesia que os antigos criaram, condenamos outros que nos são próprios só porque não eram conhecidos na Antiguidade. Outra não é a razão das críticas feitas à nossa ópera e do desprezo por Quinault. No entanto, o único erro desse poeta foi ter criado um gênero novo, foi ter feito ópera antes dos antigos. Deveríamos agradecer-lhe por ter imaginado um poema que põe diante de nossos olhos as maravilhas da mitologia.

§44. Epopeia, tragédia, comédia e outros gêneros de que a Antiguidade nos deixou modelos passaram, nas nações da Europa, por revoluções causadas pelos costumes. Os nomes *epopeia*, *tragédia*, *comédia*, foram conservados, mas as ideias atreladas a eles não são mais as mesmas, cada povo deu a cada espécie de poema diferentes estilos, bem como um outro caráter. Regras gerais a respeito estariam sujeitas a uma infinidade de exceções, questões nasceriam umas das outras e nosso espírito não saberia onde se fixar. Não resta senão observar os costumes e preconceitos na nação para a qual se escreve.

Se o espírito nacional preferir imagens a luzes, a linguagem será suscetível a locuções mais variadas e audaciosas; será mais circunspecta, metódica e uniforme, se o espírito nacional preferir luzes a imagens. Os poetas estudam esse espírito estudando as impressões causadas por seus poemas e observando as locuções autorizadas pela linguagem. Tentam capturar o fio da analogia e, quando o tiverem feito, caberá a seu gênio determinar o natural e próprio ao gênero em que escrevem.

§45. Quando nos obstinamos a disputar sobre essências, o que acontece é que não sabemos mais o que as coisas são.

Alguns modernos propuseram que se fizessem odes, poemas épicos e tragédias em prosa. Mas a glória de semelhante paradoxo não caberia a um Corneille, a um Racine, tampouco a um Voltaire. Tal opinião escapou aos gregos, que estavam prontos para aceitar mesmo as mais estranhas opiniões,[2] e, se foi sustentada em nossos dias, é que quanto mais se considera a poesia em todas as suas variações, mais difícil é deter-se numa mesma ideia. A versificação é necessária à ode e à epopeia, pois o tom desses poemas só encontra o natural na medida em que advirtam constantemente o leitor de que são obras de arte. Não se encontraria mais esse natural se a versificação fosse banida. *Telêmaco*,* que é tomado por um poema em prosa, é mais uma prova de que os gêneros tendem a se confundir. Poder-se-ia considerá-lo como uma espécie particular, que pertenceria à epopeia e ao romance.

A tragédia não representa os homens tais como os vemos em sociedade, pinta um natural de outra ordem, mais estudado, comedido, homogêneo. O mecanismo do verso é, assim, necessário para introduzir acordo entre os personagens a que se dá a palavra. É mais agradável mediocremente versificada do que bem escrita em prosa.

Há atores que, ao recitarem a tragédia, se empenham para quebrar o metro dos versos, julgando que o natural, na boca de um personagem trágico, deve ser como na sua própria. Mas

---

2 O preconceito dos gregos era diferente. Houve uma época em que pensaram que só se poderia escrever a história e as orações públicas utilizando-se o verso.

* Fénélon, *Les Aventures de Télémaque*, 1694-1696, obra que narra as aventuras do filho de Ulisses. (N. T.)

as mesmas razões que exigem que a tragédia não seja escrita em prosa exigem que seja declamada de maneira que se perceba que foi redigida em versos. De resto, como é impossível quebrar o metro a todo instante, os atores que insistem em fazê-lo parecem ora falar em verso, ora em prosa, confusão que não pode soar natural.

Na comédia, objetos mais ou menos próximos entre si parecem se afastar um do outro, diante do espectador, em direções contrárias, segundo os costumes do personagem introduzido em cena. Às vezes, eleva-se até o trágico, outras rebaixa-se até o burlesco, de ordinário se mantém entre esses dois extremos. O tom escolhido dita se cabe ou não versificá-la. Pode-se, por exemplo, escrevê-la em prosa, deve-se mesmo, quando ela pinta a vida privada, nada exagerar, ou ao menos só exagerar na medida do necessário para reunir todas as partes dos *tableaux* que ela põe em cena.

§46. Concluindo, é suficiente, em geral, observar que há na poesia, bem como na prosa, tantos gêneros quantos forem os naturais, e que embora a ode, o épico, a tragédia e a comédia não sejam escritos num mesmo estilo, todos esses poemas devem ser escritos naturalmente. O tom é determinado pelo objeto abordado, pelo desígnio proposto, pelo gênero escolhido, pelo caráter das nações e pelo gênio dos escritores que se tornaram modelos.

Parece-me, assim, demonstrado que o natural próprio à poesia e a cada espécie de poema é de convenção, varia muito para que se possa defini-lo, e que, por conseguinte, é necessário analisá-lo em todos os casos possíveis, se o que se quer é explicá-lo em todas as formas assumidas por ele. Mas podemos senti-lo; é o suficiente.

Ensaio sobre a origem dos conhecimentos humanos

Apêndice a Arte de escrever
Dissertação sobre a harmonia do estilo

Capítulo 1
O que é harmonia

§1. Harmonia, em música, é o sentimento que produz em nós uma relação apreciável entre sons. Se os sons se fazem escutar ao mesmo tempo, eles compõem um acorde; se sucessivamente, compõem um canto ou melodia.

É evidente que o acorde não pode entrar no que se chama de harmonia do estilo, sendo preciso encontrar algo análogo ao canto.

§2. O canto tem dois elementos: movimento e inflexão.

Nossos movimentos seguem naturalmente o primeiro impulso que recebem de nós, e o intervalo entre um movimento e outro é sempre o mesmo. Quando caminhamos, por exemplo, nossos passos se sucedem em intervalos iguais. Todo canto obedece, igualmente, a essa lei: seus passos, por assim dizer, se dão em intervalos iguais; tais intervalos se chamam metros.

Segundo as paixões que nos agitam, nossos movimentos se retardam ou se precipitam em intervalos desiguais. Eis por que, na melodia, o metro se distingue pelo número e pela rapidez ou lentidão do intervalo.

A natureza e o hábito estabeleceram uma ligação tão estreita entre os movimentos do corpo e os sentimentos da alma que é suficiente ocasionar num deles certos movimentos para despertar no outro certos sentimentos. Esse efeito depende unicamente do metro e dos intervalos que o músico impõe à melodia.

§3. O órgão da voz flexiona como os outros, segundo o esforço dos sentimentos da alma. Cada paixão tem um grito inarticulado que a transmite de alma a alma e, quando a música imita essa inflexão, dá à melodia toda a expressão possível.

Cada metro, cada inflexão tem, assim, em música, um caráter particular, e as línguas têm mais harmonia, e uma harmonia mais expressiva, conforme sejam capazes de mais variedade em seus movimentos e inflexões.

Capítulo 2
Condições mais propícias para tornar harmoniosa uma língua

§4. Concebe-se que uma língua poderia exprimir toda sorte de movimentos, desde que a duração de suas sílabas equivalesse à relação entre mínimas, semínimas, colcheias etc., pois teria tempos e metros tão variados quanto a melodia.

§5. Se essa língua tivesse ainda acentos,* de sorte que de uma sílaba a outra a voz pudesse se elevar e se abaixar por inflexões determinadas, sua prosódia estaria tão mais próxima do canto quanto maior fosse, entre o acento mais grave e o mais agudo, o número de intervalos apreciáveis.

§6. A língua grega foi, quanto a isso, superior a todas as outras. Dionísio de Halicarnasso, que é, dos críticos retóricos, o que trata a prosódia com mais cuidado, distingue, na música, melodia, número, variedade, conveniência, e garante que a harmonia oratória tem as mesmas qualidades.** Observa apenas

---

* Ver *Ensaio sobre a origem dos conhecimentos humanos*, II, 3, §27 et seq., e a nota do tradutor. (N. T.)

** Dionísio de Halicarnasso, *Da composição literária*, lido pelos franceses em tradução para o latim e utilizado também por Diderot, no verbete "Enciclopédia" (*Encyclopédie*, V, 1756; Diderot; d'Alembert. *Enciclopédia*, v.2, p.158). (N. T.)

que o número não é, na oratória, tão sensivelmente marcado quanto o número musical, e que os intervalos oratórios não são tão grandes quanto os da música.

§7. Em primeiro lugar, o número oratório não era tão sensível nem tão variado quanto o musical, pois que só pode conter dois tempos, longas e breves, como um canto formado unicamente por mínimas e semínimas. Os gregos, na verdade, tinham longas mais longas, breves mais breves; mas essa diferença era inapreciável, e desconsideravam o metro.

O metro continha certo número de pés, e o pé certo número de intervalos, vale dizer, duas ou três sílabas, puramente longas ou puramente breves ou misturas de longas e breves. Por meio disso, a harmonia oratória ou poética tinha suas quedas, assim como a música tem suas cadências. Quando lemos, em Dionísio, que cada pé tinha o seu caráter particular, compreendemos como o número contribuía à expressão dos sentimentos.

§8. Em segundo lugar, quando esse autor diz que na harmonia oratória os intervalos não são tão grandes quanto na harmonia musical, ele nota que ela tem a duração de uma quinta completa, vale dizer, percorre três tons e meio.

Nesse intervalo, distinguiam-se muitos outros tons, pois a voz se elevava do acento tônico mais grave ao mais agudo por diferentes inflexões. Os três tons e meio que formam a quinta eram mais ou menos subdivididos, e essas divisões eram marcadas por tantos acentos.

§9. Os gramáticos não chegam a um acordo sobre o número de tais acentos. É verossímil que essa discordância se explique pela diferente época em que cada um deles viveu. Nada varia tanto como a pronunciação, e o número de acentos tônicos aumenta ou diminui conforme a época. Certo é que os gregos tinham muitos e que os romanos, que de início tinham poucos, posteriormente introduziram em sua língua tantos quanto puderam.

§10. É preciso considerar que existiam nessa época duas sortes de inflexão, as que pertenciam à sílaba, qualquer que fosse a significação da palavra, e as que pertenciam ao pensamento. Não conhecemos mais as inflexões silábicas, e não é sobre a palavra, mas sobre o pensamento que os oradores elevam ou abaixam a voz. Entre os gregos, era parte da arte do orador a escolha e o arranjo de sílabas, era preciso que as inflexões silábicas estivessem de acordo com as inflexões do pensamento. Assim, o mecanismo do estilo adquiria a harmonia conveniente, que contribuía à expressão do sentimento e tinha com este a ligação mais estreita possível. Nessa parte, como em todo o resto, a arte oratória se encontrava subordinada ao princípio que estabelecemos.

A harmonia ou imita certos ruídos ou exprime certos sentimentos ou se restringe a ser agradável. No primeiro e no segundo caso, há uma escolha determinada; no terceiro, a escolha é arbitrária. Os escritores antigos só se confinavam a um certo gênero de melodia quando precisavam pintar alguma coisa, no resto era suficiente ser harmonioso. A harmonia expressiva era peculiar aos poetas e oradores; e é de duvidar que houvesse harmonia sem expressão, em períodos nos quais as quedas produzem um efeito tão grande.

§11. Um erro de Dionísio nos mostra a força e o prestígio da harmonia de estilo entre os gregos. Quando busca o que faz a beleza de Homero, esse crítico se pergunta se não seria a escolha de expressões e responde que não, mas por uma razão inteiramente falsa. Esse poeta, observa ele, só emprega pala-

Ensaio sobre a origem dos conhecimentos humanos

vras que se encontram na boca de todos. Imagina, a seguir, que essas palavras devem ser arranjadas segundo a subordinação de ideias; o nome, depois o verbo, depois o complemento etc.; mas logo muda de opinião, pois encontra exemplos de outros arranjos ainda mais prazerosos. Vai além, aplaude todas as combinações e, por não ver que todas as frases que se obriga a admirar são harmoniosas, embora diferentemente construídas, conclui que a beleza do estilo não está nas construções e a atribui unicamente à harmonia.*

§12. Ele deveria ter visto que há, independentemente da harmonia, conforme o caso, diferentes escolhas de termos e de locuções, que os mais comuns devem ser os preferidos por nós, se sua aplicação for justa, e que, se numa construção a inversão é um vício, em outra ela é uma beleza. Mas Dionísio estava enfatuado com a harmonia, e como esta se encontrasse em todos os exemplos em que ele baseava suas observações, tinha certeza de que a ela se resumia todo o segredo da arte de escrever.

§13. As línguas grega e latina, por terem muita harmonia, precisavam de uma energia de que hoje mal se pode ter uma ideia. A harmonia era, frequentemente, a principal parte do estilo, e a ela o poeta e o orador sacrificavam todo o resto: ajustada ao grande número dos que os ouviam, seu efeito era certo. Por isso não admira encontrar, nas mais belas passagens dos escritores antigos, termos que de modo algum se adéquam ao princípio da mais estreita ligação de ideias. Esse defeito, porém, era compensado por um acordo maior na harmonia. Contudo, não é de duvidar que essas peças teriam sido ainda mais belas se, sem deixar de ser harmônicas, se conformassem ao princípio por mim estabelecido.

---

* Dionísio de Halicarnasso, *Da composição literária*, 3. (N. T.)

Capítulo 3
Da harmonia própria de nossa língua

§14. O francês, assim como não tem acentos, tampouco tem inflexão silábica. Não tem, portanto, uma prosódia propícia à formação do canto, e não se compreende como alguns autores puderam pensar que seria uma língua tão suscetível de harmonia quanto o grego ou o latim. Imaginamos a harmonia nas línguas antigas e queremos, por meio de raciocínios, encontrá-la na nossa. Mas por que disputar sobre o que só o sentimento pode decidir? Que nos sejam mostrados poetas que causem, em nossos ouvidos, impressões como as que tomavam de rapto os gregos e os romanos, e estará provado que nossa língua é tão harmoniosa quanto a língua grega ou a latina.

§15. A duração de nossas sílabas é inapreciável. Nossas longas e nossas breves são como as longas mais longas e as breves mais breves pelas quais os antigos não tinham consideração alguma. Só há número em nossa língua como há num canto composto de notas de mesmo valor. Todos os intervalos de cada metro são iguais, ou ao menos conta-se como nula a diferença entre eles. Os pés de nossos versos são marcados unicamente pelo número das sílabas, e é apenas nas rimas que consultamos a duração. Tampouco o metro é igual em dois versos de mesma espécie. "Traçât à pas tardifs un pénible sillon" é mais longo que "Le moment où je parle est déjà loin de moi".*

Sequer os hemistíquios são iguais: *un pénible sillon* é mais curto que *traçât à pas tardifs*. Somos assim obrigados a conti-

---

* "Com passo arrastado penosamente sulcava a terra"; "o instante em que falo está já longe de mim" (Boileau, *Epístolas*, III). (N. T.)

nuamente alterar o metro, retardando-o ou precipitando-o. Os latinos, ao contrário, embora o conservassem sempre igual, tinham a vantagem de exprimir à vontade a rapidez ou a lentidão. Nossa língua é, portanto, muito menos apropriada que o latim à pintura do movimento.

§16. Contudo, ela não é, quanto a isso, inteiramente desprovida de expressão. Exprimimos a rapidez por uma sequência de sílabas breves: "Le moment où je parle est déjà loin de moi", e a lentidão por uma sequência de sílabas longas, "Traçât à pas tardifs un pénible sillon". Quando Boileau diz: "Et lasse de parler, succombant sous l'effort,/ Soupire, étend les bras, ferme l'oeil et s'endort",* ele exprime o caráter da moleza por um movimento lento. Pois o repouso do segundo verso retarda as sílabas *ire*, *bras*, *oeil*, tornando-os sensivelmente mais longos que o primeiro. A passagem ao sono é pintada também na pronunciação da palavra *s'endort*, pois a voz, que se sustentara no mesmo tom até a sílaba *s'en*, baixa um pouco e se deixa cair na sílaba *dort*.

§17. Imitamos, também, alguns ruídos. Mas é uma vantagem tão rara que me parece devida ao acaso. "Pour qui sont ces serpens qui sifflent sur vos têtes": os *s* repetidos parecem traduzir o silvo da serpente: "Fait siffler ses serpens, s'excite à la vengeance".**

§18. A qualidade dos sons contribui para a expressão dos sentimentos. Sons abertos e sustenidos são próprios à admira-

---

* "Cala-se, sucumbindo ao cansaço,/ Suspira, espreguiça, fecha os olhos, e dorme" (Boileau, *Le Lutrin*). (N. T.)

** "Para quem são essas serpentes que silvam sobre vossa cabeça?" (Racine, *Andrômaco*, V, 5). "Faz silvar as serpentes, prepara-se para a vingança" (Boileau, *Le Lutrin*). (N. T.)

ção, agudos e rápidos, à alegria. Sílabas mudas convêm ao medo, arrastadas e pouco sonoras, à irresolução. Palavras de pronúncia dura exprimem cólera, fáceis de pronunciar, prazer ou ternura. Frases longas têm uma expressão, as curtas, outra. A expressão é mais intensa quando as palavras contribuem para ela não somente como signos de ideias, mas também como sons.

É um efeito do acaso que se possam combinar todas essas coisas. Não há uma lei de como obtê-las; é suficiente conhecê-las, a fim de não deixar escapá-las, quando quer que se apresentem.

Em geral, todo discurso fácil de pronunciar agrada ao ouvido. Deve-se, portanto, evitar a repetição dos mesmos sons e, sobretudo, das mesmas consoantes, dos hiatos e de tudo o que possa exigir esforços de quem lê. A esse respeito, porém, não há conselhos a dar aos que não têm uma predisposição para a arte; quanto aos outros, guiam-se por seus ouvidos.

Note-se, por fim, que, quando o que se busca não é unicamente a pronunciação mais fácil e agradável, podem-se repetir as mesmas palavras, podem-se preferir as mais duras, e permite-se o hiato, pois tudo isso contribui, eventualmente, à expressão.

Posfácio
Empirismo e metafísica em Condillac

Fernão de Oliveira Salles

Convencionou-se reunir sob a rubrica geral de "empiristas" os filósofos que situam na experiência a origem de todos os conteúdos mentais. Apesar de confortável, essa denominação passa ao largo das numerosas particularidades e divergências entre os autores que reúne. Aplicada aos modernos, ela designa indiferentemente todos aqueles que, de algum modo, foram influenciados pela leitura de John Locke e com ele recusaram direito de cidadania às chamadas ideias inatas. O caso de Etienne Bonnot, abade de Condillac, é paradigmático a esse respeito, e as leituras das quais sua filosofia foi frequentemente objeto retratam bem essa interpretação reducionista à qual nos referimos aqui. Tome-se, por exemplo, o eloquente, ainda que equivocado, retrato do filósofo francês que Marx e Engels delineiam em *A sagrada família*:

A metafísica havia se tornado insossa. No ano mesmo em que morriam os últimos grandes metafísicos franceses do século XVII, Malebranche e Arnauld, nasciam Helvetius e Condillac. [...] O discípulo direto e intérprete francês de Locke, Condillac, dirigiu de imediato o sensualismo lockiano contra a metafísica do século XVII. Ele provou que os franceses a haviam repudiado com razão, como se fosse simples obra malfeita da imaginação e dos preconceitos teológicos.[1]

Longe de ser mero epígono de Locke que teria extraído as consequências antimetafísicas do filósofo inglês e difundido sua filosofia na França, Condillac talvez seja um dos melhores exemplos da variedade de formulações originais que o empirismo suscitou. Extremamente radical quanto à tese de que todo conhecimento ou mesmo de que toda vida mental começa na sensação, o filósofo francês produziu uma versão muito peculiar e original dessa posição filosófica.

Condillac aponta insuficiências e falhas no pensamento lockiano, ao mesmo tempo que reconhece abertamente a inspiração extraída da leitura do empirista inglês. A seus olhos, se Locke teve mérito indiscutível ao banir as ideias inatas[2] dos horizontes da filosofia, ele lamentavelmente permaneceu um empirista incompleto. Apesar de identificar acertadamente a experiência sensível como sendo a matriz de todas as nossas ideias, e de corretamente restringir sua filosofia ao estudo do espírito humano, Locke teria tratado muito ligeiramente a origem de nossos conhecimentos e, pior ainda, teria considerado que as faculdades do espírito estariam prontas, como uma espécie de estrutura dada *a priori*, no próprio momento em que

---

1 Marx; Engels, *A sagrada família*, p.146-8.

2 Sobre a crítica de Condillac a Locke, conferir Duchesneau, *Condillac et le principe de la liaison des idées*, em: *Revue de Métaphysique et de Morale*, p.53.

Ensaio sobre a origem dos conhecimentos humanos

ocorrem nossas primeiras sensações. Para Condillac, como sintetiza Luiz Roberto Monzani, o equívoco do pensamento de Locke residiria no fato de que ele "admitia como natural, de um lado, o dado originário (a sensação), e, de outro, uma certa capacidade inata do espírito para realizar suas operações sobre esse dado, como julgar, refletir e etc.".[3]

Tal divergência, reiterada diversas vezes ao longo da obra de Condillac, talvez seja o índice mais claro da originalidade desse filósofo que, ao mesmo tempo que reivindica certa herança lockiana, elabora um pensamento original. Todavia, para avaliar onde exatamente Condillac se situa em relação a seus precedentes, assim como qual a novidade trazida a lume por sua filosofia, é preciso voltar aos textos em que ele apresenta ao leitor o projeto que anima seu pensamento. É justamente através desse programa filosófico, repetidamente retomado ao longo de sua obra, que se pode delinear um retrato razoavelmente acurado do empirismo condilaquiano.

A boa metafísica

A abertura do *Ensaio* não deixa dúvidas quanto à tarefa assumida pela filosofia que essa obra apresenta ao leitor. Logo de início, Condillac afirma a importância da metafísica, bem como sua miséria, preparando terreno para expor o projeto de restituir a esse saber seu verdadeiro sentido. Repletas de "fantasmas" e "desvarios" as obras de metafísica lançaram sobre

---

3 Monzani, O empirismo na radicalidade, em: *Tratado das sensações*, p.12-3.

esse saber o mais absoluto descrédito.[4] Entretanto, a metafísica é também a ciência que mais pode contribuir para tornar o espírito humano "luminoso", "preciso" e "extenso", preparando-o, por isso mesmo, para o estudo das outras. Essa situação fornece o enquadramento no interior do qual se desenha o programa filosófico do abade. Se essa ciência tão importante encontra-se tão depauperada, faz-se necessário restabelecer seu sentido correto e legítimo; operação conceitual que começará pela distinção entre duas espécies de metafísica:

> Uma delas, ambiciosa, quer penetrar em todos os mistérios: a natureza, a essência dos seres, as causas mais escondidas, eis o que lhe agrada e o que ela promete a si mesma descobrir. A outra, mais contida, adéqua suas pesquisas à fraqueza do espírito humano, e, por ser em igual medida desdenhosa do que necessariamente lhe escapa e ávida pelo que pode apreender, sabe manter-se nos limites que lhe são consignados.[5]

Essa tipificação implica uma alteração considerável no sentido atribuído ao termo "metafísica". Pensada a partir dela, tal ciência deve doravante se constituir como disciplina crítica à

---

4 Cf. Condillac, *Ensaio sobre a origem dos conhecimentos humanos* (doravante citado nesse livro meramente como *Ensaio*), p.3: "A metafísica é a ciência que mais contribui para tornar o espírito humano luminoso, preciso e extenso, e é por isso a que melhor prepara para o estudo das demais. [...] De todos os filósofos, os metafísicos parecem-me ser os menos sábios. Suas obras simplesmente não me instruem, por toda parte quase não encontro nelas senão fantasmas, e, por mim, os desvarios que elas cultivam poderiam ser declarados um crime contra a metafísica".

5 Condillac, *Ensaio*, p.3.

Ensaio sobre a origem dos conhecimentos humanos

qual cabe uma dupla tarefa: estabelecer os limites do conhecimento humano e remontar às causas dos fantasmas dos velhos sistemas do século XVII.

Tal caracterização da metafísica muda seu estatuto e seu lugar no edifício do conhecimento: essa ciência não deve agora ser entendida como o saber ao qual cabe estabelecer o fundamento ontológico e princípios de todo conhecimento em geral. Disciplina essencialmente crítica, a metafísica deverá ter como principais objetos o exame das operações do espírito e a determinação de seu escopo. Recusando a possibilidade de conhecer a essência dos objetos, mas contentando-se em estudá-los como efeitos, essa ciência deverá reconstituir a gênese do conhecimento e das faculdades do homem, determinando como se desenvolveram, desde o seu início, as operações da alma para fixar seu legítimo raio de ação:

> Nosso objeto primeiro, que não devemos jamais perder de vista, é o estudo do espírito humano, não para descobrir sua natureza, mas para conhecer suas operações, observar a arte com que elas se combinam e saber como devemos conduzi-las a fim de adquirir toda a inteligência de que somos capazes. É preciso remontar à origem de nossas ideias, desenvolver a sua geração, acompanhá-las até os limites prescritos a elas pela natureza, para assim fixar a extensão e as fronteiras de nossos conhecimentos e renovar o entendimento humano como um todo.[6]

Entendida como ciência dos limites e do estudo das operações da alma, a metafísica não será, doravante, senão uma teoria do conhecimento. Estudando os erros da tradição, ela deverá

---

6 Condillac, *Ensaio*, p.4.

rastrear o ponto no qual o pensamento se extraviou;[7] analisando Locke e Newton, os dois maiores êxitos, deverá extrair a regra pela qual se raciocina bem e se pode avançar e corrigir o que foi feito pelos grandes filósofos do século XVII.

O resultado dessa redefinição do conceito de metafísica não é nada desprezível. Desde Aristóteles, o termo *metafísica* refere-se à filosofia primeira que deve determinar os fundamentos dos demais saberes. Para Condillac, todavia, ela é a disciplina que deve reconstituir a origem das operações do espírito, desvendando seu funcionamento e pondo às claras seus limites, valendo-se para tanto da observação e dos exemplos fornecidos pela tradição. Em suma: por ser teoria do conhecimento, a metafísica do *Ensaio* deverá ocupar o lugar de uma filosofia segunda. Como afirma Derrida em "L'Archéologie du frivole":

> Ao retraçar a verdadeira geração dos conhecimentos, remontando aos princípios, a prática inaugural da análise poderá enfim, dissolver, destruir, decompor a primeira filosofia primeira. Quer dizer, enfim, substituí-la herdando seu nome [...].[8]

---

7 É importante notar que aí reside a importância do estudo da tradição filosófica, tal como desenvolvido no *Tratado dos sistemas*. O exame dos grandes sistemas é necessário para que se saiba quais os erros cometidos pelos grandes filósofos e quais foram suas causas. Como afirma o abade no *Ensaio*: "Mas seria por isso inútil ler os filósofos? Pelo contrário; pois como esperar ter mais êxito do que tantos gênios, que são a admiração de seu século, sem tê-los estudado ao menos com vistas a aprender com seus erros? É essencial, para qualquer um que queira realizar por si mesmo progressos na busca da verdade, estar ciente dos enganos daqueles que o precederam" (Condillac, *Ensaio*, p.4).

8 Derrida, L'Archéologie du frivole, em: *Essai sur l'origine des connaissances humaines*, p. 17.

Essa nova metafísica que pretende destronar a antiga é o resultado da reflexão acerca de um certo modo espontâneo de pensar que os homens realizam devido à constituição de suas faculdades. O que o *Ensaio* se propõe a expor e analisar é uma maneira de pensar que aprendemos com a própria experiência ou, como dirá Condillac na *Lógica*, que a própria natureza nos ensina. Trata-se de uma forma de pensar que realizamos naturalmente sem que tenhamos consciência de suas regras, somente seguindo as tendências derivadas de nossa constituição sensível; isto é, um *funcionamento normal do espírito*.

Conforme os termos que Condillac irá cunhar em sua obra madura, é preciso conhecer a *metafísica do sentimento* para dela extrair uma *metafísica de reflexão*. A primeira, que realizamos naturalmente, teria fornecido aos homens um caminho seguro para progredir de conhecimento em conhecimento,[9] se dela não se tivessem extraviado. Por isso, a segunda deverá retornar à gênese de nossas faculdades para reconstituir o que seria seu funcionamento normal, compreender a raiz dessa degeneração e estabelecer um método que previna novos desvios. É preciso fazer teoria da *metafísica de sentimento* para dela extrair a regra que nos permita avançar sistematicamente nas ciências e nas artes:

A metafísica, quando tem o espírito humano por único objeto, pode se distinguir em duas espécies: uma de reflexão, outra de sentimento. A primeira distingue todas as nossas faculdades, des-

---

9 Sobre isso a seguinte frase de Condillac é lapidar: "Eu já disse e repeti, e volto a repetir: a natureza é nosso principal mestre. Do que eu concluo que o único meio de inventar é fazer como ela nos ensina a fazer" (Condillac, A língua dos cálculos, em: *Lógica e outros escritos*, p.250; doravante, apenas *Lógica*).

cobre seus princípios e sua geração; ela dita, consequentemente, as regras para conduzi-las. Só a adquirimos por força de estudo. A segunda sente nossas faculdades, ela obedece à sua ação, segue princípios que não conhece. Temo-la sem que pareça que a adquirimos porque circunstâncias propícias a tornaram natural, ela é a partilha dos espíritos justos; ela é, por assim dizer, seu instinto. A metafísica de reflexão é somente, portanto, uma teoria que desenvolve, no princípio e nos efeitos, tudo o que a metafísica do sentimento pratica. Esta fez, por exemplo, as línguas, aquela explica seu sistema; uma forma os oradores e os poetas, a outra dá a teoria da eloquência e da poesia.[10]

Compreende-se, então por que a filosofia de Condillac atravessa territórios à primeira vista tão díspares quanto a lógica, a poesia, a origem das línguas, a gramática[11] e a matemática, entre outros. Mesmo que cada um desses saberes e práticas tenha características e exigências próprias, esse procedimento é legítimo, pois, no fundo, toda produção do pensamento é resultado daquele *funcionamento normal do espírito* cujas regras a nova metafísica deve descobrir e explicitar.[12] Assim, da retórica à matemática, passando pela própria metafísica e pelas ciências,

---

10 Condillac, De l'Art de raisonner, em: *Œuvres Philosophiques*, v.I, p.619-20.

11 É bom lembrar que Condillac foi autor de uma *Lógica*, um *Dicionário de sinônimos*, uma *Gramática*, uma *Língua dos cálculos*, uma *História antiga* e outra *Moderna*, para ficarmos em alguns exemplos apenas.

12 "A arte de raciocinar não ensina, portanto, regras novas. Nós devemos-lhe os princípios mesmos das artes e das ciências; mas os homens nem sempre souberam fazer uso dela" (Condillac, Discurso preliminar ao curso de estudos para a instrução do Príncipe de Parma, em: *Lógica*, p.140).

Ensaio sobre a origem dos conhecimentos humanos

a função da filosofia será desenvolver a teoria, estabelecer o método e descrever a gênese dos conhecimentos de cada disciplina. Em suma, dado que o espírito humano opera naturalmente de modo semelhante em todas as suas produções, será possível conceber uma teoria do conhecimento que cabe à metafísica elaborar. Essa tese geral ecoa até o final da obra condillaciana:

> Devemos, portanto, começar por bem raciocinar; depois aprendemos as regras do raciocínio. Com efeito, os gregos já tinham bons poetas, bons oradores, bons escritores de todos os gêneros e não tinham ainda nem gramática, nem retórica, nem poética, nem lógica.[13]

Como mostrará *A língua dos cálculos*, a pista para a constituição dessa metafísica segunda é dada pelo trabalho do gênio, seja do gênio artístico, seja do gênio científico. Tome-se um Newton ou um Corneille, o que o gênio faz é tão somente seguir a natureza quando produz sua obra. Se quisermos estabelecer um método para progredirmos de modo seguro nessas atividades devemos, portanto, fazer como o gênio e extrair as regras que a natureza mesma lhe ensinou. Em se tratando da álgebra, o primeiro método de cálculo (germe de todos os outros) deve-se à nossa constituição: trata-se da contagem com os dedos. Conforme surja a necessidade de realizarmos operações mais complexas, os dedos, que, devido ao hábito de contar, antes significavam unidades, dezenas, centenas etc., passarão a ser substituídos por signos mais simples que facilitem a análise do problema. Mas essa passagem, para ser inteligível,

---

13 Condillac, Cours d'études, em: *Histoire moderne*, p.153.

deve ser guiada por um princípio que a própria natureza nos ensina: a analogia.[14] Na álgebra, se abandonamos a linguagem dos dedos pela das cifras e das incógnitas é porque a segunda é mais simples que a primeira e nos torna mais habilitados a refinar a análise dos dados dos problemas. E somos capazes de elaborar essa língua nova que substitui a primeira porque, ao formá-la, vemos alguma analogia entre os signos de uma e de outra.[15] Ambas as línguas nos exprimem os mesmos objetos, mas a segunda o faz melhor, pois nos torna capazes de uma análise mais precisa e clara que permite conhecer melhor esses objetos e suas relações.

---

14 O conceito de analogia é alvo de muita discussão entre os comentadores de Condillac. Não há lugar para tratarmos com o devido vagar desse tema aqui, mas vale indicar o lugar estratégico que tal noção desempenha em toda sua filosofia pela menção ao texto a seguir: "A analogia é, propriamente dizendo uma relação de semelhança, o que significa que uma coisa pode ser exprimida de diferentes maneiras, pois não há nenhuma que não se assemelhe a outras. Diferentes expressões representam a mesma coisa sob diferentes relações, e as visões do espírito, vale dizer, as relações sob as quais consideramos uma coisa determinam a escolha que devemos fazer. A expressão escolhida é o que se chama de termo próprio. Dentre muitas, há sempre uma que deve ser preferida, e todas as nossas línguas seriam sempre igualmente bem-feitas se todas as escolhas tivessem sido sempre acertadas" (Condillac, A língua dos cálculos, em: *Lógica*, p.214).

15 Cf. por exemplo, Condillac, A língua dos cálculos, em: *Lógica*, p.260: "A analogia nos conduz de uma língua à outra e se o faz é porque, no fundo, a nova língua que adotamos diz o mesmo que a antiga que abandonamos. Essa língua nos conduz, igualmente, de método em método, e se o faz é porque cada método novo se encontra no precedente, e todos os métodos se encontram no cálculo com os dedos".

Ensaio sobre a origem dos conhecimentos humanos

O primeiro método de cálculo se encontra nos dedos de nossas mãos. Todos os outros derivam desse. Mas, como signos diferentes são encontrados em tempos diferentes, trata-se de métodos feitos de signos diferentes como se fossem métodos diferentes. Não se vê mais analogia alguma entre eles, e é por isso que nossos livros elementares frequentemente parecem feitos de fragmentos.[16]

Se é assim que as ciências e as artes se desenvolvem, cabe à metafísica examinar esses diversos métodos, ou linguagens, e encontrar seu germe comum e compreender as regras que presidiram sua elaboração. Entendida nesses termos, esse saber tem caráter duplo. Como teoria do conhecimento, a metafísica diz respeito à especulação, é um "sistema de conhecimentos especulativos",[17] uma ciência. Mas o fato é que essa teoria visa a uma prática, pois destina-se a fornecer as regras para a condução do pensamento; ela é, vista dessa perspectiva, uma arte: um "sistema de regras pelo qual aprendemos a aplicar as forças da natureza".[18]

Qual, então, o caminho para descobrir as regras dessa arte de pensar? Se a metafísica de reflexão teoriza sobre aquilo que a metafísica do sentimento realiza inadvertidamente; se ela de certo modo deve imitá-la, a resposta está, evidentemente, na análise daquele *funcionamento normal do espírito*, o qual nos fornecerá o método da invenção.

---

16 Condillac, A língua dos cálculos, em: *Lógica*, p.250.
17 Cf. verbete "Ciência" no Dicionário de sinônimos, em: *Lógica*.
18 Cf. verbete "Arte" no Dicionário de sinônimos, em: *Lógica*, p.271.

Étienne Bonnot de Condillac

Análise e gênese: metafísica como história natural do espírito

O termo *análise* se remete a um dos pontos mais importantes da filosofia condillaciana, exprimindo um conceito bastante preciso que é necessário explicitar. Desde o *Ensaio*, a filosofia de Condillac empreende uma defesa veemente do método analítico, tomado por ele como único método próprio para o conhecimento, em detrimento do raciocínio sintético. Proceder pela síntese, isto é, partir de princípios gerais para adquirir novos conhecimentos é inverter a ordem natural das ideias, situando no início da cadeia do conhecimento o que em realidade se localiza no seu final. Com efeito, se o processo de conhecer começa com a sensação, e uma vez que toda sensação é sempre de algum objeto particular, os princípios gerais são os resultados de uma série de operações que nos permitiu generalizá-los. O conhecimento começa, portanto, pelo particular e não pelo geral ou, o que seria um equívoco maior, pelo universal. Em vez da síntese, dirá o filósofo, é na análise que reside o "verdadeiro segredo das descobertas". Através dela é que, como numa "espécie de cálculo", distinguimos e combinamos os elementos simples que formam aquilo que queremos conhecer, estabelecemos as relações entre eles e adquirimos novos conhecimentos.

> Se [a análise] busca a verdade, não é com o recurso a proposições gerais, mas com uma espécie de cálculo, vale dizer, compondo e decompondo as noções para compará-las da maneira mais favorável às descobertas que se tenha em vista. E isso não por

Ensaio sobre a origem dos conhecimentos humanos

meio de definições, que de ordinário não fazem senão multiplicar as disputas, mas explicando a geração de cada ideia.[19]

Método do conhecimento por excelência, a análise tem função estruturante na filosofia de Condillac. É ela que conduz o estudo do espírito humano empreendido no *Ensaio* e dá o andamento das obras posteriores. Por isso, ela será alvo de diversas retomadas e novas exposições nos textos do filósofo. Talvez uma de suas mais elucidativas formulações se encontre na *Lógica*, onde a noção de análise vai ser extraída a partir do exame detido do que acontece primeiro no plano dos sentidos (sem nenhuma intervenção da linguagem) para depois ser retomada no plano do pensamento, considerando-se então a intervenção dos signos linguísticos em sua realização.

Ora, quando estamos diante uma paisagem qualquer, observa Condillac, nossa visão é afetada simultaneamente por todos os objetos que a compõem. A visão de um campo, por exemplo, abarca de uma só vez tudo aquilo que nele se encontra. Todavia, a percepção que temos desse composto é confusa e indistinta; razão pela qual não se pode dizer propriamente que nós o conhecemos desde esse primeiro golpe de vista.[20] Os olhos, porém, irão naturalmente percorrer a paisagem di-

---

19 Condillac, *Ensaio*, p.88.

20 Cf. Condillac, A lógica ou primeiros desenvolvimentos da arte de pensar, em: *Lógica*, p.30: "Suponho um castelo que domina um campo vasto, abundante, onde a natureza deleitou-se em espalhar variedade, e a arte soube aproveitar as situações para variá-las e embelezá-las ainda mais. Chegamos a esse castelo durante a noite. No dia seguinte, as janelas se abrem no momento em que o sol começa a dourar o horizonte e logo se fecham. Ainda que esse campo

rigindo sucessivamente sua atenção aos objetos ali presentes. Nosso olhar passa, portanto, a distinguir, separar e diferenciar os elementos que formam tal paisagem. Esse é, podemos dizer, o primeiro momento da análise, o qual se caracteriza pela operação de deslindar e considerar detalhadamente aquilo que nos é dado como composto e simultaneamente. De imediato inicia--se o movimento inverso, que podemos considerar como sendo o segundo tempo da análise. Se envolve separação e distinção, ela requer também a consideração das partes em relação umas com as outras, implica que elas sejam repostas segundo uma ordem e uma articulação.

Tal ordenação é possível porque a distinção, como explica a *Lógica*, não se realiza a esmo. Há objetos que "atraem mais particularmente nossos olhares", que "predominam" e que parecem constituir os centros de gravidade que presidem o arranjo da composição como um todo. Há, portanto, "objetos principais" que, devido à relação que têm com nossa constituição, atraem nossa atenção e são submetidos a comparações para que se julgue acerca das relações que eles têm uns com os outros. Situamo-los, portanto, numa ordem e a partir daí somos capa-

---

nos seja mostrado apenas por um instante, é certo que vimos tudo que ele contém. Num segundo instante, teríamos apenas recebido as mesmas impressões que os objetos produziram em nós naquele primeiro. E ocorreria o mesmo num terceiro. Consequentemente, se as janelas não tivessem sido fechadas, teríamos continuado a ver apenas aquilo que vimos de início. Mas esse primeiro instante não é suficiente para fazer-nos conhecer tal campo, isto é, para fazer--nos distinguir os objetos que ele contém: isto porque quando as janelas se fecham nenhum de nós teria podido se dar conta do que viu. Eis como podemos ver muitas coisas e nada aprender".

Ensaio sobre a origem dos conhecimentos humanos

zes de situar também aqueles que exercem menor atração sobre nossos olhos, estabelecendo sua posição de modo a preencher o restante da composição. Como afirma o texto da *Lógica*:

> Começa-se, portanto, pelos objetos principais: eles são observados sucessivamente e comparados para se julgar as relações em que estão. Quando, por esse meio, obtém-se sua respectiva situação, observam-se sucessivamente todos aqueles que preenchem os intervalos, compara-se cada um com o objeto principal mais próximo e determina-se a sua posição.[21]

Pela análise deslindamos o que nos aparecia misturado, ordenamos os objetos, estabelecemos as relações que há entre eles. Numa palavra, nós os conhecemos ao distingui-los e relacioná-los novamente, de modo a que formem um sistema. E, do mesmo modo que a análise, esse procedimento de decompor e recompor, se realiza no plano dos sentidos, ela se faz no do espírito. Isso ocorre naturalmente, diga-se de passagem, uma vez que todas as sensações se remetem à alma. Assim, tal como fazem os olhos, quando guiados por alguns objetos principais que atraem mais nossa atenção, faz a alma quando dirige sua atenção por determinadas ideias que nos impressionam com mais força, devido à nossa constituição. Assim, é através da análise que a alma conhece seus objetos, distingue-os, relaciona-os e os ordena; e quando se voltar sobre si mesma, fizer de si seu objeto de estudo, será pela análise que ela se conhecerá. Como diz o filósofo:

---

21 Condillac, *Lógica*, p.31.

Mas só decompomos para recompor e, quando os conhecimentos são adquiridos, as coisas em vez de serem sucessivas têm no espírito a mesma ordem simultânea que possuem fora dele. É nessa ordem simultânea que consiste o conhecimento que temos delas: pois, se não pudéssemos descrevê-las juntas, para nós mesmos, não poderíamos nunca julgar as relações em que estão umas com as outras e as conheceríamos mal.[22]

Embora essa operação seja realizável até certo ponto pela simples atividade dos sentidos, ela só é plenamente executada com o auxílio da linguagem. Desde os gestos da linguagem de ação, até o desenvolvimento pleno da linguagem articulada (na fala e na escrita), a análise se refina tornando-se mais precisa e aumentando nosso estoque de ideias. Ocorre que a fala é necessariamente sucessiva. Portanto, ela se presta naturalmente à análise. Como diz Condillac na *Gramática*:

> Se todas as ideias que compõem um pensamento são simultâneas no espírito, no discurso elas são sucessivas. Portanto, são as línguas que nos fornecem os meios de analisar nosso pensamento.[23]

Os signos são, então, fundamentais não só para a comunicação entre os homens, mas, principalmente, para a produção do conhecimento. Pois deslindar ideias, perceber de modo preciso aquilo que só se percebia de modo confuso e estabelecer relações que antes não se via senão de modo indistinto é, para Condillac, adquirir ideias novas, conhecimentos novos.

---

22 Ibid., p.32.
23 Condillac, Gramática, em: *Lógica*, p.177.

Ensaio sobre a origem dos conhecimentos humanos

E isso vale tanto para os objetos da experiência quanto para as operações do espírito, que, desde o *Ensaio*, Condillac quer compreender. Como ele mesmo aponta no *Discurso preliminar ao curso de estudos para o Príncipe de Parma*:

> Se um pensamento é sem sucessão no espírito, ele tem uma sucessão no discurso, onde ele se decompõe em tantas partes quanto abarca ideias. Então nós podemos observar o que nós fazemos ao pensar, nós podemos nos dar conta disso; podemos, por conseguinte, aprender a conduzir nossa reflexão.[24]

A linguagem, sobretudo a verbal e articulada, presta-se naturalmente à análise por seu caráter necessariamente sucessivo. A expressão discursiva nos obriga decompor e recompor o pensamento, expondo seu conteúdo numa ordem sequencial que explicita seu sistema. Ela nos revela sua composição e é nesse sentido a própria reconstituição de sua gênese, pois ela expõe sua formação. Essa implicação entre método analítico e reconstituição da gênese do objeto do conhecimento fica clara, aliás, desde o *Ensaio*, naquelas passagens em que Condillac argumentava de modo a demonstrar que a análise é o único modo legítimo de conhecer. Nelas, a estreita relação entre esses dois termos já é afirmada com todas as letras:

> Essa análise é o verdadeiro segredo das descobertas, pois com ela remontamos até a origem das coisas. [...] O único meio para adquirir conhecimentos é remontar à origem de nossas ideias,

---

24 Condillac, Discurso preliminar ao curso de estudos para a instrução do Príncipe de Parma, em: *Lógica*, p.142.

acompanhar a sua geração e compará-las sob todas as relações possíveis; a isso eu chamo analisar.[25]

Uma vez que, para Condillac, a operação de analisar é identificada à de "acompanhar a geração" daquilo que se examina, não é exagero dizer que a metafísica de Condillac tem o feitio de uma história hipotética cujos temas são as faculdades do homem e seu engendramento a partir da sensação. Com efeito, ao analisar a alma, ela termina por reconstituir a gênese de nossas faculdades: ela refaz a história da alma e, na fórmula do próprio Condillac, uma "história do espírito". Na expressão de André Charrak:

> É assim que, ao cabo, é essencial à análise do entendimento humano, à própria metafísica, expor-se numa *história* que descreve as transformações sucessivas do material e das operações e que apreende a sequência da análise natural efetuada pelo espírito, desde a elaboração de seus primeiros conhecimentos.[26]

Não por acaso, Condillac recorre frequentemente ao termo francês *retracer*, literalmente *retraçar*, para descrever seu procedimento de análise das faculdades. Trata-se, efetivamente, de isolar e reconstituir segundo a ordem de sua geração cada um dos passos que leva da mera sensação à constituição do espírito e suas faculdades, seja no âmbito do entendimento, no *Ensaio sobre a origem dos conhecimentos humanos*, seja no da vontade, no *Tratado das sensações*. Em ambos os textos, as operações da alma

---

25 Condillac, *Ensaio*, p.87-8.
26 Charrak, *Empirisme et métaphysique*, p.82.

Ensaio sobre a origem dos conhecimentos humanos

serão reconduzidas aos seus elementos fundamentais e originários, ao seu "germe", e poder-se-á, nesse caminho, reconstituir como, através de uma série de complexificações, tal germe se desdobra nas várias operações do espírito. Chama a atenção aqui, como nota Derrida,[27] o uso recorrente do termo *germe*, extraído da fisiologia, por Condillac. A metáfora "biológica, vitalista ou organicista", nas palavras do comentador, indica o caráter singular atribuído pelo filósofo francês ao desenvolvimento das faculdades, o qual tem por modelo o desenvolvimento dos seres vivos. Com efeito, o progresso das operações da alma é concebido de forma análoga à formação desses seres. Ou seja, mais que de explicitar a mera sucessão de diferentes estados da sensação, trata-se remontar analiticamente à *geração* das faculdades a partir de uma semente que contém, desde o início, suas potencialidades. A introdução de *Da arte de pensar*, obra que em diversos momentos retoma integralmente diversas passagens do *Ensaio*, é exemplar quanto a esse aspecto da filosofia de Condillac:

> O germe da arte de pensar está em nossas sensações; as carências (*besoins*) fazem-no eclodir, seu desenvolvimento é rápido, e o pensamento é formado quase no momento em que ela começa. Pois sentir as carências (*besoins*) é sentir desejos. E, uma vez que há desejos, somos dotados de atenção e de memória; julgamos, comparamos raciocinamos.[28]

---

27 Cf. Derrida, L'Archeologie du frivole, em: *Essai sur l'origine des connaissances humaines*, p.26.

28 Condillac, De l'Art de penser, em: *Œuvres Philosophiques*, p.717.

Se é assim, talvez seja o caso de acrescentar à expressão de Charrak que não se trata apenas de uma história do espírito, mas de uma *história natural do espírito*, na qual se mostra como, através uma série de processos complicados, o germe localizado pelo filósofo na sensação se desdobra, dando origem a diferentes ideias e operações da alma.[29] Não espanta que o Ensaio, obra que visa restaurar a boa metafísica, dê conta da dupla tarefa de estabelecer os limites do conhecimento e formular um método para o uso correto das faculdades, mostrando como essas operações surgem uma a uma, desenvolvendo o que está em germe na sensação.

* * *

Vê-se, então, a originalidade do programa filosófico exposto pela primeira vez no *Ensaio*. Se, por um lado, Condillac se propõe, como Locke, a estudar o espírito humano a partir da experiência, por outro, se impõe a tarefa, jamais pretendida pelo filósofo inglês, de retraçar a própria origem e os pro-

---

29 Como assinala Luiz Roberto Monzani, referindo-se ao *Ensaio*: "Nele trata-se de um gérmen inicial [a sensação] que contém potencialmente todo o conjunto das diferenciações que irão se diferenciando no decorrer da experiência. De um dado original que vai se complexificando e se explicando (no sentido etimológico), até chegar a colocar o conjunto de suas determinações diferenciais que já estavam contidas desde o início. Em Condillac, portanto, há duas coisas a serem consideradas: o dado inicial, a percepção, e o conjunto das diferenciações progressivas a que esse dado se submeterá até atingir seu grau pleno, que é o que se denomina conhecimento" (Monzani, *Desejo e prazer na Idade Moderna*, p.170).

Ensaio sobre a origem dos conhecimentos humanos

gressos das operações da alma desde a simples percepção até o juízo e a razão.[30]

Se, ainda como Locke, Condillac se dedica longamente ao exame da linguagem, não é tão somente para mostrar seu papel no comércio de ideias e os perigos que ela encerra. Trata-se, isto sim, de mostrar que, além de servirem à comunicação, os signos linguísticos, essas "alavancas do espírito", desempenham um papel ativo no desenvolvimento daquelas operações. É com Condillac que, talvez pela primeira vez, elabora-se, de maneira rigorosa e exaustiva, a tese segundo a qual as faculdades mais complexas do espírito estão condicionadas à posse de uma linguagem articulada.[31] Com efeito, como vimos, a análise, operação da qual depende o conhecimento em geral, só atinge seu mais alto grau de sofisticação se realizada discursivamente. Daí a preocupação, constante em toda a obra do filósofo, com o estabelecimento de regras para o bom uso da linguagem e, paralelamente, com a eliminação de toda imperfeição linguística.

Por fim, a nova metafísica que o filósofo francês quer inaugurar não é a velha ciência primeira, que se pretende capaz de dar a conhecer a essência das coisas; mas é uma ciência segunda que, retraçando a gênese das operações que a alma realiza normalmente, tentará determinar os limites do conhecimento e estabelecer as regras para uma arte da invenção. Noutros termos, a metafísica de Condillac não pretende, como sua velha

---

30 Essa novidade certamente não escapou ao próprio abade: "Como o desígnio de explicar a geração das operações da alma localizando o seu nascimento numa percepção simples é algo tão novo, o leitor pode ter alguma dificuldade em compreender a maneira como o executei" (Condillac, *Ensaio*, p.5).

31 Cf. a esse respeito Monzani, *Desejo e prazer na Idade Moderna*, p.174.

antecessora, estabelecer o fundamento ontológico de todo saber ou conhecer a natureza íntima dos seres. Em vez disso, ela tem por objetivo determinar as condições do conhecimento em geral e estabelecer um método que assegure os progressos do espírito humano. E mesmo que elaborada *a posteriori*, analisando o funcionamento normal das faculdades, ela se mantém como teoria que remonta, num sentido novo, os princípios do conhecimento. Assim, se o nome *metafísica* guarda algum sentido aqui, é, como indica Derrida,[32] por analogia.

Referências bibliográficas

CHARRAK, A. *Empirisme et métaphysique*: l'*Essay sur l'origine des connaissances humaines* de Condillac. Paris: Vrin, 2003.

CONDILLAC, E. De L'Art de penser. In: *Œuvres Philosophiques*. v.I. Paris: Presses Universitaires de France, 1947.

_____. De L'Art de raisonner. In: *Œuvres Philosophiques*. v.I. Paris: Presses Universitaires de France, 1947.

_____. Dicionário de sinônimos. In: *Lógica e outros escritos*. São Paulo: Editora Unesp, 2016.

_____. Discurso preliminar ao curso de estudos para a instrução do príncipe de Parma. In: *Lógica e outros escritos*. São Paulo: Editora Unesp, 2016.

_____. *Ensaio sobre a origem dos conhecimentos humanos*. Trad. Pedro Paulo Pimenta. São Paulo: Editora Unesp, 2018.

_____. Essai sur l'origine des connoissances humaines. In: *Œuvres Philosophiques*, vol. I. Paris: Presses Universitaires de France, 1947.

_____. Gramática. In: *Lógica e outros escritos*. São Paulo: Editora Unesp, 2016.

---

32 Derrida, *L'Archéologie du frivole*, em: *Essai sur 'origine des connaissances humaines*, p.17.

Ensaio sobre a origem dos conhecimentos humanos

CONDILLAC, E. Histoire moderne. In: *Œuvres Philosophiques.* v.II. Paris: Presses Universitaires de France, 1947.

_____. A língua dos cálculos. In: *Lógica e outros escritos*. São Paulo: Editora Unesp, 2016.

_____. A lógica ou primeiros desenvolvimentos da arte de pensar. In: *Lógica e outros escritos*. São Paulo: Editora Unesp, 2016.

_____. Tratado dos sistemas. In: Condillac/Helvétius/Degérando. São Paulo: Abril Cultural, 1980. [Coleção Os Pensadores.]

DERRIDA, J. L'Archéologie du frivole. In: *Essai sur l'origine des connaissances humaines*. Auvers-sur-Oise: Éditions Galilée, 1973.

DUCHESNEAU, F. *Revue de Métaphysique et de Morale*. n.1: Condillac et l'*Essai sur l'origine des connaissances humaines*. Paris: Presses Universitaires de France, jan.-mar. 1999. p.53-79.

MALHERBE, M. Introduction au *Traité des animaux*. In: *Traité des animaux*. Paris: Vrin, 2004.

MARX, K.; ENGELS, F. *A sagrada família*. São Paulo: Boitempo, 2003.

MONZANI, L. R. O empirismo na radicalidade. In: *Tratado das sensações*. Campinas: Editora da Unicamp, 1993.

_____. *Desejo e prazer na Idade Moderna*. Campinas: Editora da Unicamp, 1995.

SOBRE O LIVRO

Formato: 14 x 21 cm
Mancha: 23 x 44 paicas
Tipologia: Venetian 301 12,5/16
Papel: Off-white 80 g/m² (miolo)
Cartão Supremo 250 g/m² (capa)
1ª *edição Editora Unesp:* 2018

EQUIPE DE REALIZAÇÃO

Edição de texto
Tulio Kawata (Copidesque)
Beatriz de Freitas Moreira (Revisão)

Capa
José Vicente Pimenta

Editoração eletrônica
Eduardo Seiji Seki

Assistência editorial
Alberto Bononi
Richard Sanches

Impresso por :

Graphium
gráfica e editora

Tel.:11 2769-9056